华章经管

HZBOOKS | Economics Finance Business & Management

华章经典·金融投资

投资丛林法则

跑赢大多数的逆向投资法

BEAT THE CROWD

How You Can Out-Invest the Herd by Thinking Differently

[美] 肯·费雪 伊丽莎白·德林杰 著 郑磊 蒋榕烽 崔伟民 译

图书在版编目（CIP）数据

投资丛林法则：跑赢大多数的逆向投资法 /（美）肯·费雪（Ken Fisher），（美）伊丽莎白·德林杰（Elisabeth Dellinger）著；郑磊，蒋榕烽，崔伟民译．—北京：机械工业出版社，2018.10

（华章经典·金融投资）

书名原文：Beat the Crowd：How You Can Out-Invest the Herd by Thinking Differently

ISBN 978-7-111-61005-2

I. 投… II. ①肯… ②伊… ③郑… ④蒋… ⑤崔… III. 股票投资-基本知识 IV. F830.91

中国版本图书馆 CIP 数据核字（2018）第 218862 号

本书版权登记号：图字 01-2018-4375

Ken Fisher, Elisabeth Dellinger. Beat the Crowd：How You Can Out-Invest the Herd by Thinking Differently.

ISBN 978-1-118-97305-9

投资丛林法则：跑赢大多数的逆向投资法

出版发行：机械工业出版社（北京市西城区百万庄大街 22 号 邮政编码：100037）

责任编辑：董凤凤 责任校对：殷 虹

印 刷：北京市荣盛彩色印刷有限公司 版 次：2018 年 10 月第 1 版第 1 次印刷

开 本：170mm×230mm 1/16 印 张：18.25

书 号：ISBN 978-7-111-61005-2 定 价：69.00 元

凡购本书，如有缺页、倒页、脱页，由本社发行部调换

客服热线：（010）68995261 88361066 投稿热线：（010）88379007

购书热线：（010）68326294 88379649 68995259 读者信箱：hzjg@hzbook.com

前　言

说实话，我不曾想会为本书写这篇前言。本书已经很厚了，而且我也不想再让你费时翻一页。但是，唉，我这也是奉命而作，谁知道呢!

也许真的需要一篇前言，因为写这本书其实并不是出自我的本意。我已经写了 10 本书。10 是个偶数，已经很多了。我想这个世界不需要另一本肯·费雪的书了，但是我突然有了想法！在和出版社的编辑劳拉与合著者伊丽莎白聊天时，这个点子跳了出来。然后一个又一个点子接踵而至，我知道，这次又要写一本书了。好在 11 也是个不错的数字。

对于逆向投资，我在 1984 年出版的《超级强势股》（*Super Stocks*）中已经进行了讨论，但从未强调过这个概念。对我而言，逆向投资总是和独立思考联系在一起，而且我在书中一直都这样讲（至少我喜欢这样思考）。但是，在 2013 年那个决定命运的日子里，我似乎从没有提出过，也没有解释过逆向投资到底是什么，以及逆向投资该如何操作。我意识到那个时机正合适，既然很多人误解和误用了逆向投资，还有一些人不知不觉地在使用，那么这些人应该想要了解逆向投资。

大部分人以为逆向投资就是和其他人的操作正好相反：如果大家在大多数时间是错的，那么在相反方向下注，就会成功！有时候这能管用，但是也经常不管用。故意反着做的人也有一种从众的想法，而市场喜欢愚弄他们，就像愚弄想投机的那些人一样。真实情况不是“随大流者和逆向投资者之间进行对决”。市场上有随大流的人，有故意反着做的人，也有独立思考的、真正的逆向投资者。后者能够看穿前面两类从众者的想法，然后对现有因素加以斟酌，得出自己的结论。

本书为那些厌倦了经验法则、媒体鼓噪、行业神话以及想独立思考的读者提供了操作指南。这是一本头脑训练手册，不是一本傻瓜式的书！傻瓜一看就懂的书是不存在的。本书只传授一直对我有帮助的思考过程，我用这些方法，在40多年的基金管理生涯中胜多负少。你也可以做到对多错少！

本书是团队合作的成果。前面提到，劳拉帮忙想出了这个点子，而且承担了初期的编辑工作，之后交给了Tula Batanchiev和Judy Howarth，由他们和威利出版社的其他同事承担了大量的工作。Vincent Nordhaus负责本书的印制。威利出版团队一如既往地敬业、具有耐心，我要感谢我出色的经纪人Jeff Herman让我认识了他们。Jarred Kriz、Michael Olsen、Lauren Schekman、Eric Harger以及Nathaniel Beeman与我合作多年，为本书提出了很多建议。Thomas Perez设计了一个很酷的封面，很好地体现了本书的主旨。Jessica Wolfe、Chanddeep Madaan、Sam Olson、Michael Leong、Tim Schluter、Brad Pyles以及Talia Hosenpud帮忙做了一些研究，Jarred、Todd Bliman、Jill Hitchcock、Justin Arbuckle以及Molly Lienesch审阅了初稿。Todd承担了三校的相关工作，编辑了全书的内容，而且承担了伊丽莎白的工作（为她提供了巨大的道义支持，让她能够把白天时间用于这个项目的写作）。Christopher Wong 和 Emily Dunbar 帮我做了校对。最后我要感谢 Fab Ornani、David Eckerly、Christopher Boaz 以及 Theodore Gilliland 领导我们的公关和网络推广团队。感谢他们和我在这里没有提到的所有人，以及我的妻子 Sherrilyn 和其他家人，请接受我真诚的感谢。

感谢你阅读本书！希望你能从中得到享受，得到像我们在写作本书时一样多的乐趣。

肯·费雪

华盛顿州卡默斯

|目　录|

| 第 1 章 |

你的大脑——训练指引

很少有真理是自明的，但是有一条真理比较接近这种状态：在投资中，群体做错的时候，要远比做对的时候更多。

大多数人都接受这个观点。他们从自己的错误中得到了惨痛的教训。此外，他们还记得那些在市场中流血的朋友、亲戚、邻居和同事。他们见过人们朝那些著名的市场天才脸上扔鸡蛋。学术研究表明，那些大众投资智慧都是错的。

但是大众愿意跟从那些东西。对于大多数人来说，他们不这样做几乎不可能！在财经博客、网站和有线电视里夸夸其谈的家伙，7 天 24 小时不间断地向你灌输市场群体思维，不让你有机会抵御。人们太容易把不断重复的错误当成事实，太容易淹没在众人里随大流——高买低卖。

还有一条出路！对你的大脑进行训练，对抗媒体、大众、你的朋友、邻居和那些穿梭在鸡尾酒会上的银行家，用和他们不同的方式思考。这不需要有大量的市场知识、金融学位、经济学博士学位或者持续不断的艰苦学习。只要了解一些基本原理，经常警醒自己，以及具有独立思考的本能，你就可以成为打败乌合之众的逆向投资者。

约吉·贝拉（Yogi Berra）曾经说过："垒球取胜 90% 靠头脑，剩下的才靠体力。"这也适用于投资！思考是成功的关键。你可以把本书当作你的大脑训练指南。你将学习如何保护你的大脑免受媒体夸张鼓噪的影响，以及如何在市场上打败芸芸众生。

成为逆向投资者意味着什么？胜多负少的秘诀是什么？准备好，去找出答案。在这一章中，我们将从基本知识入手：

- *为什么华尔街对逆向投资者的定义是错的？*
- *大众智慧错在哪里？*
- *真正的逆向投资者是怎样的？*

华尔街所谓的逆向投资者

传统上，我们将投资者分为两大类：看多派和看空派。看多派认为股市要上涨，而看空派认为会下跌。

如果投资大众看多，华尔街就把那些看空的人称作逆向投资者。如果大众看空，那么看多的人就是逆向投资者。

但这是错的。这意味着"很多人"（一大群人）认为股票会这样，而其他人（另一群人）则认为股票会正好相反。后一群人经常以为自己是逆向投资者。他们认为前一帮人是跟风从众的人，他们总是做错。他们看到很多学术研究成果表明，大多数投资者都在做糟糕的投资决定：低卖高买。他们认为和大众反着操作就可以做到低买高卖。

问题是这两群人其实没有区别，他们都在从众。他们的意见通常不是独特的，他们的分析也比别人高明不到哪里去。他们看到的是同样的事情，脸上却带着傲慢的、不同意的表情。自认为是逆向投资者的那些人并不比你、我和其他人更聪明。他们的做法很少会带来更好的结果。

这是个坏消息。但我还有一个好消息：你可以成为真正的逆向投资者！一旦你知道引导大众那样做或反着做的原因，就不难想出更好的点子，做出更好的应对。要做到完美无瑕是不可能的，但是做到比大多数人好，其实并不难。

故意唱反调的人

两群反向投资的人把这个世界看作一只钟。他们把赌注押在与另一群人相反的方向上。如果每个人都说这只钟的时针指向 1，另一群人就会赌时针指向 7，即正好相反的方向。他们这样做只是因为这是相反的方向，是为了相反而故意这样做。在大部分时间里，他们并没有自己的想法。这只是一个故意唱反调的人的本能反应。“每个人都在庆祝，那我就偏不这样。”唱反调的人不会考虑其他选项，比如“每个人都在庆祝，也许他们本应该更开心才是！”这不是物理学，即每个行为都有一个相等而反向的行为。如果你不把结果看成非黑即白的，那么基于一个错误而对市场和事件的评估，可能会导致重大的错误。

现在把钟的比喻转换成股票，如果一个群体认为股票一年将上涨 10%，唱反调的人就会打赌下跌，也许不是赌下跌正好 10%，但他们将在相反的方向上下注，而不一定去猜测下跌的幅度。他们只是脾气差，倒不一定追求精准。只要下注于相反的方向，对他们来说，就已经足够了。

我们也可以用另一个近期发生的例子做比较，比如美联储的量化宽松（quantitative easing，QE）。大众认为量化宽松很好，可以推涨股市。“逆向投资者”认为不好，有通货膨胀风险。这样的话，你就错了！在我看来，量化宽松之所以不好，是因为它会导致通货紧缩，大众和所谓的逆向投资者都没考虑到这个结果。百年来的经济理论和研究都支持这种说法，但是大众接受的是常见说法，而唱反调的人会立刻拒绝，进而错失了群体思维的一个大问题。他们只是故意站在对立一方，而没有深入思考这个问题（后面还会继续谈 QE）。

问题出在哪里呢？钟的表盘上并不是只有两个数字，而是有 12 小时，每小时有 60 分钟。如果大众猜错了，唱反调的人也有 10/11 的机会猜错。猜对的机会只有1/11。市场也是如此。如果每个人都猜测一年涨10%，要证明他们猜错了，不需要股票下跌，只要不涨就可以了。对于猜上涨20%、30%或更多的，情况也是如此。因为那些预期上涨10%的人会在股票涨到15%时就卖掉。那些在反方向上下注的唱反调的人更容易出错，而且也确实经常出错。如果你猜上涨10%而实际上涨了30%，同时你的头寸也不错，而且没有过早卖出的话，这种错误并不会让你吃亏。我们将在第2章中再讨论这个话题。

不怕一万，就怕万一

市场是个蛊惑鬼（great humiliator），其目标就是在尽可能长的时间里，让尽可能多的人，尽可能多次被愚弄。把大众当成面包和黄油这件事让一众投资者马上感觉受到了羞辱。大众是最容易捕获的、典型的猎物，但是蛊惑鬼永远不会放过任何人，即便真正的逆向投资者也难免受到打击。

世上不存在放之四海而皆准的方法，包括我们假定大众是错的，但有时候他们是正确的！市场通常不会满足个人的预期，总是会有意外出现。如果市场不让大众偶尔碰巧对一次，它就不会存在了！那些依靠“趋势是朋友”的波段投资者，可能在他们投资时就被证明是错的。市场总是在人们买入或卖出时让他们出丑，而人们会从他们的错误中学到经验教训。股票不会被人愚弄，愚弄大众是市场最大的乐趣。

人们应该有时正确，有时感觉良好，否则他们就会放弃，我们也就不会有一大帮追随者了。偶然正确会放大人们的自信心，强化他们对大众智慧的认同，这是市场的欺骗性所在。市场就是这样不断愚弄大众，引导他们忽略负面情况，然后让他们遭受最大的损失和痛苦的（市场会像卡通里的邪恶家伙那样开怀大笑）。这就是为何那些有关季节性现象的说法，比如“5 月卖股”和“9 月市况最差”听上去像真的。尽管它们错的时候更多，但总会有对的时候。在那些收益差的 5 月、夏季和 9 月，低于历史水平的回报率会让这些说法一直流传。偶尔出现的、令人惊讶的准确，给这些传说赋予了力量。

市场经常让大众偶尔正确一次，然后击败他们。认为欧元危机将结束 2011 年牛市的人，在那年 10 月无疑是非常正确的，当时全球股市都因为大幅调整而跌入了谷底。但是从 2012 年起，股票开始反弹，牛市重新起步，把希腊发生的史上最大的主权债务违约抛诸脑后，最终证明看空欧元的人都是错的（非常不合时宜地彻底错了）。

有时候，市场波动让大家以为自己是正确的，就像头条新闻警告某个不利事件将冲击股市时，市场之后确实会发生调整。市场调整可以在任何时间让价格在几周内大幅下跌 10% ～ 20%。对于这种波动，我们有时能找到原因，有时又找不到任何原因。但是心里害怕的人经常习惯性地假定市场调整就源于之前的警告，而且调整的情况和当初说得完全一样。这不仅仅是确认性偏误（看到的是你想看到的东西），也是一种危险的行为，但是大部分人不愿意区分正确和偶然碰巧正确之间的差别（更多讨论见第 9 章。）

正如大众偶尔会做对，真正的逆向投资者偶尔也会出错。每个人都有犯错的时候！我们的目标只是让做对的时候要比做错的时候多，而不是起初看上去是正确的，但是最终错的要比对的多。

为何大多数投资者在多数时间是错的

这不是因为他们缺乏信息，也不是因为缺少智慧。要知道，密切关注市场的聪明人也经常做出相当糟糕的投资决定！之所以会这样，通常只有一个简单的原因：他们无意中上了一致观点的当。

不管你多么留意和研究你的方法，群体性思维（groupthink）都会发生。许多人把投资当作一个行业、一门艺术或科学，这听上去很好，但他们的方法建立在常规智慧之上，这在投资中是很危险的：所有人都以同样的好坏标准和交易方法操作股票买卖，或者他们遵循的规则也是一样的。

许多医生、律师和工程师倾向于这样做。我们不是要说这样做有什么不妥之处。这不是他们的错误，是他们的职业训练促使他们这样做的。在职业生涯中，他们采用的是基于规则的方法论，这样做是有用的，但是在市场上，这样做不行。医生如果推荐一种治疗方法，他们需要通过多轮受控试验，才能得出科学的证据。他们把同样的方法用于投资，寻找经过回测“证明”是可用的“规则”。大部分律师在交易和本性上属于逻辑学家，他们期待市场遵循规则、程序和简单逻辑。大部分工程师也是如此，他们期待市场就像自己每天制造和使用的系统，是线性和理性的。

遵照规则行事的投资者通常采用相似的逻辑，得出的结论也相似。他们使用同样的模式、同样的假设条件和逻辑关系（if-then），期待相似的结果，因此会形成一致的看法。这些看上去总是很有逻辑，但是我们将会看到，市场总是忽略逻辑。

其他人遵从学术理论和教科书给出的规则与观点。理论和教科书不是天生有害的。如果你坚持独立思考，原理和理论也是有用的。但是很多人把理论变成了教条，把教科书变成了规则手册，不管上面说的是对是错，总认为这些有关股票的说法是放之四海而皆准的。如果上面说高市盈率（P/E）和高利率是不好的，那么这种股票就是不好的！对于基本面投资者来说，这些教条总是被当成真理，被广泛解读成更加一致的看法！市场会很快把一致的看法体现在价格上，并且做一些其他的事情。

这些“其他的事情”就是真正的逆向投资者想要找到的目标。

一些投资者用老旧的工具和经验作为投资指南。这些做法可能看上去还不错，其中充满了经受时间检验的智慧！如果它们没有用，就不会被接纳！但是你的决策越是建立在这些格言、准则和所有人都知道的事情上，你就越不太可能独立思考，也就越不太可能形成真正的逆向投资观点。

这些方法也无法通过一个基本逻辑进行检验，我们将在第 4 章中看到真正的逆向投资者喜欢的一个工具。它包括大家耳熟能详的股市格言，比如在股票被抛售时“抄底”就能大赚一把，也建议你在狗股跌到一文不值之前“及时卖出止损”，以及在股票上涨时及时买入。其中一页上写着你要在股票上涨时持仓待涨，“让盈利再多跑一会儿”，它会继续上涨，而下一页则告诉你“及时兑现一些收益”。你该选择怎么做？两个建议听上去都符合直觉！如果股票在上涨，你会想要它继续上涨。但是你知道它可能很容易就跌下去了，就像歪心狼（Wile E. Coyote）一样，从山顶一头扎下山谷。所以，先将部分收益落袋为安是明智的！然而，那些规则没有告诉你该怎么做。

并不是所有经验法则都是基于价格波动的。一种古老的方法和公司公告的收益有关。你听说过：“谣言起时买进，消息出时卖出。”例如，如果有谣传苹果公司正在开发一款新颖的手机，那就抓紧时间买进。不要等到消息被证实的时候！尽早买入，别太迟！然后在公司公布消息时就卖出，毕竟其他跟随者都已经进来了。这样做就像这只股票不可能再上涨了，公司已经没有提升潜力了，再也不会做出更新潮、更酷的产品了，你甚至可以在听到另一个小道消息时再做点事情。你怎样才能知道呢？

所有这些方法都基于广为人知的信息以及对信息的相同解读。不管这样是如何符合直觉和逻辑，这就是每个人在做的事情。真正的逆向投资者的做法，超越了共识性看法和常规智慧。真正的生活更令人兴奋。

媒体的作用

公众媒体反映了情绪，也影响了情绪，其中很多都是群体性思维，在我看来，最近20多年的情况都是如此。今天媒体所做的事体现了约翰·梅纳德·凯恩斯的古老格言：“世俗智慧教导我们，与其出乎意料地成功，还不如在意料中失败。”

事情本来不是这样的。在互联网时代之前，记者经常报告不同的观点。而在你有了三大全国性新闻网和一大堆主流的全国性财经出版物之后，专家比的是看谁的观点更敏锐。他们得想方设法一鸣惊人。现在我们有很多全天不停歇播出的有线新闻台、大量的财经网站以及不可计数的博客，每篇文章和博文都有评论反馈，任何人都可以公开和匿名地拷问作者。和主流观点不同的文章会受到更多考验，把人群中的疯子逼入网络恐怖中，那些胆小和中庸的作者不得不顺从世俗观点。在某些领域中，竞争的加剧并不总是好事。

但是其中还是有好东西的！现代媒体使得发现人们普遍认同的观点和群体情绪，变得相当容易。媒体很少引用与大众不同的观点。

我第一次经历这种情况是在记者问我对量化宽松的意见的时候（你可能听说过）。这是美国联邦储备委员会（以下简称“美联储”）在金融危机时做的一个项目，目的是增加流动性，降低长期利率，以便让机构和个人愿意借贷。多年来，美联储从银行购买国债和机构抵押债券，用新创造的电子“联储信贷”支付，新发行货币超过20 000亿美元！这样做可以降低长期利率，银行可以用新储备作为抵押物，大幅增加货币供应。

当时记者问我的看法，我说了他们不喜欢听的意见，认为这是另一种从众的做法。长期利率下降而短期利率接近零时，收益率曲线变平，短期和长期利差缩小。我们有超过100年的证据，证明较宽的利差是真正的魔力所在。为什么？想想银行贷款吧。短期利率是银行的资金成本。长期利率是它们的贷款所得。长期利率与短期利率之差，近似等于银行的总运营利润。

银行不是慈善机构，它们也需要利润。贷款利润越多，他们就越愿意多放贷。利润越少，银行家的动力越小，宁愿什么也不做，这就是他们在量化宽松时的做法。多年来，大众认为美联储是推动经济的唯一力量，而现实情况是，美联储扼杀了信贷。几十年来，贷款增长速度最低，货币（称为M4）数量几乎没有增长——对于这一点，几乎没有人留意，GDP也是自第二次世界大战以来增速最低的。

我把这些解释给记者听，并且引用了详细的数据。他们说这很有道理，但是他们不能写。如果大家都说量化宽松是一项宽松货币政策，他们怎能刊登一种古怪的说法，反对这种观点呢？他们不能那样做，不能违背民意。

大多数媒体不能刊登对量化宽松的这种观点，声誉卓著的资深专家，美联储，国际货币基金组织，世界银行以及世界各国财政部长、央行行长，都说量化宽松是经济生命线，终结量化宽松会对全球经济造成最大的风险，媒体记者本应该保持独立思考。财经评论人士和博客作者对这些看法嗤之以鼻，但如果记者这样做，可能会丢掉饭碗。

这使得真正的逆向投资者更容易过滤媒体——总会有意外事件，但是从总体上讲，媒体鼓吹的一般都不是逆向投资者的观点，这样说大部分时候是安全的。这不是说你可以据此采取行动，而是说你应该独立思考。

逆向投资者第一准则

真正的逆向投资者有一个基本特征。如果你记不住后面九章的内容，一定要记住这一条：如果大部分人相信一些事情会在市场上发生，则逆向投资者不会这么认为。

这就是故意唱反调的人搞不明白之处。注意，我没有说相反的事情会发生，这里存在不同之处。市场会把大众公认的想法反映在价格上。如果每个人都因为看到了负面因素而认为市场走熊，他们对市场的观察可能是正确的，但是市场不好并不一定会走熊！由于每个人都抱有负面看法，而且他们在电视和互联网上大肆宣扬，所以可能就会反映在价格中。那些坏事可能不再起作用，或者存在某些更糟糕的事情大家没有看到，事情的结局可能比预料得更差！

这就是 2008 年之后发生的事情。但是所有人都说住房、次贷和“有毒”抵押贷款支持证券是个麻烦，会导致衰退和股市下跌。那么多人这么说！那么多人看到了！

没有一个人，包括我，看出一个更大的、潜藏的问题：2007 年 11 月实施的盯市会计准则（账务会计准则 [FAS]157，“公允价值计量”），将会从全球银行资产负债表上抹掉几万亿美元。没有人领会到这一点，因为每家金融机构不得不在资产负债表上，以不断变化的市场价格记录流动性很差的资产价值。只要有人以低价抛售抵押资产支持证券，其他人都会遭受冲击。美国每家银行不得不为每一笔低流动性资产承担账面上的亏损。

没有人意识到这个规定可能导致次贷问题，最终会在几个月后，从美国银行系统抹掉大约 2 万亿美元。没有人预料到对这种模糊不清的低流动性市场的恐惧，会导致市场回避向贝尔斯登提供资金，在 6 个月之后，又拒绝向雷曼兄弟贷款，从而导致这两家名列“五大投行”的银行倒闭。没有人会想到为何美联储在借钱给摩根大通收购贝尔斯登之后，却拒绝提供资金，帮助巴克莱收购雷曼，造成投资银行巨头不得不关门结业；也没有人想明白这是怎样引发市场严重恐慌，使市场每日下跌 8% 变成常态的；同时也没有人会想到美联储会忘记如何对危机做出反应，忘记央行一般在危机中采取的行动（尽管那些可能都不管用），忘记全力提供流动性和承担起最后贷款人的角色。

如果 2008 年只是次贷和住房问题，我们可能只是经历一次调整。直到年中，抛售和撇账达到了高潮，噩梦才真正开始。

这引出了逆向投资的第二大原则：人总会在某个时候出错。逆向投资者知道这个原则，也接受这个原则。但是你没必要总是要求自己做得好——60% ～ 70% 的成功率，就可以让你领先于大多数人了。正如我之前在别的书里写的，如果你在 70% 的时间做对了，就会成为一个投资界的传奇人物（尽管残暴的吸血者不一定会让新的传奇人物出现或存活下去，当然，逆向投资者不会顾及个人形象。你可能读过我的很多评论，我不在意自己的形象，你也没必要在意）。

全知全能的市场

逆向投资者知道何时不采取行动以及哪里不能去。他们是如何做的呢？他们知道市场是最有效的，并不是说在任何时刻都是完全有效的，否则市场上就不存在机会了！逆向投资者意识到市场在短期内可能非常不理性，但是从一段时间和平均的角度看，价格通常能够反映所有大家知道的信息。如果信息已经公开，投资者应该已经考虑到这一点，而且已经采取行动。

规则、世俗智慧和一致预期都是大家耳熟能详的。人们也很熟悉意识形态的信念、认知偏好以及每个“专家”的观点。每个教科书理论、规则手册和策略手册都在鼓吹市场知道一切。市场知道规则，知道因果关系，知道大多数人如何对每个消息做出反馈。市场会先于人们知道大众会如何行动。

同样的情况也适用于季度性波动和技术指标。道氏理论可能是一个极端的例子。从 19 世纪晚期开始，这个指标就宣称当道琼斯交通和工业指标创下新高时，将会出现长期牛市行情。如果出现新低，行情将进入熊市。中间还有其他情形，但我要告诉你：极端情况更重要。如果道氏理论是正确的，牛市就不会终结，因为信号一直显示的是牛市，股价将永远上涨！熊市情况也与此类似。但是周期总是存在的！市场价格已经体现了，道氏理论预期最终都会转向。

差别而非对立

无论规则是怎样被制定的，人们如何预期，市场都不会听从指挥，但这也不意味着会发生相反的情况！

回想一下我们举的钟表的例子。如果每个人都预期指针指向 1，那些故意反着来的人就打赌指针指向 7。真正的逆向投资者记得市场是有效的，所以他们明白指针有可能不会落在 11 和 3 之间，这和大多数人的预期太接近了。逆向投资者可以有效剔除 4 种可能性，但是还剩下 8 种可能的结果。

例如，如果大多数人预期股票一年上涨 10%，真正的逆向投资者可能打赌这个比例不会落在 5% ～ 15% 区间内，但仍有可能是一个大幅上涨年，也可能是收益平平或下跌的年份。

理解市场如何对已知信息打折扣，可以帮助你缩小机会区间。它不会告诉你将会发生什么，这正是故意反向投资的人的误区所在。市场只是告诉你什么可能不会发生，并让你自己去思考什么事情可能发生，增加你获胜的机会。

为了缩小范围，逆向投资者寻找随大流的人和故意反向操作的人所忽略的方面，或者用不同的视角看待同一件事情。这两种做法都可以找出被其他人忽略的风险和机会。

正确的思维框架

逆向投资者有耐心，他们想得比较长远。短线思维会令你坐立不安，容易做出错误的决定。

你随时都可以看到大众追逐热点、火上浇油的情形。在价格上涨时，人们可能会对多样化投资感到厌倦，而尝试把重点放在热点上，从长线思维转变成短线思维。回想 1999 ～ 2000 年，互联网股票一飞冲天，光纤也乘势飞涨，纳斯达克指数屡创新高，每个人都想投资新经济股。网络股似乎成了点石成金的魔器。

这是一个极短线思维，颇具传染性。很少有人考虑到 10 年或 20 年以后的事情（当然，我们能活那么久才行）。很少有人往前多看一年，想想那些大量烧钱而没有收入的公司到时候是否还能存活。他们考虑的只是谁最热门，想尽可能多赚钱。2000 年 3 月开始的熊市把人们惊醒了。

陷入恐慌的人也在持有短线思维。回想一下 2009 年 3 月金融市场恐慌严重，正经历最剧烈的镇痛期，人们真的认为股价会跌到零。你不相信我说的话吗？可以用谷歌检索一下“ Can the stock market go to zero？”（股市会归零吗），这就是当时人们提出的最多的疑问。当时市场在下跌，人们担心这种情况会成真。

你可能认为“那是不理性的”，但是恐慌从来不是理性的！大众会拿着遭受的巨大损失说事，推断损失会扩大。他们忘记了历史，也被现实蒙蔽了眼睛，忘记了一个最简单的真理：周期总是会掉转。市场上涨的时间总是占多数。只要资本主义存在着，商业总是会有盈利和成长。新技术会带来新的增长和利润来源。这就是 2009 年 3 月时，那些意志坚定的逆向投资者的想法。

坚定的逆向投资者也会回顾过往短期市场波动。他们了解每天的下跌情况，知道牛市里的快速回撤和反弹是常见的，不必过度反应。那样做通常意味着在股价已经下跌后卖出股票，而此时人们应该耐心等待才对。根据股价波动而买卖股票会导致高买低卖。

同样的情况也出现在看似波动剧烈的短期事件上，比如地缘政治冲突。小规模战斗、局部战争、革命和武力威胁一直困扰着我们，威胁着火线附近的人身和财产安全，但通常对于股票的影响没有那么恐怖（只能算是普通的坏消息）。从荷兰第一个郁金香球茎易手开始，市场一直在处理冲突，只有大型的全球性激烈冲突，比如二次世界大战的爆发，才会终结牛市。生活总会延续，重要的是生存下来。

审视自我

正如我早先说过的，逆向投资者知道自己不可能在任何时间都是正确的，做到完美是不可能的。

即便是训练有素的逆向投资者也有 30% ～ 40% 的时间会犯错误。你做对的时间不需要超出总时间的 2/3。只要正确的时间多过犯错的时间就很了不起了。正如人们所说，一个专业人士如果能长期保持在 70% 的时间内做对，就一定会成为业内传奇人物。你应该习惯于在 30% 的时间内出现错误。

那么，如何才能实现做对的时间多于做错的时间呢？我已经告诉过你：记住，市场的走势总是出乎大众的预期！运用这个简单原理的方法有很多，我会细细道来。继续往下读吧！

| 第 2 章 |

钟形曲线的妙用

从惯例和传统角度讲，和新年匹配的东西不是很多。如果你曾经经历过家族纷争，则当这种情况发生时，你的机会就来了，值得开香槟庆祝一下！“友谊地久天长！”一切迎刃而解。决议！瑞安·西克莱斯特（灰胡子超人）倒计时前，一个闪闪发光的大球落在国家电视台上！

这里还有一个例子：职业投资者所做的年度预测。那些预测会在游戏表演中公布吗？不可能。但是明白和理解这些预测，可以帮你赚更多的钱。

剖析专业预测也可以帮你熟悉一个最基本的逆向投资原则：思考要另辟蹊径，而不是故意反其道而行。华尔街策略分析师比普通投资者更喜欢玩花样。我和长期研究搭档迈尔·斯塔特曼（Meir Statman）在《金融分析师》杂志2000年的一项研究中发现，从长期看职业预测师，要比普通大众错得还离谱。大多数个人投资者没那么僵化，会顺时而变，在翻盘之前不会一错再错下去。如果他们对市场抱有疑虑，4个月的强劲回报就可以让他们相信牛市来临。如果他们对市场很乐观，只需要一次大跌就可以改变他们的看法。老手往往对自己的看法缺乏信心。正如迈尔和我发现的情况：当媒体动摇时，人们也会随之摇摆不定。

专业人士会更为僵化。我们当时写道：

> 个人投资者和荐股作者在预期短期回报持续的情况下，会形成自己的情绪。连续一个月标准普尔500指数的高回报会让他们看多市场。华尔街策略师的情绪较少受到股票回报的影响。我们发现，

在标准普尔 500 指数回报和华尔街策略师未来的情绪变化之间，不存在统计上的显著性。[1]

专业人士不会像个人投资者那样变来变去。他们的地位使其养成了自信，确信自己知道市场会怎样变化并愿意耐心等待。他们不会放弃，而是相信均值回归。如果他们的全年预测在年中已经明显落后，就会做出或多或少的修改——如果最终市场强劲上涨，这样不会显得太过荒谬。2014 年有很多人这样做，在年中上调全年预测，因为上半年已经超出他们全年预测的中等单位数的上涨幅度。有趣的是，之后市场却掉头了——在第三季度回调。这就是真实的市场。

既然我们知道了华尔街专业人士错得离谱，而且比我们犯下的错误更多，我们就可以和他们博弈了。正如第 1 章中说过的，故意反着做的人以为逆向投资者就是在所有专业人士看多时看空，而在他们看空时看多，但是正如我们将要看到的，这也太绝对化了！专业的市场大师级人物也经常出错，但不是说市场总和他们的说法相反。了解他们为何出错以及错到什么地步，以及市场为何要那样发展，这是减少出错的第一步。

在这一章中，我们将了解：

- 为何大部分专业人士在大部分时间是错的。
- 他们的错误告诉你市场将会如何发展。
- 为何坚信某个预测并不重要。

华尔街对日历效应的崇奉

华尔街对日历年投资收益的迷信是非常愚昧的，其实这种日历效应并不重要。事实的确如此！市场周期才是关键，而市场周期和日历没有多大关联。牛市和熊市都很少跟随日历翻页而改变。从1926年开始，没有一次标准普尔500指数牛市是从1月起步的；1957～1961年，只有一次牛市是在12月结束的。也许下一个周期会按照罗马历法进行，也可能遵从中国农历历法。一切皆有可能！时间在流逝，但什么事情也没有发生根本性改变。

华尔街迷信日历年效应，而那些鼓吹者喜欢做出年度预测，他们引起了媒体的注意，博得了很多眼球（这对他们来说是好事）。他们用掷硬币的方式吸引读者，这倒是又容易又惹眼：为某个指数选择一个数字，这只不过是个数字而已！他们很容易跟踪和打分，所以这些人得到了可信的好名声。很少有人会把他们的预测记录下来，事后再核对他们的预测成绩。

每个人都忙于做事。大经纪商配备了全套人马，包括分析师和权威炒股专家。许多基金经理也是这样做的，后面跟着像邪教似的媒体。名气小一些的专业人士每季度发布报告。博客作者和专栏作家一般会把他们认为的股票会涨跌的价位告诉你。

这些预测对普通投资者而言没有太大用处。数字预测对经纪商的客户也没有太大用处，都是些边角废料！专业预测报告不能决定他们的客户能够获得多少回报。业绩来自定位的好坏。如果能够预测出牛市，只要让客户赚到钱，就比他们在一个收益率18%的年份预测了7%还是20%的上涨，要有用得多。

我们对待专业预测的态度应该是既用又不用。是的，我没有打错字！如果你收集了整年的预测报告，就会很准确地掌握华尔街期待的市场方向和变化幅度。这让你可以充分了解市场和预测的差距有多大，以及为什么市场与预测不一致。

华尔街专业人士并非唯一对日历效应着迷的人。我父亲菲利普·费雪也常常为此抱怨。他把自己看作商业分析师，而不是股票市场分析师。他说上市公司过分关注当年和来年的每股收益，总是以一年时间为限考虑问题！他说，如果是私营企业，则考虑得就会更长远一些。如果他们（商业分析师）有机会保持超高的回报率在 20 年以上，就没有必要过多担心前端收费、商业周期以及短期遭受损失的现实。他们会更在意 20 年结束时的总体回报率，而不介意那些偶然发生的大亏损。

当企业开设工厂时，需要做现金计划，因为基建是需要资金的。如果企业把重点放在当年收益上，可能无法下定决心，哪怕这个项目日后能带来增长和更大的收益。

那么，为什么我们在这件事上如此沉迷呢？有个问题由来已久，已经在人类身上存在了几个世纪。这要归结到我们祖上种地的世代，当时日历对于他们而言着实是非常重要的。气候因时而变，每年有固定的农耕时节。在 19 世纪，一年的收成十分重要。不管我们说的是种地、放牧还是伐木和磨面，收获时节最重要，每年只有一次。

说回市场刚开始出现的时候，大多数美国人都要务农。制造业并不普遍，服务业也不发达。当时也有商人和银行，但是服务业远不像今天这么庞大。农业占据主导地位，因此也决定了人们的想法，所以我们处处都以日历为准。人类生存要依赖它，日历成了我们生活的中心，成了我们基因的一部分。

突破华尔街对日历的迷恋情结，可以帮你从不同的角度思考问题。当年收益不是那么重要，而牛市是持续了 2 年还是 10 年，这才是重要的！其中一年的收益并不是那么重要。除去调整和回撤之后的整体回报才是你努力的目标所在。如果你用连续 14 个月，而不是 12 个月测量市场回报的话，同样是有效的。

专业人士的群体思维

专业预测家会陷入群体思维巢穴之中，但他们从不肯承认这一点！他们都信誓旦旦地声称自己的观点是独一无二的，是更明智的、更出色的。当然，有人确实如此。然而，专业预测有明显的趋同趋势。

例外情况总是存在的。总会有一些专业人士当年的预测是准确的，不管他们的确是他们的想法正确，还是只是撞上了好运气。大多数预测都没有落在市场到达的狭窄的目标区间，让一众专家大感面上无光。

这些专业人士并不是有意给出类似的预测的，但是他们使用的是同样的信息，而且倾向于用类似的方式解读信息。他们认同的就是大众对市场走势的一致观点，不管你将他们这些人叫作羊群还是别的什么，这种方式是逆向投资者必须避免的。研究基本面的人都关注美联储的政策、经济波动、利率、估值和政治，而且他们对于股票的好坏做出的是同样的假定，其中大多数为很好、好、一般。他们都对回归均值的趋势抱有同样的看法：从长期来看，市场的大年和小年是交替出现的。技术分析人士都使用同样的图表、模式和判断规则，这些都是投资大众日常使用的耳熟能详的知识。道氏理论家遵循的是道氏理论，而那些信任罗伯特·希勒教授的人，采用的是他提出的平滑处理过的 10 年期市盈率（也称作 CAPE，即周期调整市盈率）的笼统解释。

结果就是这些专业人士同意的所有情况都已经体现在价格中了。他们对事件和发展对股票的影响的预期怎样了呢？这些都已经表现在价格上了！在报告和文章中讨论的那些风险因素呢？这些也体现在价格上了！市场的真实情况与他们的预期完全不同。即便某些事件与他们的预言吻合，市场的反应也不是那样的。

逆向投资者要高明得多。他们知道大多数投资者会赞同专家的预测。媒体到处宣传专家预测会对大多数人产生影响。把投资当成科学的人总是赞同那些使用相似方法、逻辑和理论的“炒股高手”。技术分析派人士通常支持那些和他们一样使用相同图表模式和规则的专家。逆向投资者也知道那些故意反向操作的人预测的是相反的方向。

逆向投资者如何利用专家预测

逆向投资者知道专家的预测已经体现在价格中了，将来什么也不会发生，但到底是什么体现在价格中了呢？实际数字是多少呢？如果共识是 6%，市场会达到 8% 吗？

有可能，但也可能不是这样！是不是很有趣啊？

其中的秘密就是：实际数字并没那么重要。市场区间很宽，6% 只是中低个位数的回报率预测值。预测值 6% 和 8% 之间的差异是没什么意义的。如果大多数专业预测落在这个区间，这就在提示你，市场可能不会落在这个区间里。这是有可能的！市场这次可能决定攻击那些故意反着干的人，而不是像以前那样，攻击那些随大流的人（我们后面还会再谈到这一点）。但是市场总是出人意料，呈现出和大部分专家所预测的不同的行情。

跟踪了解专业人士的预测要比你想象中的容易得多，只需要在网上检索一下，用基本的 Excel 功能就能解决。如果你不知道怎么使用 Excel，你也可以用谷歌查一下（互联网的一个妙处就是上面有海量的技术教程）!

你只要花最少的时间和有一点点耐心，就可以做和我在公司里做的一样的工作。但是我要提醒你，很少有读者会这样做，因为这有点反直觉。每年，我们公司的研究人员都会收集有关主要国家的基准指数的专业预测值，比如美国标准普尔 500 指数、德国 DAX 指数、日本的日经指数等。你明白我的意思了吧？对于每个国家，我们都做一张简单的汇总表。如果我们想做分析，就要画一张直方图。

在水平轴上，我们把收益按照每 5% 划分一个小区间：0% ～ 5%、5% ～ 10%、10% ～ 15%，依此类推。然后在每一个小区间上，我们统计一下有多少个预测。做法就像是在上面堆砖头，通常最后得到的是一个钟形曲线，其中最肥大的部分表示预测值最集中的区间。如果预测值集中在 0% ～ 5% 以及 5% ～ 10% 区间上，那就是说，大部分人认为市场将有个位数的上涨幅度，差别不是很明显。如果预测值都是在较低的负数或较低的正数区间上，说明大部分预期市场将会很平淡。如果是在 10% ～ 20% 区间，说明人们预期这一年将出现大牛市行情。如果是在 −20% ～ −10% 区间，说明大部分人预测会出现熊市。

只要你确认了群体的预期方向和幅度，你就会知道什么事情将不会发生了。这件事甚至比你想的还容易！一般来说，市场其实只有四种情况：小幅上涨、大幅上涨、小幅下跌、大幅下跌。就只有这四种结果！也许还有第五种，你可以叫作“无波动”。但是这种情况在标准普尔 500 指数的历史上只出现过一次，那是 1947 年。正如凯西 · 施滕格尔（Casey Stengel）所说，这种情况可以忽略不计。

如果你看看这个直方图，就可以从中划掉一种可能性。大部分预测是哪种，就将这种情况直接排除即可。

现在你只有三种选择了。如果大家预期股票小幅上涨，市场可能会以小幅下跌吓一吓他们，但也可能出乎他们预料大幅上涨，或者用大幅下跌愚弄众人。当然，故意反着干的那些人不这样认为。如果专家说小幅上涨，他们就认为会下跌。如果专家预测大幅上涨，他们就做好大跌的准备。有时候他们还真能蒙对，但是他们蒙对的时候也不多。市场也一样会耍弄他们。

为了指出哪种结果最有可能，你必须知道是否专家夸大了机会或风险，我们在后面几章中还会谈到这个话题。那些头面人物都在聊些什么？他们认为风险在哪里？他们喜欢什么？这会让你知道哪些因素已经体现在价格中了。他们没有关注什么？他们解读错误的是什么？你从中会发现真正的风险和机会，然后再看看哪些是大众可能遗漏的。要眼界开阔些！是不是有很多人忽视了几个重点国家的糟糕的货币政策？当然光是糟糕的货币政策还不要紧，只要大家已经注意到了，就可能已经反映在股价上了。你要留意的正是别人很少讨论的方面。是否有人们没有注意到的影响贸易的新关税规定或限制出台？是否有关于计算利润的不利规定出台，而大多数人还没理解（比如 2008 年出台的盯市会计核算规定，就是在 2007 年市场到达顶峰的几周内实施的）？

当然，这些看不见的风险未必足以导致股票大幅下跌。市场的波动符合概率规律，而不是可能性规律。你需要斟酌考量这些看不到的风险的发生概率和对市场的影响。踏空是长线成长型投资者可能承担的最大风险。如果做错了，他们将错失牛市盈利，那样的话，损失就太大了。

1 月的预测游戏

我也参与 1 月的预测游戏。这是《福布斯》杂志每年的常规要求，而且我的客户也有这个要求。他们知道我们对未来 12 ～ 18 个月的预测决定了我们的立场，而且他们想知道为什么我们那样做。当然，我们也应该参与！

但是我尝试不要玩数字游戏。数字没有任何价值！牛市就是牛市。如果我预测上涨15%，而股票实际上涨了30%，我有错吗？如果牛市继续，而我本应保持同样仓位的话，我做对了吗？

所以，我只是给出区间的预测。在我1月写给《福布斯》杂志的专栏稿和我们公司发送给客户的季度报告里，我的预测是大幅上涨、小幅上涨、大幅下跌或者小幅下跌。如果不得不写上数字的话，我可以考虑写上最大涨幅20%或更高，上涨0%～20%，下跌0%～-20%，以及大幅下跌-20%或更多。但是没有什么事情是一成不变的。如果我说的是大幅上涨，而股票实际上涨了16%，我就觉得相当不错了。我们应该把握住大方向，而且16%是一个很不错的牛市收益率。

熊市会增加波动。许多熊市不是全年收益率大幅下跌。你可以经历一个持续今年后半年和明年上半年的熊市，但仍然可以获得正回报！大部分预测只是判断周期是否可能改变。如果你是在牛市时入市，在某个时间熊市启动的可能性有多大？如果你在熊市时入市，当年牛市启动的机会有多大？

想想1987年那样的年份吧，一年内，牛市和熊市轮流出现，都是在8～12月，全年的回报率如何呢？收益细如毛发。如果你预测的结果也是这样，而又错过了那个熊市，业绩还会是这样吗？

没有多少人能在1987年做出准确预测。那一年的年初，专家一致看涨。当时牛市已经持续了4年，股市上涨了大约150%，很多预测者将这个收益率继续向上推高！那年1月，我在《福布斯》的专栏文章中提及，市场情绪如此之高，以至于我的木匠约翰也预测股市会是个好年景。为什么呢？他看电视上是这么说的！他不是唯一这样说的！我在当年6月的专栏文章里详细介绍过，许多投资者从害怕转变为贪婪，因为“超级牛市已经扭转了很多人对投资的期望”。[2]我们已经达到了伯纳德·巴鲁克（Bernard Baruch）所说的那个阶段，“连乞丐、擦鞋童、理发师和美容师都可以告诉你怎样致富”。真是疯狂！

大多数股市牛人对于市场继续上涨给出的理由都既荒谬又缺乏依据，那些理由会让你完全丧失警惕，但是像我这样的逆向投资者不会买账。“如果真像那些鼓吹超级牛市的人所说，市场上有如此充裕的流动性来推高股价，那为何利率却在上升？充裕的流动性应该压低利率或持平才对啊，所以根本不是这么回事儿。”[3]

最后一根稻草——促使我将投资组合调整为防御性持仓的事件，是有人从“麦克尼尔·莱雷尔新闻时间”（MacNeil-Lehrer NewsHour）节目组打电话问我是否看跌。当时我写过一些文章，公开说过看跌市场。我告诉他们：是的，我看空市场。他们说计划做一期与著名持牛市观点的丹·多尔夫曼（Dan Dorfman）对话的节目，想找一个持相反立场的人和他辩论。当然，这个主意听上去很有趣啊！只是我想问问：为什么选我呢？我当时并不出名，只是西海岸的一个普通人，为《福布斯》杂志写过3年专栏稿，出过一本书而已。为什么他们不去邀请名人呢？

他们是怎么回答的呢？他们找不到其他人做这件事了！他们发现有人看跌市场，却不愿意在电视节目上这样说。没有人愿意公开站在坚持牛市的多尔夫曼的对立面，指出他的观点为什么是错的。这是一个非常大的令人恐惧的信号：市场情绪已经过度疯狂了。

非常肯定的是，截至那年10月，大部分专家没有意识到利率在上升和流动性收缩的信号。显然，一个小的回撤也会使市场恶化。事实的确如此！然后很快又恢复上涨了。

1987年，所有的问题都围绕着判断在一年中如何正确调整方向。在年前做出预测？简直是瞎扯。

例外时有发生……

每个预测的技巧中都包含一个“例外”。如果情况进展良好，最终人们都相信了，预测者就会说“但是”，而由于已经反映在价格上了，所以也就不再有效了——至少暂时会是这样，直到人们忘记此事。这种情况在几年前发生过。事情进展太顺利了，所以就失效了。然后相反因素反映在价格上，所以之前的预测就又起作用了。某一天人们又会相信，而在知道这个钟形情绪曲线还没有反映在价格中时，将再次对价格产生影响。

这并不是多么少见的情况。我在第5章中还会详细讨论这个问题。大多数投资者都不长记性。我在2011年写过一本书——《暴利不会忘记，你却忘记了》，在其中详细说过这个问题。那时候的确如此，现在仍没有什么改变。当某些东西一段时间不管用了，人们就会忘记，之后又会重新想起来。我将这种现象称作“房间里的大象”，那个东西一直在那里，并没有消失，但是人们对其视而不见。如果一头“大象”出现在你的卧室里，那可不得了！当你第一眼看见它，可能被吓得跌倒在地上！哇，一头“大象”！但是过一阵子，如果它还待在那里，你可能就会习惯这种情况。“大象”是灰色的，所以它可能融入环境里了，你走来走去，可能没注意到。如果“大象”开始移动，又会吓你一跳。市场也是如此，如果投资者已经对某件事过于熟悉，那么不管是不是风险，人们都会失去警惕性。但是情况并没有改变，只是长期下跌的一部分，一旦人们忘记了，它又会让人们大吃一惊。

有很多年，与专业预测博弈是我的独门秘籍，而且非常得心应手。我们过去很容易看到专业预测者调查结果。《商业周刊》每年 12 月发布这个调查结果。那一页纸的内容就是你所需要的评估华尔街情绪的全部资料。这是一个足够好的样本。用这一页纸，你就能够战胜大众！如今这家杂志不再出版这个预测者调查结果了，而且它已经被卖给了彭博。从彭博、《巴伦周刊》等各处搜集专业预测结果要花费不少精力。虽然可以做，但是与过去那种容易的做法相比，还是困难一些。

下面我们将看到 1996 年之后的专业预测和实际回报。如图 2-1 所示，1996 ～ 2003 年的数据不是新增的，而是直接摘自我 2006 年出版的《只有三个问题最重要》（*The Only Three Questions That Count*）一书。我在书中提到，这些数据都被用到了《商业周刊》的调查结果中。从 2004 年开始，数据都是新的，来自我们公司自己的研究报告，但是采用的方法没有改变，只是在《商业周刊》被彭博收购之后，预测收集范围更宽了。

正如你所看到的，1996 ～ 2002 年，实际回报率远远落在大多数人的预测区间以外。1996 ～ 1999 年，专家每年的预测都是小幅上涨，而股市却大涨。2000 年，专家对牛市的信心更大，但是股市下跌了。他们甚至更看多 2001 年和 2002 年牛市，但是股市又下跌了。这 7 年的市场实际回报率几乎完全落在了预测曲线之外，有 3 次完全落在了区间外！

专家在 2003 年预测大幅上涨，这次预测与市场表现相符。标准普尔 500 指数的实际回报率是 28.7%，正好落在曲线中间段。此时应该冷静对待，这是偶然蒙对了！但这是夸夸其谈，在投资中是不足为训的。当那个小声音在你的头脑里开始尝试为错误找理由时，要赶紧跑开，打消这个念头。停止找理由，开始理性思考。你（我，还有所有人）都会经常出错。做得最好的人也有大概 1/3 的时间是错的！这个次数不算少！如果你为自己找理由，就不能从错误中吸取教训。从错误中学习，可以让你成为一个逆向投资者。

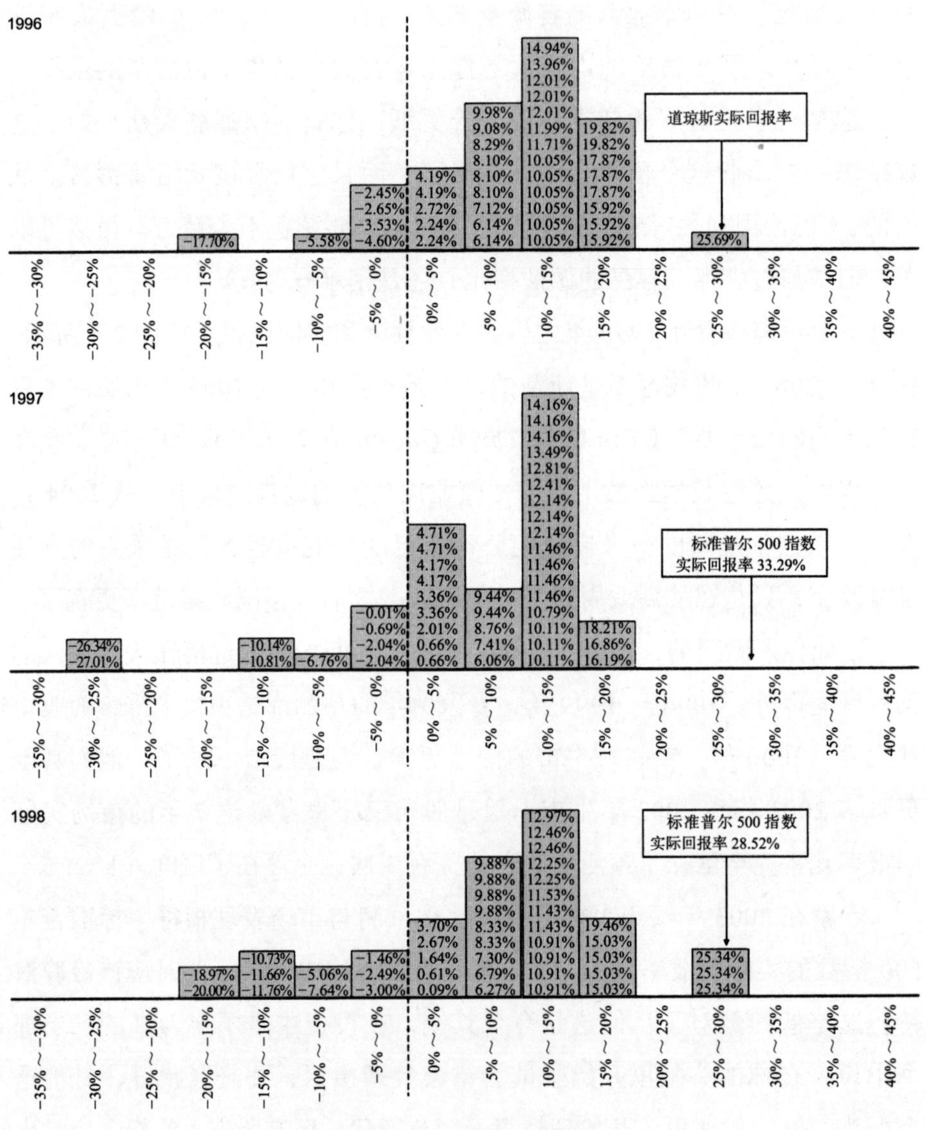

图 2-1　1996 ～ 2003 年

1999
标准普尔 500 指数
实际回报率 21.04%
-26.74% -29.34%
-21.21% -21.21%
-16.41%
-10.55% -13.07% -13.07% -13.07%
-5.75% -6.97% -6.97%
-0.87% -0.87% -2.90% -3.72% -4.94% -4.94%
4.83% 4.83% 3.69% 3.20% 3.20% 3.20% 2.39% 1.57% 1.49% 1.17%
9.30% 9.14% 8.89% 8.49% 7.27% 7.27% 7.27% 7.27% 6.70% 5.64% 5.23% 5.23%
13.37% 11.33%
15.40%
23.54%
27.61%
31.67%
35.74%
-35% ~ -30%
-30% ~ -25%
-25% ~ -20%
-20% ~ -15%
-15% ~ -10%
-10% ~ -5%
-5% ~ 0%
0% ~ 5%
5% ~ 10%
10% ~ 15%
15% ~ 20%
20% ~ 25%
25% ~ 30%
30% ~ 35%
35% ~ 40%
40% ~ 45%
2000
标准普尔 500 指数
实际回报率 -9.10%
-30.80%
-19.84%
-10.38%
-0.17% -2.55% -3.57% -3.57%
4.93% 3.91% 3.23% 3.23% 3.23% 3.23% 3.23%
8.34% 8.34% 7.45% 6.64% 6.64% 6.64% 6.64% 6.64% 5.96% 5.62% 5.27% 5.27%
14.19% 13.78% 13.44% 12.76% 12.08% 11.74% 11.74% 10.04% 10.04% 10.04% 10.04% 10.04% 10.04% 10.04% 10.04% 10.04% 10.04%
17.19% 16.85% 15.48% 15.14% 15.14%
20.25% 20.25%
27.19%
-35% ~ -30%
-30% ~ -25%
-25% ~ -20%
-20% ~ -15%
-15% ~ -10%
-10% ~ -5%
-5% ~ 0%
0% ~ 5%
5% ~ 10%
10% ~ 15%
15% ~ 20%
20% ~ 25%
25% ~ 30%
30% ~ 35%
35% ~ 40%
40% ~ 45%
2001
标准普尔 500 指数
实际回报率 -11.89%
-23.1%
7.2% 7.2%
14.8% 14.8% 14.4% 13.5% 12.9% 12.5% 12.5% 11.0% 11.0%
19.4% 18.6% 18.6% 18.6% 17.8% 17.1% 16.7% 16.7% 16.3% 15.9%
25.0% 24.7% 24.3% 22.4% 21.6% 20.9%
30.0% 30.0% 28.0% 26.2%
33.7% 31.1% 30.7%
39.4% 37.5%
-35% ~ -30%
-30% ~ -25%
-25% ~ -20%
-20% ~ -15%
-15% ~ -10%
-10% ~ -5%
-5% ~ 0%
0% ~ 5%
5% ~ 10%
10% ~ 15%
15% ~ 20%
20% ~ 25%
25% ~ 30%
30% ~ 35%
35% ~ 40%
40% ~ 45%

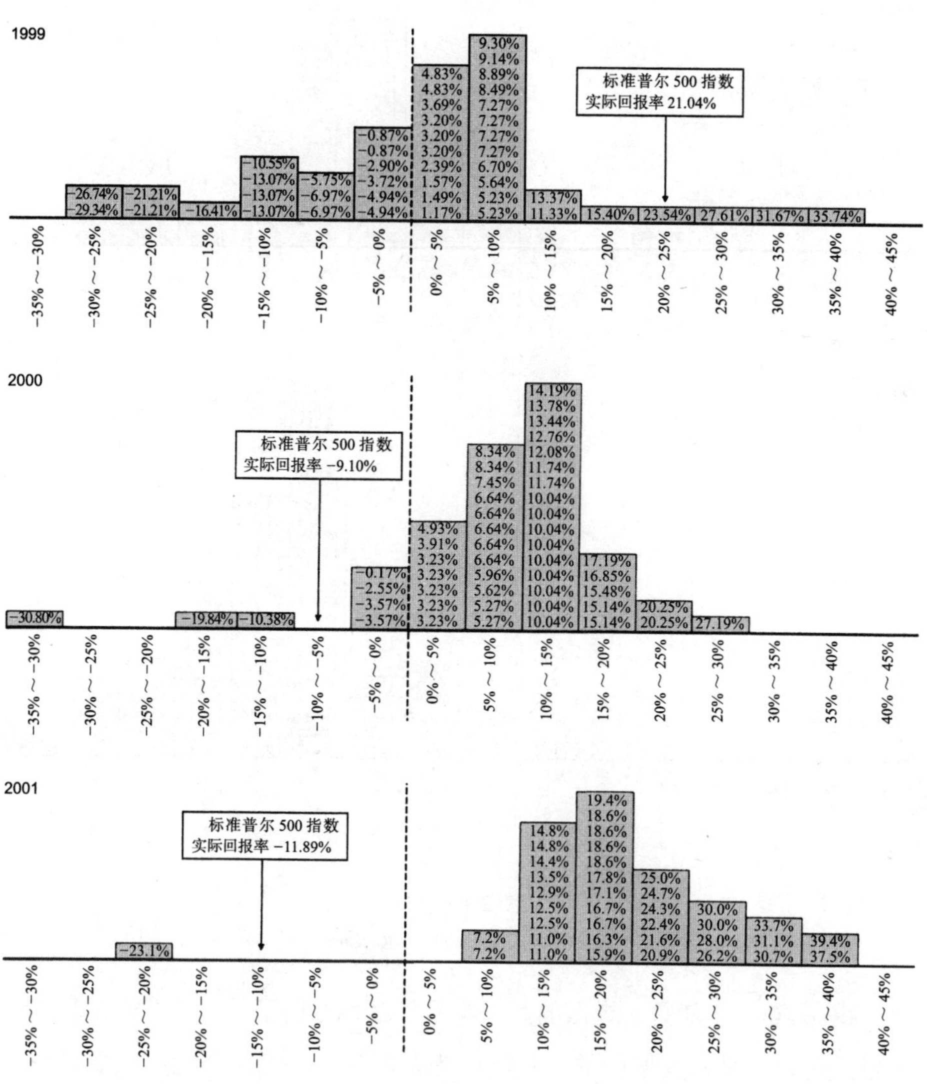

图 2-1 （续）

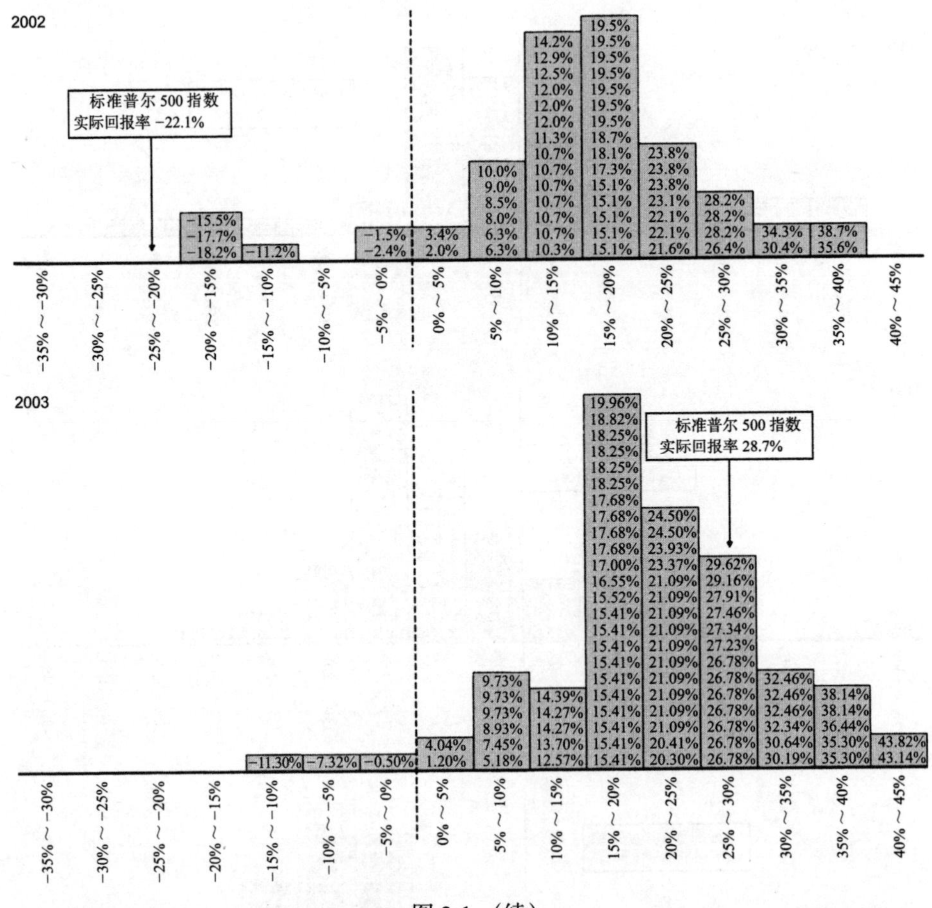

图 2-1 （续）

资料来源：*BusinessWeek,* FactSet, Fisher Investments Research.

我在 2003 年就是这样做的。一定是什么地方出了差错，专家预测正确一定是有什么基本面原因的。我没有花太多时间考虑这个问题。立场是最重要的，我们对牛市充满了信心。另外，由于专业预测者都是一流的均值回归信徒，他们肯定会在 2002 年大跌之后，预测 2003 年将会大涨。

但是直到 2004 年年底，这个钟形曲线把戏已经明显玩不下去了（见图 2-2）。那年大部分预测值集中在高个位数和低两位数上。标准普尔

500 指数的实际回报率 10.9% 正好落在中间位置。这一次又被华尔街蒙对了！一些专家开始公开承认他们在使用类似方法与大众博弈，等其他人都做出预测，他们就可以在主流意见之外挑选一个更好的阻击点位。他们都错得离谱，想建立自己的辉煌业绩。和所有资本市场新技术一样，这种方法被到处扩散，越来越受欢迎，因而反映在股价上了。每个人都在看那头“大象”，是时候把目光挪到别的地方了。

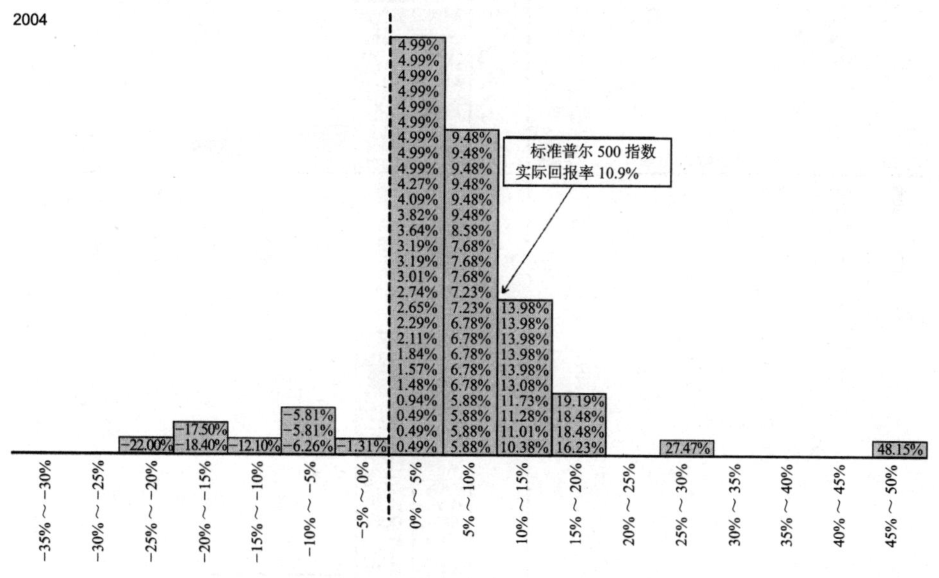

图 2-2 2004 年

资料来源：*BusinessWeek*, FactSet, Fisher Investments Research.

从图 2-3 中你可以看到，市场行情在这几年里都不好。2005 年的大部分预测值都是个位数。标准普尔 500 指数上涨了 4.9%。2006 年，预测值集中在中低两位数上。实际值是多少呢？ 15.8%。2007 年，预测值集中在个位数，标准普尔 500 指数上涨了 5.5%，很给大家面子。

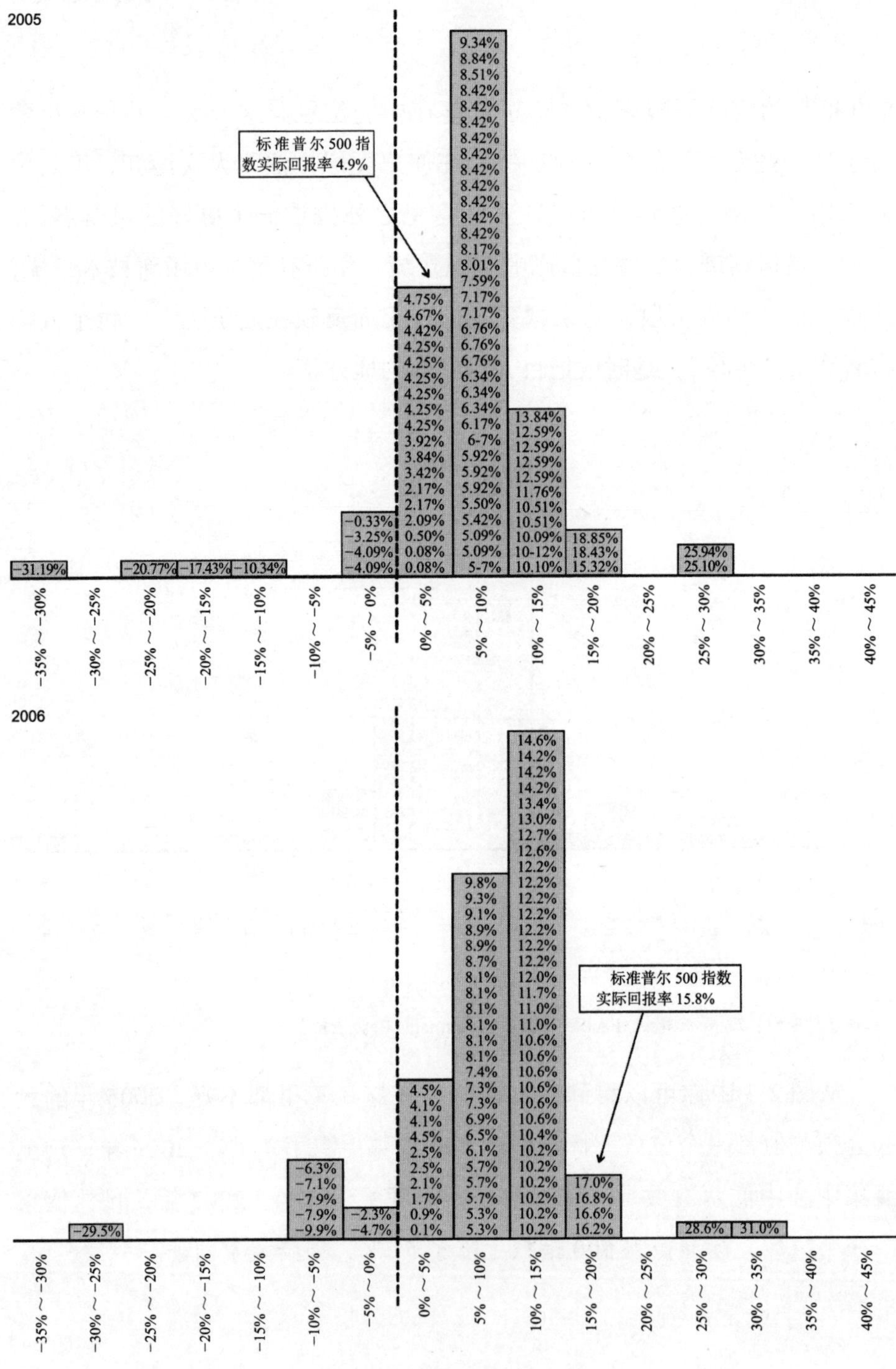

图2-3　2005～2007年

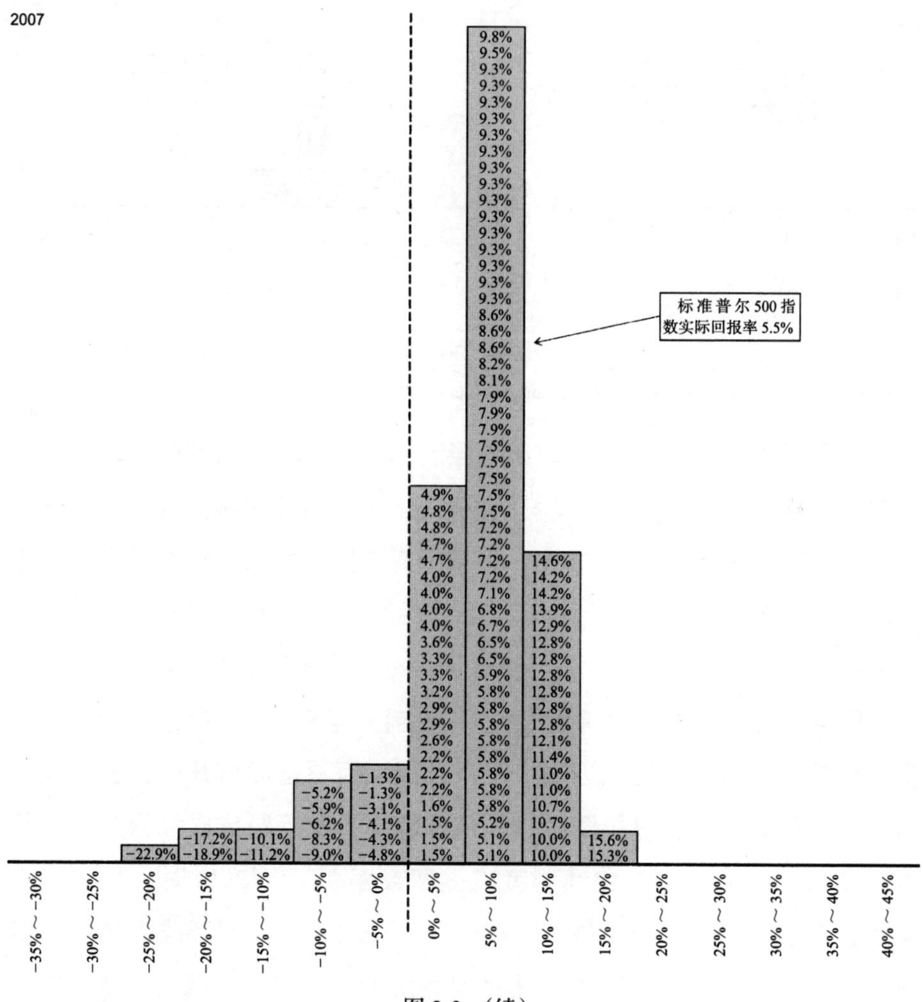

图 2-3 （续）

资料来源：*BusinessWeek*, FactSet, Fisher Investments Research.

2008 年，专家预测错了（见图 2-4）。大多数预测标准普尔 500 指数的回报率介于 10% ～ 20%。又错了，我们又上了市场的当了。2008 年之后，市场似乎又要让我们以为那种方法再次有效了！其实，这又是一次没有原因的市场纠错！本来应该有个解释的。

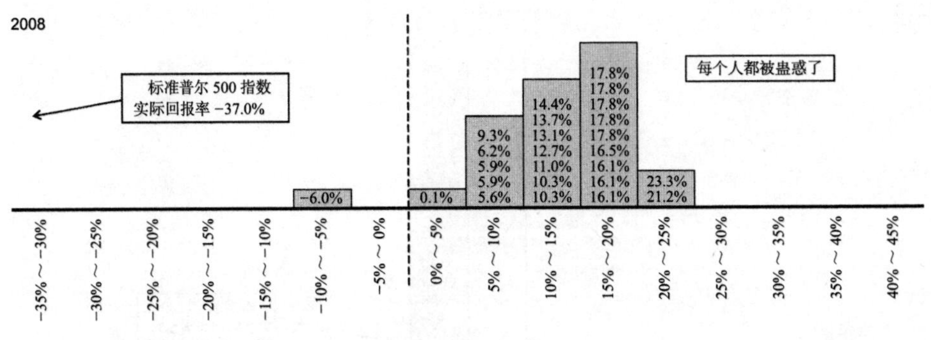

图 2-4 2008 年

资料来源：*BusinessWeek*, FactSet, Fisher Investments Research.

专业预测者 2008 年预测错误的原因很简单，即不知道这个钟形曲线把戏是否又有效了。我们都没有尽早留意到盯市会计准则的影响（见第 1 章的讨论）。时间一天天过去了，银行一直在撇除坏账。没有多少人知道美联储和财政部在更多银行倒闭之后，为什么立场如此不一致。这就是股市和经济不好的原因，大量坏消息还没有反映在价格上。

我知道这种情况会延续到 2009 年，前一年专家出错其实并不意外。我也知道，我们应该更靠近熊市尾声阶段，而不是熊市开始，所以以更加看空的思维配置客户投资组合是愚蠢的，不要等股市已经弹升太高的时候才动手！当一众专业预测者声称回报率要高于 20% 时，我毫不犹豫地加入了他们的行列。是的，在一年大跌之后，他们都成了均值回归派——情况就像 2003 年一样，即使是均值回归派也有正确的时候。这一年下跌的机会几乎为零，应该是大涨的一年，尽管很多投资者的想法正相反，但事实确实如此。

但是 2009 年发生了一些别的事情。尽管不少专家预测的是正确的，但是标准普尔 500 指数的实际回报率落在了钟形曲线最高峰的外边。

2010 年，这种情况又发生了（见图 2-5）。起初预测值集中在个位数上，在不到一年的时间里，人们就从看空转为看多，只有 5 位炒股专家

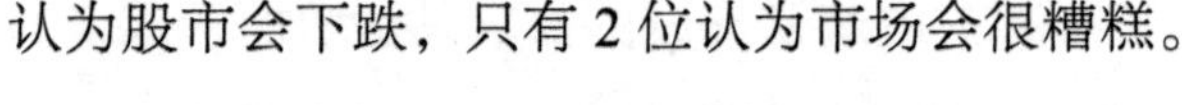
认为股市会下跌，只有 2 位认为市场会很糟糕。

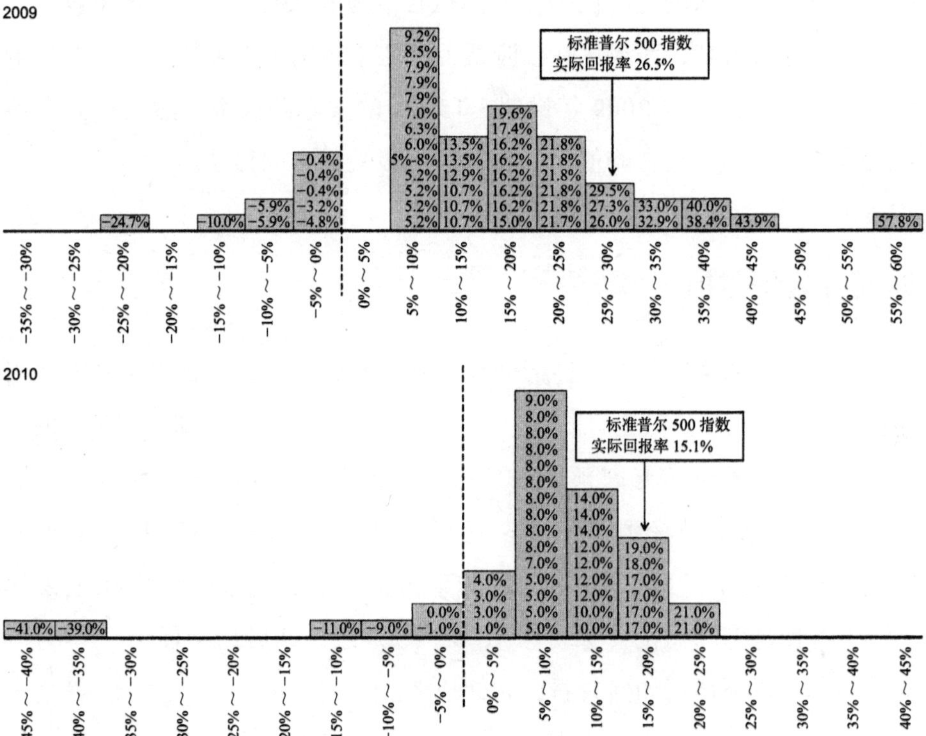

2009

标准普尔 500 指数
实际回报率 26.5%

区间	预测值
−35% ~ −30%	
−30% ~ −25%	
−25% ~ −20%	−24.7%
−20% ~ −15%	
−15% ~ −10%	−10.0%
−10% ~ −5%	−5.9%, −5.9%
−5% ~ 0%	−0.4%, −0.4%, −0.4%, −3.2%, −4.8%
0% ~ 5%	
5% ~ 10%	9.2%, 8.5%, 7.9%, 7.9%, 7.9%, 7.0%, 6.3%, 6.0%, 5%-8%, 5.2%, 5.2%, 5.2%, 5.2%
10% ~ 15%	13.5%, 13.5%, 12.9%, 10.7%, 10.7%, 10.7%
15% ~ 20%	19.6%, 17.4%, 16.2%, 16.2%, 16.2%, 16.2%, 16.2%, 15.0%
20% ~ 25%	21.8%, 21.8%, 21.8%, 21.8%, 21.8%, 21.7%
25% ~ 30%	29.5%, 27.3%, 26.0%
30% ~ 35%	33.0%, 32.9%
35% ~ 40%	40.0%, 38.4%
40% ~ 45%	43.9%
45% ~ 50%	
50% ~ 55%	
55% ~ 60%	57.8%

2010

标准普尔 500 指数
实际回报率 15.1%

区间	预测值
−45% ~ −40%	−41.0%
−40% ~ −35%	−39.0%
−35% ~ −30%	
−30% ~ −25%	
−25% ~ −20%	
−20% ~ −15%	
−15% ~ −10%	−11.0%
−10% ~ −5%	−9.0%
−5% ~ 0%	0.0%, −1.0%
0% ~ 5%	4.0%, 3.0%, 3.0%, 1.0%
5% ~ 10%	9.0%, 8.0%, 8.0%, 8.0%, 8.0%, 8.0%, 8.0%, 8.0%, 8.0%, 8.0%, 7.0%, 5.0%, 5.0%, 5.0%, 5.0%
10% ~ 15%	14.0%, 14.0%, 14.0%, 12.0%, 12.0%, 12.0%, 12.0%, 10.0%, 10.0%
15% ~ 20%	19.0%, 18.0%, 17.0%, 17.0%, 17.0%, 17.0%
20% ~ 25%	21.0%, 21.0%
25% ~ 30%	
30% ~ 35%	
35% ~ 40%	
40% ~ 45%	

图 2-5 2009 年和 2010 年

资料来源：*BusinessWeek*, FactSet, Fisher Investments Research.

这是一个好的信号：人们仍然遵奉均值回归！假定一个差年景之后会是一个好年景，理由就是平均数！人们似乎不再使用旧的钟形曲线把戏，他们聚集在一个非理性的地方，对错误熟视无睹，容易受到市场捉弄。

那些故意反着干的人此时会说，既然很多专家预测股市上涨，那么市场就应该下跌！但是经济正在恢复，新兴市场炽热如火，民主党看上去会在中期选举中失势，新闻报道对此都很悲观。到处都是坏消息，好消息被人们忽略了，要么被认为无法持久，要么被看作坏消息。缓慢的增长象征着"失去的十年"。货币和财政刺激形成的需求只是增加了未来的债务或者恶性通胀的可能性等。人们担心市场未来会出现很大的下跌。

就在专家沉默、悲观之际，股票上涨似乎超出了大多数人的预期。事情确实是这样的！与 2009 年相似，15.1% 的实际回报率虽然没有完全落在曲线之外，但是它在峰值之外，在向更极端的方向移动。

如何打败华尔街

实际回报率再次落在了钟形曲线之外，显然那些专家要重新采取他们的群体思考模式了。对他们来说，这很糟糕。对你来说，这却是好事一桩！

当然，正确看待专家预测只是指出股市走势的第一步，而且这只把四种可能的结果减少到了三种。我手里没有水晶球，所以我无法告诉你明年或者后年，乃至 20 年以后的事情，但是我可以告诉你在过去的 3 年中，我是怎样做的。你可以从中学到方法，然后用于任何一年的预测——你只需要懂得如何去看，如何思考。

2011 年，我开始用情绪因素进行预测。参阅下面的栏目，这是我在 2011 年 2 月发表在《福布斯》杂志上的文章。当时专家再次预测股市只有中等个位数或较低两位数的增长，而牛市似乎仍处于初期，才刚冒头，但是很多投资者情绪低落。个人投资者——我的客户和记者似乎对此有分歧。

考验选股者的一年

《福布斯》，2011 年 2 月 14 日

我现在的建议要比去年更悲观一些。今年的行情将让看多方和看空方同样难受：没有明显的趋势性行情。2010 年 2 月 8 日，

> 我说过我们深陷“悲观的泥沼”之中，这是大熊市过后的心理状态，人们过度强调坏消息，忽略好消息，或者嗅到了更糟糕的气息。我的观点是 2010 年将会是个股市好年景，悲观将被一扫而空。
>
> 我现在的研究表明悲观的人太多了，看得过空了！但是且慢，研究表明除了过多的悲观者之外，也有不少人从空头转为多头。他们担心的主要是最近两年的大幅上涨。他们是多头。
>
> 这是看空者和看多者的一个僵局、一个情绪分歧。我一直把市场称为“蛊惑鬼”(the great humiliator)，这是一个像神一样的存在，只为了在钱财方面尽可能长时间地捉弄尽可能多的人。它总是跟在你、我和你年长的婶婶身后。现在它正在达到自己的目标，让看多的人和看空的人都很惶惑，让股市最终只是略升或略跌一点点。

一半人认为 2011 年会有令人惊讶的情况发生。2010 年，市场没有发生太大的灾难事件，没有出现两位数的衰退。希腊仍处于危机之中，而爱尔兰已经获得救助，大家担心的欧元崩溃没有发生。在年中回调之后，股票大幅上涨，所以公众情绪有所好转，之前抱谨慎态度的预测者开始看多，他们只是根据近期的走势演绎，而没有对未来的情况进行认真思考。这并非理性行为，而是被市场经常惩罚的一种做法。

但是转好的基本面没有改变所有坚定看空的人的立场。他们不顾已经出现的很多改善信号而坚持做空；他们认为 2011 年欧元区会拖累全球经济，或者美国会出现双位数衰退，或者中国的好运会到头。这样，出现熊市的机会更大了。人们在 2008 年之后更加确信很多人说的“我看到危机正在逼近！没错”，哪怕他们的看空观点来自错误的理由。这不要紧，媒体给出了解释。永远看空的努里尔·鲁比尼（Nouriel Roubini）是全球名人。他们和新的看空者都被突然从底部反弹的股市吓了一大跳，做出一个不太可能发生的大跌年预测。市场一定觉得不好玩！

所以，我们剔除了这些专家的预测值和两个极端点（见图 2-6）。现在左边是平的，这对一个刚开始的牛市而言可能有点奇怪，但实际上是比较正常的。这是危机之后的第 3 年，通常会出现一段短暂的停歇期，就像 1994 年。所有迹象显示平平的回报有可能出现些许上下波动。

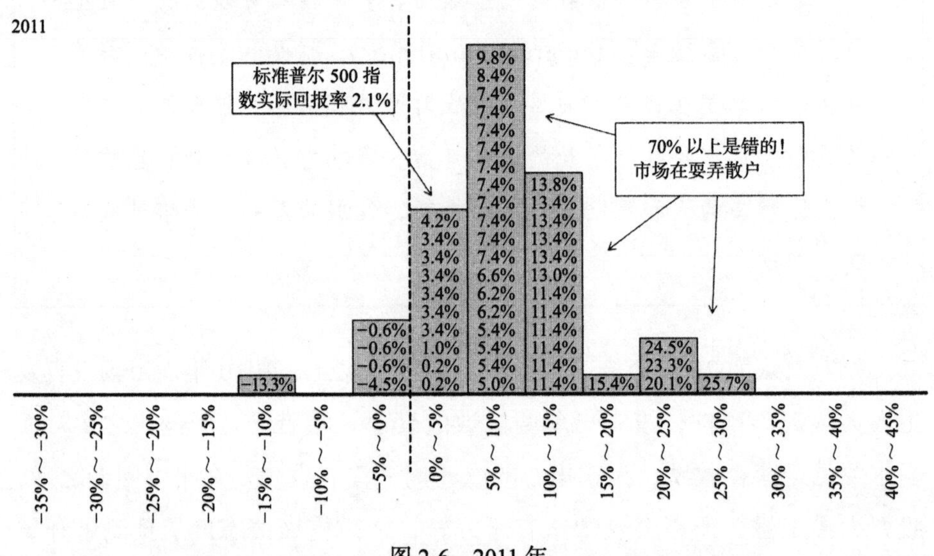

图 2-6　2011 年

资料来源：*Bloomberg Businessweek, Barron's*, FactSet, Fisher Investments Research.

这一年的行情就像过山车一样，开始时表现不错，然后在夏季出现大幅调整，之后又大幅反弹，最终实现了微小盈利（10 月几乎下跌了 11.3%）。[4]

2012 年的行情更是乏善可陈（见图 2-7）。大众再一次聚焦于个位数的增长上，专家预测标准普尔 500 指数回报率的均值和中位数是 7.3%，但是也有相当一部分人考虑到 2011 年的疯狂走势，预期会出现小的负数回报。很多专家认为回报会达到低的两位数，只有一位判断会有大牛市行情。经过 2011 年的修复，经济基本面依然强劲，选举年的政治僵局将法律风险保持在较低水平上，市场存在浓重的担忧情绪，股市似乎蓄势待发，结果确实如此！

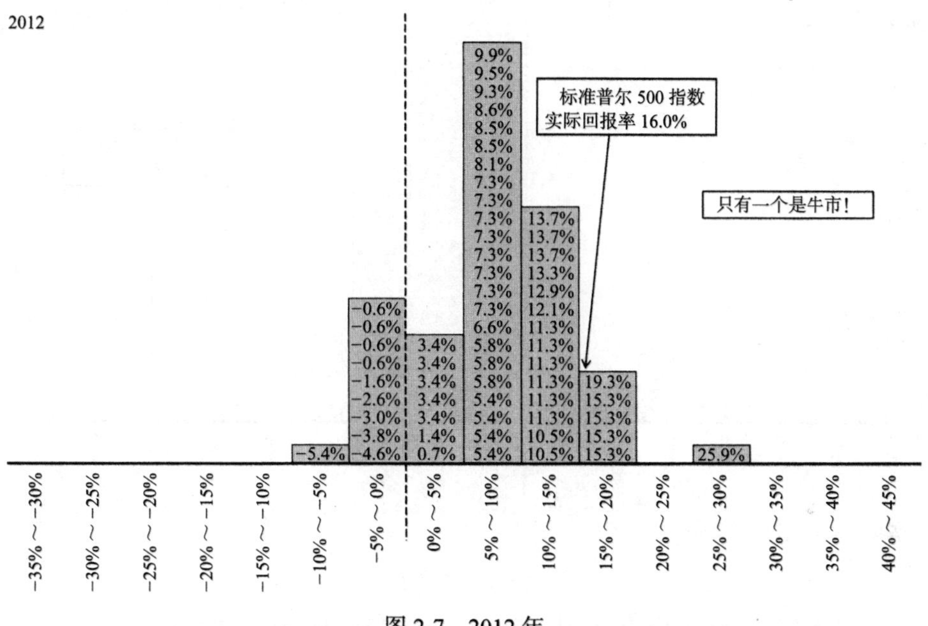

图 2-7　2012 年

资料来源：*Bloomberg Businessweek, Barron's*, FactSet, Fisher Investments Research.

如图 2-8 所示，2013 年专家的预测值集中在 5% ～ 15%，他们期待一个收益中等的年份。当所有人都期待着一个不好不差的行情时，市场想用极端行情——大幅向上或大幅向下打破闷局，没有理由让股市保持波澜不惊。牛市通常会继续，直到失去动力，或者突然遭到巨大的负面冲击。市场情绪依然很沉闷，所以前一种情况不大可能发生——牛市失去动力是在大众情绪疯狂，行情攀上众所周知的“忧虑之墙”之后出现的。

据我所知，后一种情况似乎也不会出现。从牛市开始以来，只有一遍遍的老生常谈，人们越来越担心行情会转向。这就意味着这种情况也不太可能出现。全球经济仍在改善，收益仍在增长，闷局依旧持续，而大众仍在忽视其他好消息。股市没有让人们失望，涨幅达到了专家预测值的两倍。

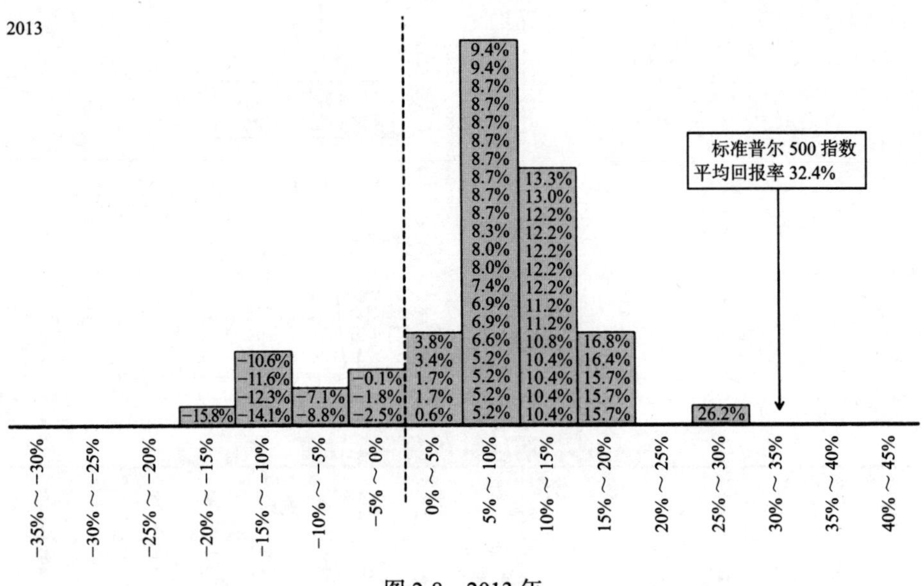

图 2-8　2013 年

资料来源：*Bloomberg Businessweek, Barron's*, FactSet, Fisher Investments Research.

专家对 2014 年的预测更谨慎，他们看到熊市缓和，而且担心牛市的升幅会缩小（见图 2-9）。2013 年大涨彻底证明了看空者是错的。他们一直说 2008 年的危机会再次发生，但并没有出现这种情况。正如我在《福布斯》专栏中所写的，大多数人不再相信他们所说的“狼来了”。同时，看多者认为股票在 2013 年升得太高、太快了。只有两位专家预测全年回报会超过 10%。

标准普尔 500 指数回报率预测平均值是 6% 左右，意味着你可以给美国较低的正收益打个折扣。正如我在 1 月 20 日《福布斯》专栏中所写的：当大众情绪和我的研究相似时，如果我的研究表明股市总是表现更好或更糟，你们就会期待较好的那个结果吧！”[5] 我在后面一期杂志上写道：“根据我的研究结果，有 19% 的差异（最高和最低预测值之间）已经贴现在价格里了。所以，市场极有可能再上涨 20% 以上，或者下跌 10% 以上。这可能让大家很费解。如果新的未提到的巨大负面因素出现了，下跌就会发生。除了这种情况，市场都应该上涨。请你相信我的话。”[6]

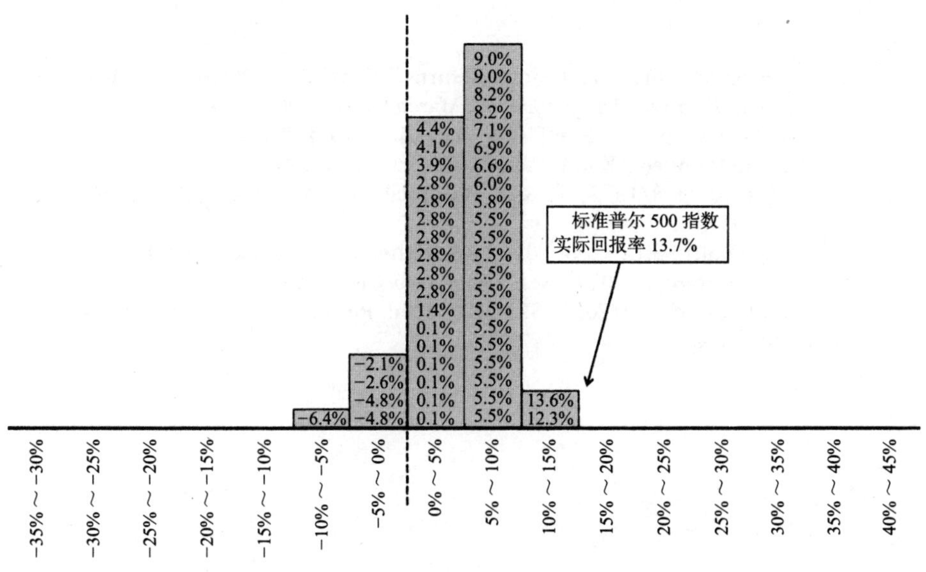

图 2-9　2014 年

资料来源：*Bloomberg Businessweek, Barron's*, FactSet, Fisher Investments Research.

最终没有出现大的负面冲击，股市也没有回调，尽管秋季出现了下跌，标准普尔 500 指数最终录得 13.7% 的升幅，高于大众预期，但是没有达到我的预期——市场也想杀杀我的锐气！[7] 专家预测再一次失手，没有告诉你市场会怎样走，他们以后也会如此。2014 年也是这样，尽管我们没有获得 20% 以上的涨幅。此外，一个根据 15% 年收益配置的投资组合和大牛市组合也没有太大的分别。牛市就是牛市，是预期方向而不是幅度决定了投资观点。

保持差别而不是完全相反，这是使用专家预测的诀窍所在，也是逆向投资的关键。正如我们将在下一章中所见的，差异化思考很简单，只需问问“为什么你那样想”即可。

注释

1. “Investor Sentiment and Stock Returns,” Kenneth L. Fisher and Meir Statman, *Financial Analysts Journal*, March/April 2000.
2. “What Goes Up . . . ,” Ken Fisher, *Forbes*, June 15, 1987.
3. “Double Damned,” Ken Fisher, *Forbes*, October 5, 1987.
4. FactSet, as of 8/19/2014. S&P 500 Total Return Index, 12/31/2010–10/3/2011.
5. “A Big (Bull) Surprise for 2014,” Ken Fisher, *Forbes*, January 20, 2014.
6. “All or Nothing in 2014,” Ken Fisher, *Forbes*, February 10, 2014.
7. FactSet, as of 1/2/2015. S&P 500 Total Return Index, 12/31/2013–12/31/2014.

|第3章|

德古拉伯爵与媒体启示录四骑士

正如我们在上一章中所说的，你想寻找屋里的“大象”——被大众忽视的大事件，但是还没达到那个层次。在搞清楚要寻找什么之前，你必须知道不去看什么！媒体在这方面做得很失败。它们经常看错地方，并且会引导大多数投资者看错。

如果你在屋里没有看到“大象”，当然无法指证“大象”。然而很少有人是这样做的！大部分人转向窗户，向远方望去。他们关注的是社会学问题、周边的混乱和学术界的辩论，这些对于市场来说并不重要。他们只是盯着微不足道的事情，担心其中隐藏着什么。

这些都不重要。不是遥远的未来，不是社会学，不是刚才发生的，也不是每个人声称明天将要发生的事！市场既不远视，也不近视。它们看的是未来 3 ～ 30 个月，最多是未来 12 ～ 18 个月。如果我们准确地知道 2020 年发生的事情，这个世界将在 2020 年 12 月 31 日终结，那么股市最早不会在 2018 年左右开始在价格上反映这个事件。这就是市场。对于市场来说，提前 30 个月左右，很难让它相信。市场只会选择不相信。

你可以把这一章和下一章当作如何阅读报纸、使用网络和看 CNBC 的指南，开始将真正的新闻与短期噪声区分开。

如何杀死吸血鬼，打败媒体启示录里的四骑士呢？或者直白地说：

- 如何辨别短期噪声和对股票真正有影响的信息？
- 如何用简单逻辑揭穿媒体宣传？
- 如何判断头条新闻是不是在喊“狼来了”？

媒体有缺陷的财经观点

好吧，也许这一节的标题有点太不留情面。记者不是盲人，他们可以分辨远近，但是他们在为一个不是建立在资本市场上的消费市场写稿子。他们当然不是为 1% 的人写稿，甚至也不是为 3% 的人写稿。他们的眼睛自然是转向对读者重要的事情，而不是对市场重要的事情——不是过近就是过远。

大部分头条新闻都掌握不好时间点。这就是为何媒体噪声最大以及能够大行其道的原因。尤其是坏消息！如果新闻夸张，就会引导读者的行为，而这种新闻往往将读者引上歧途。

打开任何财经报纸或网站，你就会看到所有故事都分为两大类：超短期和超长期。

在首页，你总能看到一篇报道是关于当天股市的（如果是早报，那就是昨天的股市报道），用 500 字将股市波动归结为某个事件或经济报告。即便其中 99.9% 的内容是垃圾，这也是突发新闻。号外！号外！股市因为零售额和珍妮特 · 耶伦的发言而下跌！这毫无用处。通常这些事情之间没有关联性。没有任何人知道那天是谁在买入，谁在卖出，更不知道为什么。媒体只是汇总了各种小道消息而已。此外，昨天股市发生的事情，对一年后的股市没有任何意义。

你也会看到分析发布数据的报道。国民生产总值（GDP）！消费者支出！零售额！失业率！通货膨胀！工厂订单！工厂产量！贸易赤字！失业申领人数！住宅价格！感觉枯燥了吧？肯定枯燥。这些都是昨天的新闻，让人昏昏欲睡，但是你还是会看到几百字（甚至更多）有关股市为何涨跌的报道，其中包括引用分析师和经济学家告诉你这些为何重要的解释。有时候，你甚至可以提前一两天读到猜测即将出现的结果的预告性报道，接着分析会产生的影响。这是盲目短视！

一些报道涉及大幅收益预告。预告性报道预言了龙头上市公司的收益，之后才发表真实收益的新闻，然后就是对实际结果和收益指引的批评或欢呼。于是，所有卖方机构分析师更新其买 / 卖建议。人们所要做的就是看看股票在当天价格走势上的变化，而实际上并不需要采取任何行动，因为信息只需要几微秒的时间就已经反映在价格上了，但这并不能挡住那些街谈巷议者的口。

美联储也是定期出现在媒体文章中的角色。任何时候，只要美联储的任何一个成员发表了谈话，众多媒体就开始瞎说一气，猜测他们的表态预示着利率未来会发生怎样的变化。他们试图告诉你：利率会怎样变，以及利率变化会导致股价发生怎样的波动。这完全是不可知的。你无法和美联储博弈！我不是开玩笑，你真的不能！但是那些专家一直没有停止尝试。

人们总是能听到别人在谈论发生的事件。只要世界上哪个地方发生了饥荒或战争，人们就总能听到对股票价格产生影响的各种说法。如果这个事件发生在中东，还会和石油产生关联！任何时候出现油价大幅波动，头条新闻都不会错过，告诉你这对市场会产生什么样的影响。如果油价变化而股价没变，他们会说股市出了问题，没有反映出某些重大风险。这些都是蠢话！市场就是市场！所有流动的市场都具有预期，这是相当有效率的。不要浪费时间去找股票、债券和商品价格波动中隐藏的原因。

那些只不过是你能在任何一天里观察到的短期变化——这类东西多的是，从荒谬到令人惊讶，应有尽有。但是这个光谱还有另一端——长期预测。

有很多长期预测来自政府机构，比如国会预算委员会（CBO），或者国际组织如世界银行、国际基金组织（IMF）和经济合作与发展组织（OECD）。你可以得到长达 30 年的潜在增长预测。对气候变化的长期后果的预测、债务、收入不平等、发达国家人口减少、婴儿潮、奥巴马医改大幅提高保健支出、创新停步等，你可以把这些当作预测。

你得到了预测和提示，然后你看到那些权威人士就此展开辩论。这都是静态的，无一例外！ 50 年后生活会变得更美妙还是差劲，和未来 30 个月没有关系，也影响不到当下的市场。市场根本不会理睬 10 年、20 年或 50 年后发生的事情。

头条新闻充斥着这类话题，让普通老百姓误以为那些都是要紧的事情。“如果你总是读到说这件事的文章，那一定就是重要的。”如果你读了很多次说某件事对市场或经济特别重要的文章，那你很难不相信它是重要的。重复产生的影响作用非常大，这就是你不需要参加问卷调查或请专家指出大多数投资者的想法的原因。媒体几乎免费在帮你做这项工作。你现在还可以打开任何一个财经出版物的网站（你可以把本书先放下，没关系，我等你）。我打赌几乎所有文章都会影响市场，不管是短期还是长期。你去参加任何一场投资者大会，问答环节都会聚焦于媒体关注的话题或上个月的文章，而这已经反映在价格中了，或者会在很久以后产生影响（我们过于担心了，社会变得越来越糟了，社会保障破产了）。

市场已经反映了这些短期因素，而且不会受到长期因素的影响。不管现在看上去多么明智，现在和以后都可能会发生很多事情，让那些长期预测显得非常愚蠢（第 4 章还会更深入地讨论这个话题）。

站在街角的德古拉

有一种短期的媒体连番报道被我称作“站在街角的德古拉”（Dracula

around the corner)，即具有超级威力的、某种严重的罪恶和吓人事件，可能导致未来发生死亡或毁灭后果，隐藏在某个角落，随时会冲出来咬人，如同一颗嘀嘀作响随时会爆炸的炸弹。

现在可不要故意误导我。如果德古拉就在你的屋里，那可是件麻烦事，会发生被吸血之类的事件。但是，如果他果真在那里，迟早会暴露的，否则就只能是个鬼故事。鬼故事可以吓坏你，有时甚至吓市场一跳，但不能把你怎么样。

恐怖袭击就是一个例子。大多数人假定发生在发达国家的恐怖袭击必然是负面的，比如“9・11”事件。标准普尔500指数在袭击发生后的前5个交易日下跌了11.6%，而且当年下跌了13%，这是恐怖主义强烈冲击股市的一个“证据”。[1]

果真如此吗？对于这类“证据”，我们应该保持警惕。其他时段的市场表现如何？2001年肯定是“异常糟糕的熊市”，距离“9・11”事件有18个月的2000年3月24日技术股泡沫破灭，当年市场跌幅要比发生“9・11”事件这一年的13%跌幅大得多。在飞机撞击世贸中心双子塔前的9月10日，按年计算的股市跌幅已经达到17.3%。在市场重新开张之后的19个交易日里，标准普尔500指数先是下跌了11.6%，然后开始反弹，一直上涨到年末（这是一次熊市反弹，由于基本面恶化，2002年股市继续走低）。[2]

从20世纪80年代开始算起，股市已经经历过多次恐怖袭击的冲击。大多数是在事件发生几日内出现市场波动，而且程度并不大。市场每一次的反应都很迅速，没有一次恐怖袭击会终结牛市行情。相关行情请参阅图3-1～图3-8。

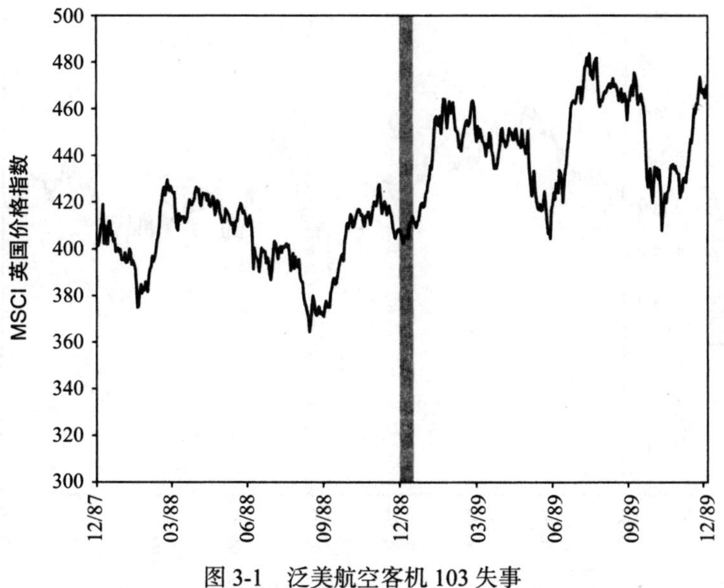

图 3-1 泛美航空客机 103 失事

资料来源：FactSet, as of 9/11/2014. MSCI UK Price Index, 12/21/1987-12/21/1989, Shaded period includes the day before the attack and the following 10 trading sessions.

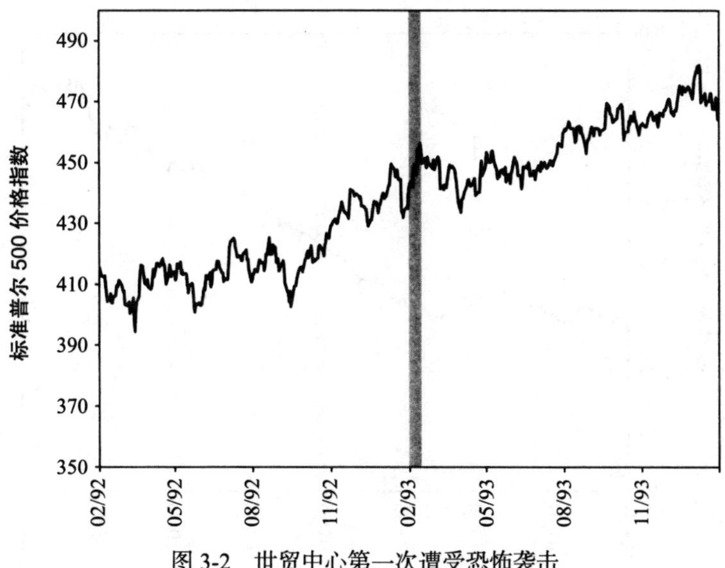

图 3-2 世贸中心第一次遭受恐怖袭击

资料来源：FactSet, as of 9/11/2014. S&P 500 Price Index, 2/26/1992-2/25/1994, Shaded period includes the day before the attack and the following 10 trading sessions.

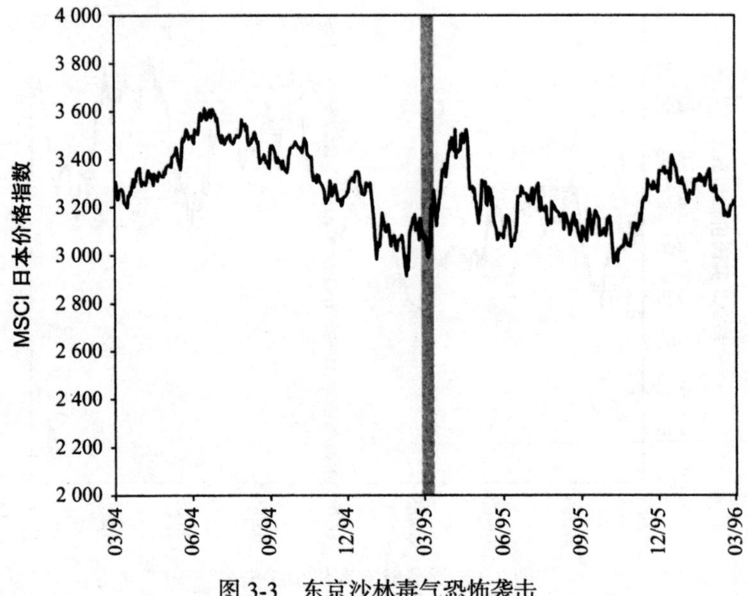

图 3-3 东京沙林毒气恐怖袭击

资料来源：FactSet, as of 9/11/2014. MSCI Japan Price Index, 3/21/1994-3/20/1996, Shaded period includes the day before the attack and the following 10 trading sessions.

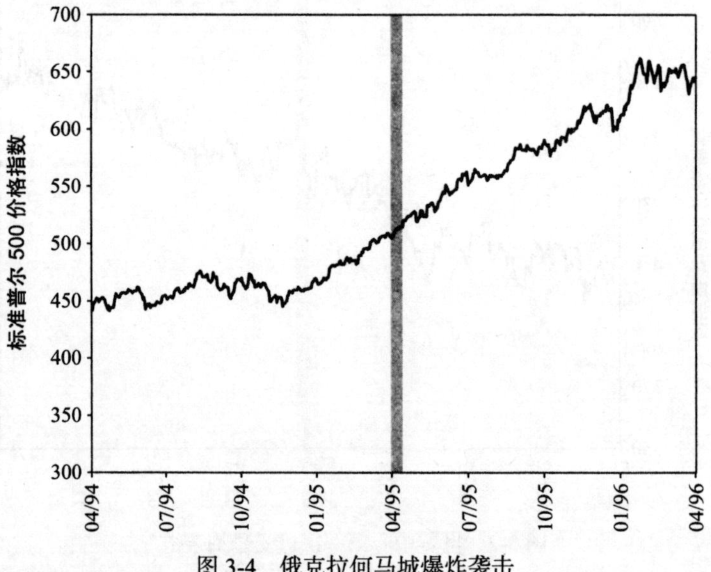

图 3-4 俄克拉何马城爆炸袭击

资料来源：FactSet, as of 9/11/2014. S&P 500 Price Index, 4/19/1994-4/19/1996, Shaded period includes the day before the attack and the following 10 trading sessions.

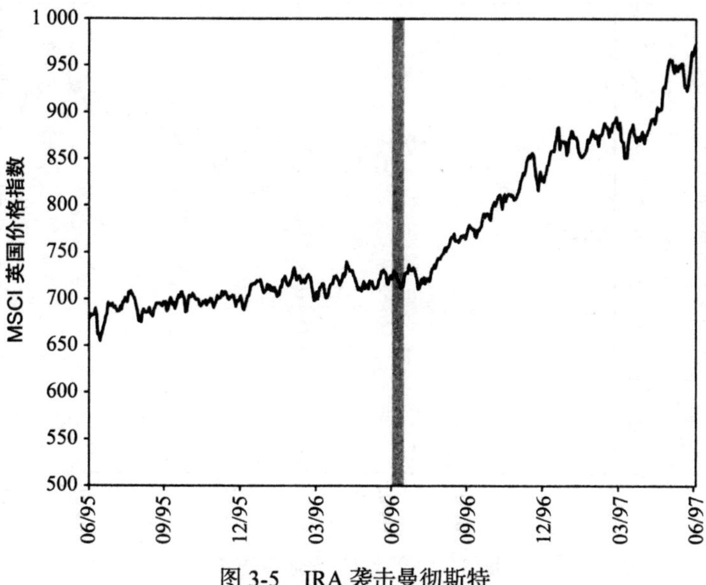

图 3-5 IRA 袭击曼彻斯特

资料来源：FactSet, as of 9/11/2014. MSCI UK Price Index, 6/15/1995-6/13/1997, Shaded period includes the day before the attack and the following 10 trading sessions.

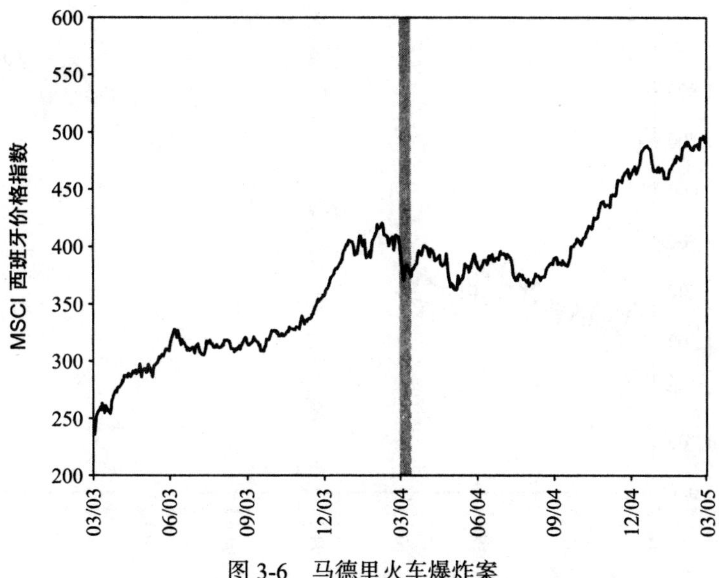

图 3-6 马德里火车爆炸案

资料来源：FactSet, as of 9/11/2014. MSCI Spain Price Index, 3/11/2003-3/11/2005, Shaded period includes the day before the attack and the following 10 trading sessions.

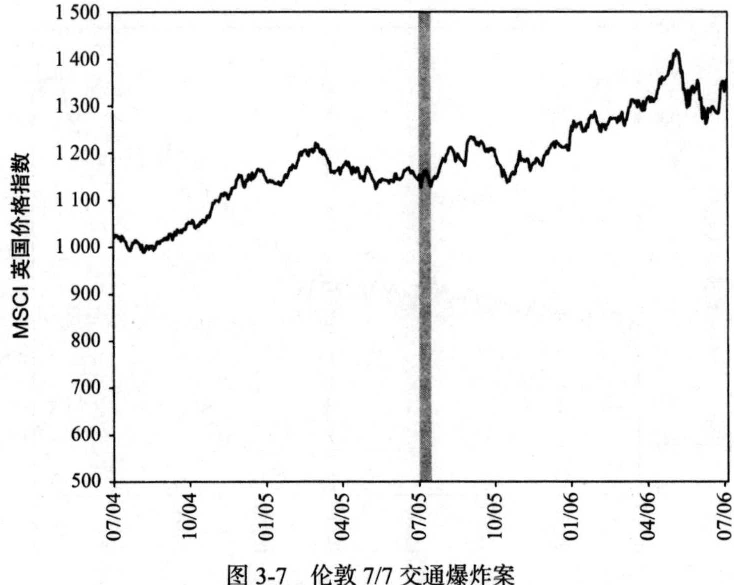

图 3-7　伦敦 7/7 交通爆炸案

资料来源：FactSet, as of 9/11/2014. MSCI UK Price Index, 7/7/2004-7/7/2006, Shaded period includes the day before the attack and the following 10 trading sessions.

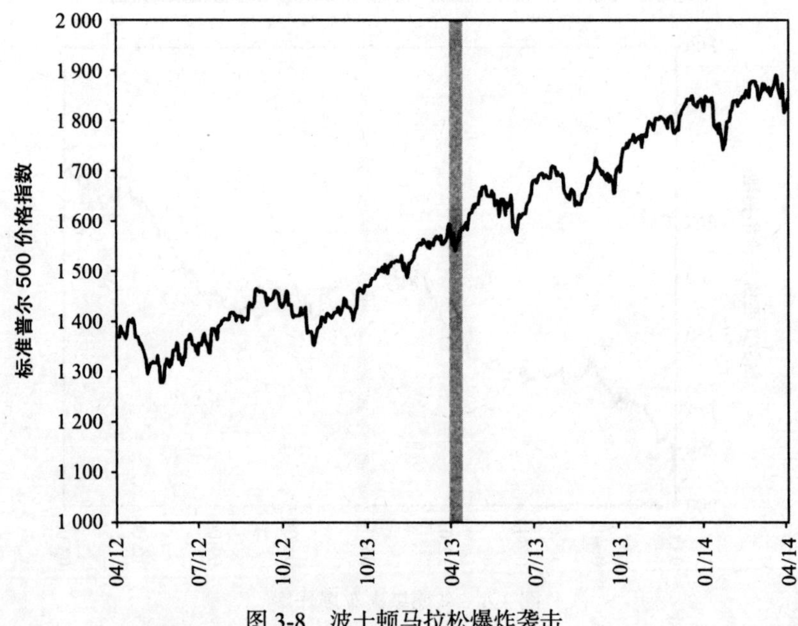

图 3-8　波士顿马拉松爆炸袭击

资料来源：FactSet, as of 9/11/2014. S&P 500 Price Index, 4/13/2012-4/15/2014, Shaded period includes the day before the attack and the following 10 trading sessions.

基本面的情况也是如此。恐怖主义会激起市场情绪，但通常影响短暂。这在短期内会影响股市，但从长期来看，市场还是取决于未来的经济增长，受恐怖袭击等政治因素的影响不太大。“9·11”袭击导致了6个月的经济衰退，市场从11月开始复苏。袭击产生的政治影响是爱国法案的出台和阿富汗战争，但与《萨班斯－奥克斯利法案》(Sarbanes-Oxley)无关，这个对市场产生负面影响的、重要的政治因素导致股市一直下跌到2002年10月。

投资者无法很快忘记恐怖袭击。恐怖主义时刻伴随着我们。但是随着时间的流逝，大众会发现经济受到的影响很小。他们看到增长在继续，企业盈利能力和国家意志都很强大，很少会向罪恶低头。股价会从短暂的波动中恢复。

恐怖主义只是一种“德古拉”。战争是另一种，我们后面会看到。但是，也许最大和最古老的吓人故事是流感肆虐。每过几年都会发生严重的流感，头条新闻会警告数百万人将死亡，把经济和股市拖入谷底。2009年是猪流感，无辜的墨西哥猪将无法防治的病毒传染给人类，死亡人数较多，导致全球人口减少。2005年和2006年是禽流感（当然，媒体当时的宣传口吻也非常严重）。2003年是SARS病毒。在我写作本书时，公众正在遭受非洲爆发的埃博拉病毒会传播到美国和影响市场的新闻的煎熬。德古拉又回来啦!

不要被这些新闻吓倒，第一个原因是至少没有一次这类事件曾经造成几百或上千人死亡——尽管悲惨，但还不足以让冷酷的市场为之动容。第二个原因是发生在现代的最严重的一次流感——1918年西班牙流感中，全球人口有大约1/3被传染，因病致死人数约1000万，股市仍旧涨幅可观，这让大多数人难以相信！但是市场确实冷血残酷，并不理会人类遭受的痛苦，它只关心财富。没有证据表明疾病和瘟疫会成为市场风险。

零证据！恐惧会导致短期市场波动，比如禽流感导致2005年市场调整，但是以12～18个月的时间看，它是一个无效的因素。

这些都是鬼故事。当你还是小孩子时，听到一个有关吸血鬼的恐怖故事，你会感到害怕，以为那是真的。你被吓得无法入睡，但你后来会发现那不是真的，只是个故事！你完全不必认真对待！那伤害不到你！吸血鬼和巨兽都不是真的！同样的事情也发生在股市上。当媒体告诉你德古拉就在那里，那是真的，而且可能会杀你时，其实那只是恐吓，会影响到市场。股市可能在短期产生很不理性的震荡，但不会持续多长时间。投资者会发现他们害怕的东西不是真实的，市场会反弹，生活也会继续下去。

一旦我们有了市场和媒体，德古拉就会如影随形。他永远不会远离我们。但是你现在应该了解得更清楚了，没必要惊慌失措，或者用木棍和圣水武装自己！德古拉不是真的。你可以耐心等它出现，和它赌上一局，要知道恐惧情绪会反转，而市场仍将安然无恙。

从错误中找机会

媒体夸大其词的另一个误导工具是什么呢？是经济数据。这种文章很好写，如增长形势不错，市场下跌，再凑足600字就可以混一天了。每一份报告出炉，头条消息都会做出反应，假定它意味着某个事件要发生，而且具有神奇的、预示性的力量。

正常的经济扩张会产生正常却无意义的市场波动。大众总是辩论某个静态事件是好还是坏，一个价格波动是昙花一现还是趋势性的，其实未必是这样黑白分明的。这种争论完全是噪声，静态的、无意义的噪声。你完全可以忽略它。

逆向投资者最大的一种能力和优势是可以过滤掉噪声，用简单的方式处理事情。简单就是力量，一是这样做一般是正确的；二是可以让你保持冷静。对每次经济数据的发布都提心吊胆，尤其是 GDP，会把你逼疯，而其实帮助甚小。

GDP 其实是所有经济数据之母，是大众花费数月时间猜测的大报告，将每季度发布的数据加在一起，最终才知道这个数字到底意味着什么。但是 GDP 是一个滞后数据，早已经体现在价格中了——每过 3 个月才能看到一两个月前的数字。它不是一个可怕的数字，也不代表着经济本身及股市！你不是因为 GDP 而买股票，而是根据上市公司的业务增长和收益情况进行购买。

GDP 反映的是整体商业投资以及政府和消费支出，这些会带来企业收入，但是它遗漏了很多东西。GDP 将进口记作负数，哪怕进口反映了需求，降低了商业成本。如果进口减少，沃尔玛肯定会倒霉，但是 GDP 可能仍看上去不错！ GDP 还将政府支出视为正面经济因素，而即便是坚定的凯恩斯主义者都不一定认同这个观点。它可能意味着政府部门正在挤出私营企业。这样就把好坏搞混了。

也许你认为这些都不重要，有总比没有好，至少我们可以用一用。这句话有道理，但是即便如此，GDP 对于你这样的投资者也是无益的。它是过去发生的事情，而市场不关注过去。GDP 只是累计了股票已经预料到、经历过而且反映了的那些事情。例如，2011 年 7 月，头条新闻反映人们担心 2007 ～ 2009 年那样的衰退再次出现，这对于那两年是很有意义的，但是两年后增长重现，这对于投资者是完全没意义的。股市是向前看的，不会回头看。最后一个季度的产出没告诉你市场会向哪个方向移动。

大多数媒体在其他数据发布时也是这样做的，不管发布的数据是否重要。报告都是一样的，都是每个月之间变化明显的随机数字。那些数据每月或每季度都会发布，告诉你过去一段时间发生了什么，这些其实早已反映在市场价格上了。工业生产、零售额、消费支出、制造业产出、出口额、进口额全部都是反映过去活动的数据。没有一个是领先指标，没有一个带有神奇的、深藏不露的真知灼见。衰退的发生不会是由于汽车销售下降造成的。

尽管我们被这类故事包围着，每个都声称自己很重要，很多投资者却禁不住会为此过度担忧。噪声从未停息过。每个人都在这些愚蠢的静态数据中寻找有意义的线索，媒体也在火上添油。就像孩子在玩燕麦盒子里的财富地图和解码手环一样，人们在每一次数据发布中寻找隐含的意义，没有意识到这一切不过是已经发生的噪声。“美国工业生产 3 月上升，远胜暗淡无光的冬季，表明未来有继续上升的潜力。”[3]“零售销售 4 月暴升，引发第二季度经济加速上升的预期。”[4]“[消费支出] 报告增加了就业和产出数据，表明在异常困难的第一季度末，经济仍具有活力，为第二季度的更快增长提供了跳板。”[5]“出口在 3 月创新高，但是贸易逆差的缩小不及预期，经济学家因而预测第一季度 GDP 将会向下修正。”[6] 其实所有因素都已经反映在价格上了。

最后一条可以算是解释最出奇的前十条新闻之一。这条消息摘自《华尔街日报》，但不是唯一的例子；大部分主流媒体都在警告 2014 年 3 月超出预期的贸易赤字，将会导致第一季度 GDP 从低增长修正为小幅下跌(最后结果是这样的，但不是一回事儿)。他们关注的一个统计数据——贸易逆差其实对于经济来说是无关痛痒的，而他们却担心这会让过去的 GDP 数字变得更难看。谁会关心那个呢？一点都不重要！重要的是当月的进出口额都在增加，这意味着本国和国外的需求很大。这是好消息，至少并不差，但也都是过去的数据了。看到这些数据，你可以说“不错，已经反映在价格上了，”然后继续干你的活。

有魔力的指标

你没必要通过解读一些狭义的统计数据预测世界的未来走向，想得太多会让你头痛。我不喜欢这样做，你也别这样做，这样做毫无意义。我们可以用一种简单、快捷的方法，观察一段有意义的时间，以了解接下来几个月的经济走向。

我们采取什么方法呢？我们可以采取领先经济指数（leading economic index，LEI），既简单又威力巨大。

LEI 并不是新东西，早在美国大萧条之后就有了，但是经济数据和国库情况都非常糟糕。大家直觉上都知道形势很差，但不知道具体差到什么程度。阿瑟 · 伯恩斯（Arthur Burns）和美国经济研究局（NBER）的经济学家韦斯利 · 米切尔（Wesley C. Mitchell）有个预感，如果他们可以加总该局拥有的许多宝贵历史数据，就可以测量出经济收缩的程度，并从历史中找出有助于预测下一次衰退的模式。当然，他们的发现就是商业周期。

在他们和之后另一位美国经济研究局的经济学家格里高利 · 摩尔（Geoffrey H. Moore）的分析里，他们区分了领先于经济变化的变量，以及同步和滞后于经济的变量。摩尔将它们分别称为领先、同步和滞后商业周期指标。这些指标在 1950 年正式登台，彼时正好是 20 世纪中叶。LEI，一个综合了最主要前向经济变量的指标就这样诞生了。巧合的是，我也是那一年出生的，按照人类的标准，那是一个遥远的年代了。LEI 起初由美国经济研究局负责编制，1961 年由美国统计署接手，1972 年又被转给了商业部经济分析局，1995 年开始由大型企业联合会负责管理至今。LEI 如今包括 11 个其他主要国家和欧元区国家。

如今的 LEI 和之前的已经大为不同了，其中包含的数据也随着人们理解的提高和美国经济的变化在改变。原来的序列反映的是人们对 20 世纪 40 年代的理解和那个时代的美国经济，其中包含商业经营失败责任指数、道琼斯工业平均指数、耐用品订单数、居民和商业 / 工业建筑合同数、平均制造工业工作周数、新公司数，以及批发商品价格。你在战后重工业中能够想到的数据，都被包括其中了。

在过去的 30 年中，更广泛的、结构上更好的资本加权标准普尔 500 指数替代了偏重工业的价格加权的道琼斯指数；建筑批准数代替了建筑合同数；工业金属价格代替了一揽子商品价格。然而由于缺乏预测价值，批发商品价格、新公司数、商业经营失败责任指数数据被剔除了。供应商供货时间被纳入其中，后来被工厂订单数替代，因为这个指标更具预测价值。M2 货币供应量和 10 年期美国债券收益率被纳入是因为米尔顿 · 弗里德曼的影响力在扩大，而在 1996 年，世界大型企业联合会加入了利率差价（10 年期美国债券收益率减去联邦基金利率），这是我们能够看到的最具前瞻性和最有意义的指标。超过百年的经济理论和证据表明利差幅度较大对股市有利，我们从一开始就明白这个道理。经济学家从 20 世纪 80 年代早期开始，就一直在为是否将其纳入 LEI 而辩论，只是最终纳入还是花费了一些时间（官僚机构管理过程中常发生这类事情）。

最后一个重要变动是 2011 年做出的。当时世界大型企业联合会加入了它的领先信贷指数（leading credit index），这一指数代表信贷可获得性的一个指标。这个序列数据包含 10 个变量，而且追溯计算到 1959 年（见表 3-1）。正如你将在图 3-9 中看到的，这些指标可以准确预测经济未来发展方向，不是短期波动，而是长期趋势。LEI 趋势通常领先实际经济表现几个月。在 LEI 上升趋势中，近 55 年里没有发生过衰退，而在 LEI 下跌一段时间后，经济才开始衰退。

为了找出全球发展的方向，我们只需要查看大国的 LEI，如美国、英国、中国、日本以及欧元区国家。这很简便！不需要想得太多！

表 3-1 LEI 包含的变量

领先经济指数的构成
1. 制造业每周平均工作时间
2. 每周首次失业申报数的平均值
3. 制造业的消费品和原材料订单数
4. 制造业新订单（不包括飞机在内的非防务性资本品）
5. ISM 新订单指数（制造业）
6. 私人住房新批准可建数量
7. 标准普尔指数（收市价的每月平均值）
8. 领先信贷指数（大型企业联合会对信贷环境的评估）
9. 利差（10 年美国国债减去联邦基金利率）
10. 消费者预期均值（由密执安大学和大型企业联合会提供）

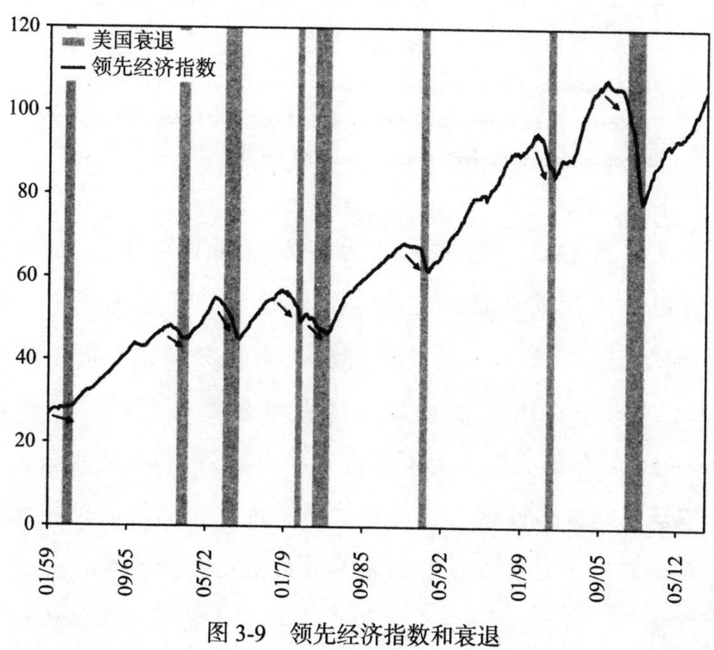

图 3-9 领先经济指数和衰退

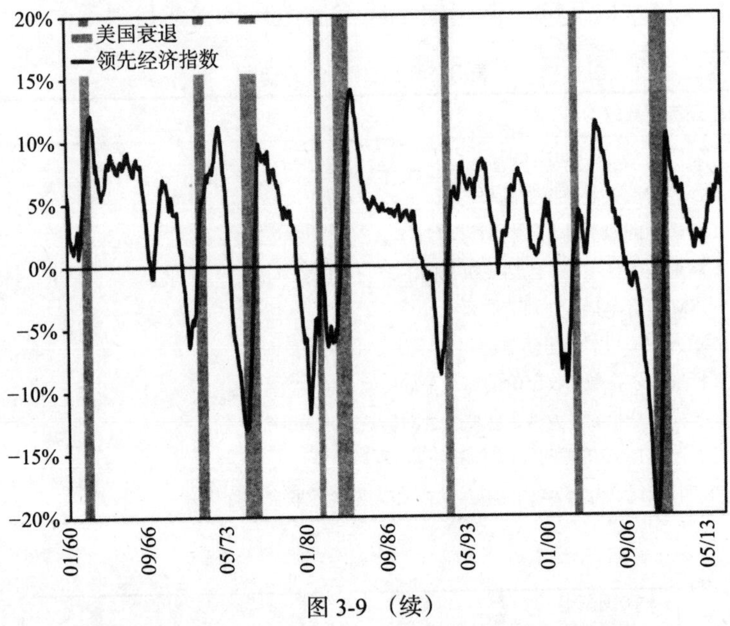

图 3-9 （续）

资料来源：The Conference Board and National Bureau of Economic Research (NBER), as of 12/9/2014. The Conference Board Leading Economic Index, January 1959-October 2014. Shaded areas indicate recessions as dated by NBER.

如果你看到这些图就在想为何人们没有留意到 2008 年之前 LEI 的快速下跌的话，你不会觉得孤独！答案很简单，就是 2008 年的 LEI 其实并不是这个样子。我们现在看到的下跌是根据 2011 年的数据倒算回去的。过去的数据没有跌穿下限，在 2006 ～ 2007 年的大部分时间里是平的，直到 2007 年年底才开始逐步下跌，这是修改这个指标构成变量的一个原因。世界大型企业联合会意识到 LEI 在信贷收紧导致的衰退出现之前，并没有给出任何预示，所以就创立了领先信贷指数。你可以在该机构网站上的文章中查看这些信息，“世界大型企业联合会 LEI 美国指数基准修改”。作者在文中写道：“值得留意的是，新 LEI 在最后一个

> 周期峰值的领先时间是 21 个月，远比当前 LEI 的领先时间——5 个月要早。然而，根据经济陷入衰退的经验，领先指数会出现一个超出平均水平的回撤幅度。在最近一次衰退中，新 LEI 从峰顶到谷底大幅下跌了大约 20%，而当前的 LEI 则只下跌了 7%。”[7]

如果只是看近期趋势，而不是某个月份的数据，就没有问题（通常只看美国的数据就够了）。

LEI 在起作用。尽管没有很多人关注它——不是很引人注目，它也不是很复杂，但它足够好用。最好的也是最简单的。也许记者更喜欢使用更酷炫的、包罗万象的数据。当 LEI 数据完成时，其他数据早已被人们先入为主地接纳了。很少有新闻媒体会跟进 LEI。LEI 的看护人——世界大型企业联合会在每次更新数据时，会发布一篇新闻稿，偶尔会被某些新闻媒体转发。但是，此类新闻稿很少出现在《华尔街日报》等的显要位置上。接受采访的人很少在 CNBC 节目中分析这个数据，甚至很少有人知道存在这种所有主要国家的领先经济指标。LEI 的力量部分源于它被人们忽略了：由于没有被充分讨论，所以它的结论并不经常被打折扣。如果大众根据读到的过时数据预期经济下跌或滞胀，而 LEI 仍然向上，你就可以做点事情了。

LEI 的主要力量来自其中的部分数据。没有一个统计数据可以准确说明整个经济，但是通过汇总 10 个变量，LEI 构建了一个非常广泛的网络。这个网络虽不完美，但是要比别的好。它给出了未来的制造业趋势、消费支出、建筑和信贷，还包含两个最强大的领先指标——股价和收益率差价。

由于 LEI 包括股价，所以不是一个直接用于预测市场的工具。股票不会对股票自己做出预测。LEI 不能预测股市是因为其中的各项已提前反映在价格中了。然而，它反映了对经济发展方向的考量。正如阿甘所说："好啊，又少了一件麻烦事。"

LEI 可能也包含噪声。这也很正常，其中一些项波动剧烈。制造业订单、建筑许可证数、制造业工时以及就业变量经常下跌，而且在经济扩张期不稳定，通常没有明显的趋势。消费者预期的变化没多大，对于预测的帮助不是很大。消费者信心调查反映了人们对现在和刚过去的这段时期的感受，所以最多算是一个同步指标。股市是最好的领先指标，但是情绪驱动的波动使得这部分总是含有太多噪声。

领先信贷指数和利差是一致的，而且都是前向指标。它们具有长期趋势，拐点通常发生在衰退之前。这样不会让人感觉意外。大家都知道，负的利差或收益率曲线倒挂是指示未来经济衰退的一个重要指标，恶化的信贷情况经常预示着投资将会减少。当 LEI 的其他部分变化时，你大可略过它们，只用领先信贷指数和收益率差价进行判断。

我们通过 LEI 可以看到大部分投资者的经济预期是对还是错，看看是否听从媒体对衰退的宣传会误入歧途。2010 年年初，每个人都担心美国经济出现两位数衰退。一些指标放慢上涨甚至下跌了，很多人认为经济重陷衰退的概率很高，经济还没有达到"逃逸速度"，所以"地球引力"又占了上风。

经济不是宇宙飞船。如果有专家根据发射逃逸速度、动量或者引力预测，你可以忽略它。物理学定律不适用于市场，市场适用的只有供需定律。所以，当媒体警告经济正在失去动力时，我们只需要看看 LEI——LEI 反映的就是供需关系！

当人们担心发生二次衰退时，LEI 却在上升。我们再看一下图 3-9，相信 LEI 的人得到了奖励。LEI 抛下了那些过分担忧过去数据而逃离股市的人，那些人错过了 2010 年全球股市带来的 11.8% 的收益。

LEI 也是全球通用指标。每个国家的 LEI 的构成都是不同的，没有任何两个经济体是相似的，所以任何两个国家的领先指标都不一样。中国曾经采用计划经济，即由政府主导信贷增长，所以中国的 LEI 不包括收益率差价（因为这没有意义）。信贷情况在印度较难统计，所以印度的 LEI 用货币供应量 M3 代替领先信贷指数。但是，我们对美国 LEI 几十年的研究和分析也可以反映其他国家的 LEI。

我们看看欧元区。在 2013 年 6 月从 18 个月的经济衰退中回稳之后，它的经济增长比较乏力。大家担心这是一个“微弱复苏”，类似对美国过去二次衰退的恐惧。由于之前很多个月的指标都很糟糕，大众担心经济再次陷入衰退。没有人留意到 LEI 已经准确预测了过去一年的经济走向。在衰退结束之前，它已经上涨了几个月——这很正常，然后在 GDP 于第二季度略微减速之前的几个月又跌了一点。之后，它开始迅速上升，预示着增长正在加速。LEI 是对的！但是没有人注意到这一点。

法国的情况也是如此。2013 年年末，大家都说法国是欧洲的“衰人”。欧洲总是有一个国家（欧洲大陆经济最差的国家）会担任这个角色，但是永远都不会有美国人说密歇根州是美国的“衰人”。而欧洲一直都这样搞笑，从奥斯曼帝国时期就有“衰人”这种说法了（希腊是近年的“衰人”）。

法国之所以获得“衰人”称号是因为其 2013 年第四季度采购经理人指数（PMI）较差。媒体喜欢 PMI。它的公布时间早，而且声称可以让你最快了解到是否一个国家或行业在某个月是增长的。这个指标超过 50 被视为经济增长，低于 50 就是经济收缩。

PMI 最多可以说是有些用处的，但是它并不准确。这是调研得出来的数字，不是最可靠的。读一下达莱尔·哈夫（Darrell Huff）的经典著作《统计数字会撒谎》（*How to Lie With Statistics*），就知道调研结果有多不可靠了（更深入的讨论见第 8 章）。PMI 也测量报告经营有增长的企业数量、需求、就业以及当月的其他一些数据，但是无法给出增长的幅度。在现实生活中，如果只有少数企业是增长的，而且增速很快，则可以让整个国家看上去都处在增长中。

所以，我们应该忽略已经公布的 PMI 结果，而要关注其中一些主要的部分，比如新订单数、出口订单数以及已签订单数。如果这些指标超过 50，意味着需求可能在增加——今天的订单就是明天的产出。然后看 LEI！即便法国被视为“衰人”，其 LEI 也仍在上升。即便你认为法国差劲，LEI 总是对的。法国在增长，并不是那么差劲！

在所有这些例子里，LEI 都可以给你一个非常简单的、快捷的方式，让你判断警告是否可信。这个数据很容易查到，只需要打开世界大型企业联合会网站即可。网站上有一页显示了每个国家的数据（点击 www.conference-board.org/data/bci.cfm）。打开它，你就成了少数能用到这个魔力指标的人了。还有其他机构也提供其他的 LEI，但只有我们提到的这家机构才是可靠的。它创立了这个数据的黄金标准。

高频交易

从 2010 年 5 月发生闪崩之后，高频交易（high-frequency trading，HFT）成了一个热门话题。

高频交易的最简单意思是指计算机使用算法和超快数据连接进行高速交易（每微秒执行很多笔交易）。它们在瞬间完成买卖股票，只是为了每股赚半分钱，但是它们每天都要做几千次这样的交易，由此获得大量利润。

高频交易行业的利润高达一年几十亿美元，所以人们责备高频交易者都是搜刮者。其做法类似于这样：要么放在（或靠近）

交易所的交易服务器旁，要么花钱买非公开的“订单串流”，在你按下“买入”键和屏幕出现“交易已完成”页面之间，有一台电脑可以看到你下的单，就会提前买下股票，然后加（或减）一点钱卖给你。你什么也不会发现（你看到那只股票完成了交易），但是 HFT 电脑已经赚了几美分了。其实那是你的钱！

这是一面之词。另一种说法是 HFT 已经把旧时人类做市商挤出了市场，放大了流动性，把买卖差价缩小到几美分或更小，使得交易变得更便宜和容易了。高频交易者每股只赚半美分或更少，金额大小相当于我们支付的交易服务费（如果差价更大，金额就会更低）。

到目前为止，你可能觉得这个问题显然不会影响股价走势。这和市场如何运作是有关的。从投资角度看，这很有趣！并不是每件事都会影响牛市是否会变成熊市。被操纵的市场的夸张声明只是噪声而已。拥有自己的观点是好的，但是你没必要陷入对市场影响的争论中。

还有一些讨厌高频交易的人声称这种做法不会影响市场。因为计算机同时运行几千种算法，价格变化多端，就连财经新闻和收益报告都会触发自动交易，所以一些人争论高频交易放大了波动幅度，导致市场不稳定，触发闪崩事件。

但这也是噪声！理由之一是没有证据表明这个理论是正确的。市场现在的波动幅度变小了，而不是更大了——20 世纪 30 年代的日内价格波动更大，那时还没有人想到会有高频交易。理由之二是，即便这个理论是真的，也不要紧。波动是如此短暂——我们说的是几分钟，而不是几个月。理由之三是，如果你认同那个算法可能触发一系列抛售，也必然同意在某一时刻启动“买入”算法，价格又会回到原来的价位。只要你不是在错误时点卖出，就不会有损失。即便是闪崩规模的冲击，也不会影响股票的长期回报。如果你沉得住气，就不会有麻烦。

战争对什么有利

除了股票，肯定别无其他！好吧，这实在是有点过分简单了。子弹不会帮助牛市，但是没有迹象表明一个区域冲突会结束牛市。哪怕是美国也被卷进去了。冲突激化时，恐惧会冲击市场，导致波动上升，这很正常，而且会很快消退。有时，冲突会扩散开；有时子弹在飞，但是投资者很快意识到和自己没有太大的关系——可怕的战争只关系到那些直接介入的人，其他人可以像往常那样过日子。商业没有停顿，交易继续进行。这不会对股市产生影响。

许多投资者不能安之若素，媒体在这方面仍负有较大的责任。每次地缘政治冲突和潜在武装冲突，不管发生的地点多么遥远，事件有多小，媒体都要渲染它对股市和经济的冲击。如果发生在中东，那么石油股就会遭受双重威胁。

这些故事很容易吸引公众关注，进而产生幻觉。战争毕竟是地狱。但是盲目操作股票很少能赚钱。你必须保持冷静并做出理性思考！为了做到这一点，我们需要使用两个工具：历史和规模。历史表明没有一次区域冲突会导致熊市出现。通常来说，冲突过于短暂，而且只占全球经济的一小部分，不足以让商业和利润遭受很大的损失。乌克兰和伊拉克是2014年的热点地区，两国的GDP分别占全球GDP的0.2%和0.3%。[8] 2013年，热点地区是叙利亚（0.1%）。[9] 2012 年，热点地区是埃及（0.4%）。[10] 叙利亚和埃及的产出与贸易都只占全球产出和贸易的很小一部分。除非冲突引发第三次世界大战，否则这些热点本身不太可能成为市场风险。

媒体很少认真研究历史，所以历史得以成为我们的一个有力工具。我前面提到过，当媒体给出明确说法时，你应该要求支持性证据，而且要亲自去找证据。市场历史通常是一个不错的工具！即便你手里还没有一个酷炫的股票市场数据库，也可以很容易找到标准普尔 500 指数过往的收益数据。雅虎财经上有从 1950 年开始的每日标准普尔 500 指数回报率（公开免费提供的数据）。一旦媒体声称某事件会对市场产生糟糕的影响，就要考虑一下这类事件以前发生时的情况，看看当时的市场是怎样反应的。历史不会一模一样地重复！正如马克 · 吐温所说，这就像首押韵诗。这种方法很适合用于决定影响市场的某个事件的发生概率。大众和媒体的说法经常和事实背道而驰。

所以，让我们站在逆向投资者的角度回顾历史吧！选择一次冲突（任何一次都行），你会看到它对股市没有什么影响（即便是中东发生的事件）。大众往往害怕中东发生冲突事件，那个地区被看作全球的火药桶。盛产石油的地方，或者是核打击一触即发的地方，或者是……但是那些地方已经发生过很多次冲突了。这种情况司空见惯。这类地区冲突从没有演变成全球事件，也没有大到足以威胁全球市场。市场只是去适应它（这是背景的一部分），让我们因此置身于牛市和熊市之中。没有一次中东冲突会导致一个周期拐点。

你不相信吗？看看图 3-10，该图显示了四次重大中东冲突对标准普尔 500 指数的影响。没有一次导致牛市脱轨。有人观察到股票在刚开始时会因为恐惧情绪而发生波动，但是市场会在冲突结束之前恢复常态。

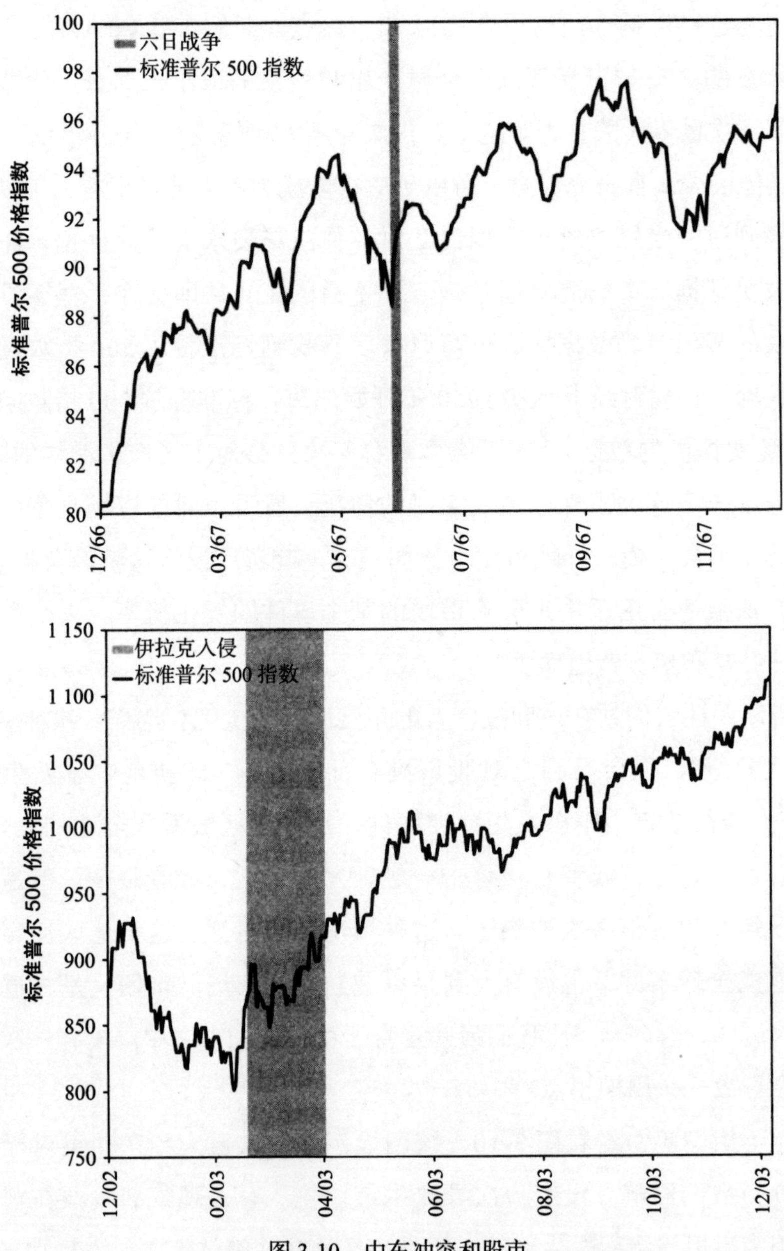

图 3-10 中东冲突和股市

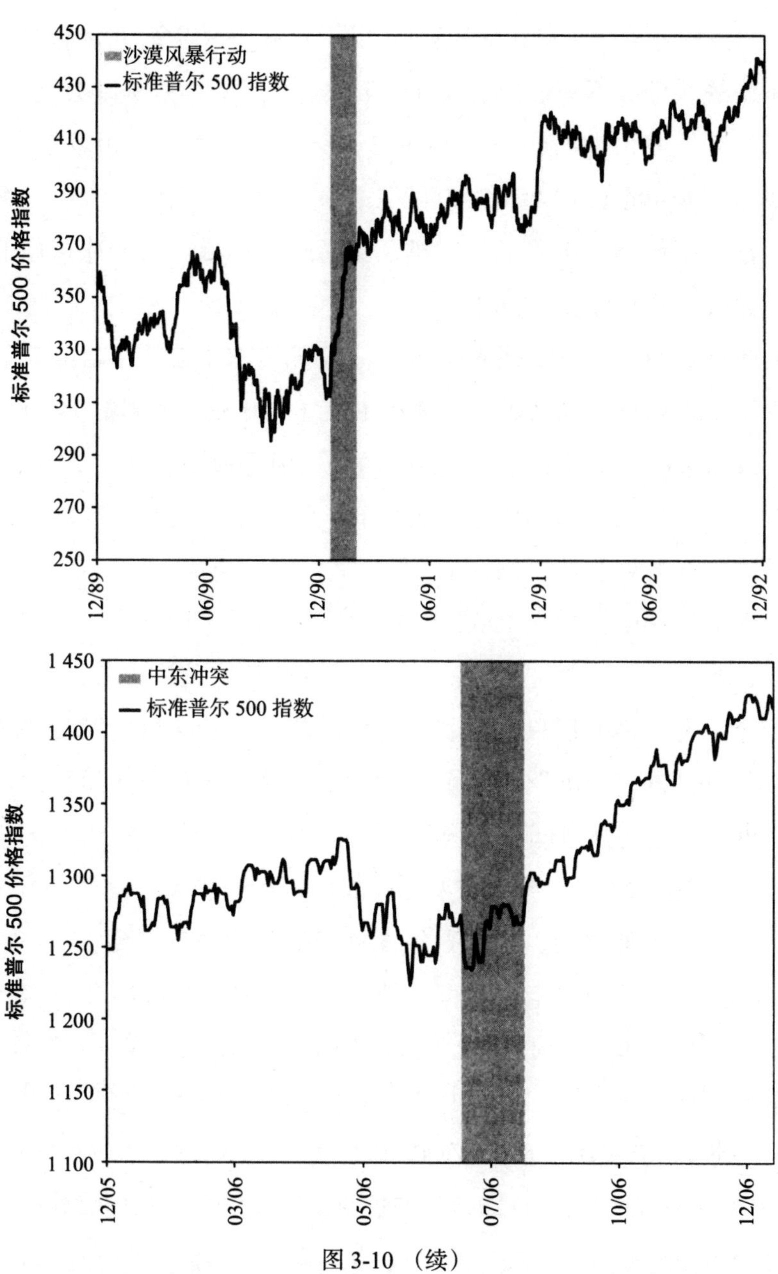

图 3-10 （续）

资料来源：FactSet, as of 7/15/2014, S&P 500 Price Index, 12/30/1966-12/29/2006.

逆向投资者可能会想，“恐惧时卖出，战事开始后买入”，但是抓短线时机是错的。恐惧不一定会导致价格下跌。当人们担心美国会在 2013 年轰炸叙利亚或者俄罗斯会在 2014 年 3 月入侵乌克兰时，市场没有下跌。重新进入市场也很困难。有时市场在战事开始时会上涨，有时是在几周之后上涨。即便你能准确抓住时机，交易成本和税也可能冲掉你的一些收益。你最好是等待市场恢复。

上面只是四个例子。还有更多！标准普尔 500 指数在朝鲜战争爆发时出现了快速调整，在两周内下跌了 14%（从开战前两周的 1950 年 6 月 12 日，到 1950 年 7 月 17 日正式开战）。[11] 但是股市在 9 月 22 日已经恢复常态。在整个冲突期间（从 1950 年 6 月 25 日到 1953 年 7 月 27 日），标准普尔 500 指数上升了 25.8%。[12]

标准普尔 500 指数在 1962 年古巴导弹危机期间下跌，当年 10 月 23 日见底，当天肯尼迪总统通知联合国，将对古巴实施海上禁运。10 月 24 日，股市上涨，苏联船只靠近禁运海域，苏联部长会议主席赫鲁晓夫指责美国发动“侵略行动”。而当苏联船只于 11 月 5 日掉头返回时，标准普尔 500 指数已经从最低点上涨了 9.1%。[13] 牛市持续了 3 年。

股市在美国 2014 年参与波斯尼亚战争时出现了大幅波动，但在北约开始空袭克罗地亚之后，标准普尔 500 指数很快触底。到 1995 年 12 月 20 日，股市上涨了 36%。[14] 再举一个例子？ 1973 ～ 1974 年是熊市。人们认为 1973 年 10 月开始的赎罪日战争（Yom Kippur War）是导火索。可是熊市开始于 1973 年 1 月 11 日，而不是当年 10 月。二者在时间上一点都不靠近。石油输出国组织（OPEC）禁运是从 1973 年 10 月 16 日到 1974 年 3 月 16 日。所以，即便你把这个美国支持以色列而导致的贸易保护主义措施作为理由，仍难以解释从 1973 年 1 月 11 日开始到 1974 年 10 月 3 日结束的这次熊市。

历史上只有一次冲突事件被认定是导致熊市的直接原因。1938 年，希特勒入侵苏台德地区（Sudetenland），充分表明了他的野心，迫使世界开始考虑发生大规模毁灭性全球冲突——第二次世界大战的可能性。这一事件中断了一个刚兴起的牛市（详见第 5 章）。即便那个时候，股市也没有马上下跌。市场蹒跚而行，直到 1940 年 5 月法国沦陷。在 5 月的前 3 周里，德军突破了马奇诺防线，标准普尔 500 指数下跌了近 25%，股市反映了欧洲冲突所造成的更深、更久和更具破坏性的影响。[15] 历史学家尼尔·弗格森（Niall Ferguson）在《货币崛起》（Penguin Press，2008）一书中，指出第一次世界大战对股市也产生了类似的冲击。这是有可能的，但那时候的数据也不太可靠（关于这方面的更多讨论见第 5 章）。这两个事件只是强调了一点：世界大战对股市会产生影响，地区战争则不会。

只有一场大战，并且主要强国在全球范围内发生冲突，资本市场遭受损失，才足以引发一场熊市。你了解了这一点后，确定一次冲突是否导致股市下跌就会很容易。你只需要问自己：这个事件有多大可能演变为第三次世界大战？可能性是有的，任何情况都可能发生！但是可能并不意味着一定就会发生。只有在你有成堆的证据表明冲突将会变成一次全球性冲突时，你才应该采取行动。

冲突总是与我们同在。在我写这一节的时候，新闻刚好播报一架由阿姆斯特丹到科隆坡的航班搭载着 298 名乘客（包括美国人）和机组人员，在乌克兰东部冲突地区被击落。这是一场可怕的惨剧，是一起国际事件！新闻说它会引发股市下跌，但是我记得历史。当 1983 年苏联击落韩国航班 007 时，每个人都相信冷战会变成热战，但是没有，当时的牛市继续上涨。

不要把自己当成一头牛，要做逆向投资者

除了短视，我们在这一章中讨论的许多事情都具有共同点：这些都被投资者反刍了多年。

想想反刍食品吧：从牛胃里反刍回来的大量半降解食品，被牛嚼来嚼去，已经没有多少养分了。牛这样做只是因为好玩，就像嚼口香糖一样，只是吹不出泡泡。

新闻反刍也是如此，不会造成股市翻转。在这上面花费太多时间，不能帮助投资者做出更好的决策。大众之所以不断反刍消息，是因为媒体在推波助澜（坏消息总能引人注目）！然而，这对投资者没有任何营养价值。市场过于有效了！——再次重申，大家都知道的事情，要么是错的，要么无力改变股市。恐惧蔓延的时间越长（越像反刍），你就越明白它已经反映在价格中了。

投资者在从 2009 年 3 月开始的牛市中吞下了太多反刍食品。中国是一个主要的例子。从 2010 年起，公众担心中国经济减速会造成雪球硬着陆，拖累全球经济和股市。每一次 PMI 下降，每一次贸易下降，每一次零售额或工业产出减速，都引发了对市场崩溃的恐惧。当这一年的 GDP 增长不错时，专家会说："还行，不过明年将会触底。"如果没有发生硬着陆，人们会担心另一个原因导致相同的后果。他们担心房地产泡沫会破裂。而这是错的，于是他们又开始担心制造业会崩溃。而这又没有发生，人们又担心银行系统。结果还是错的，所以他们的担心再次转回地产市场。

中国经济确实放慢了一段时间（人们猜对了），但仍然没发生硬着陆。中国没有拖累全球经济，股市表现良好。市场并不担心增长减速的中国！但是人们还是继续在反刍这种担忧。

欧元区债务危机让很多人忧心，也变成了反刍对象。新闻从 2009 年年末开始絮叨，当时希腊开始摇摆。2010 ～ 2011 年，人们先是担心希腊，再是担心爱尔兰、葡萄牙，然后担心意大利和西班牙将要违约，担心欧元区分裂，世界大乱。当希腊最终在 2012 年 2 月违约时，担忧已经不再，市场波澜不起。当年晚些时候，希腊第二次违约，几乎没有人对此关注！同时，对欧元区分裂的担忧也在全球蔓延。当这个结果没有发生，而欧元区在 2013 年开始恢复时，人们又开始担忧增长缓慢问题。2014 年，担心转向会发生滞胀的"失去的 10 年"。

这些担忧持续了 5 年时间，而人们担心的事情并没有发生。无论人们担心货币崩溃，还是衰退加剧，抑或经济增长放缓，通缩降临，其实都是担心欧洲大陆会变成世界经济黑洞。人们在这个问题上徘徊了 5 年多，而股市在这期间却是上涨的。这些杞人忧天者在某些事情上确实是对的吗？当然！他们猜对了希腊！希腊确实发生了衰退！这正好足以引发确认偏误（confirmation bias）。但是他们更深的恐惧早已反映在价格中了，所以这些小的负面因素没能挫败市场。

你应该看穿这些反刍的本质：已经完全反映在价格中了。即便你认为大众猜中了坏事将要发生，有效市场也可能早已将其贴现在结果中了。这就是欧洲大陆持续了 18 个月的衰退无法引发全球股市下跌的原因。我们将在第 6 章中看到，为何股市对于《平价医疗法案》（Affordable Care Act，ACA）并没多大的反应。

但是我们还不打算讨论政治，我们仍然在尝试相互理解！我们还没谈到那些欺骗投资者的、对未来忧虑的反刍，这是第 4 章的内容，也就是财经媒体使用手册的第二部分。

注释

1. FactSet, as of 11/31/2014. S&P 500 Price Index, 8/31/2001–9/30/2011.
2. FactSet, as of 11/30/2014. S&P 500 Price Index, 12/31/1999–12/31/2002.
3. "US Industrial Production Rises in March," Sarah Portlock, *The Wall Street Journal*, 4/16/2014. http://online.wsj.com/news/articles/SB10001424052702303626804579505150315991462 (accessed 5/14/2014).
4. "US Retail Sales Rise Slightly, Far Below Expectations," Staff writers, *Reuters*, 5/13/2014. www.nytimes.com/2014/05/14/business/us-retail-sales-rise-slightly-far-below-expectations.html (accessed 5/14/2014).
5. "US Consumer Spending Surges, Boosts Growth Outlook," Staff writers, *Reuters*, 5/5/2014. www.hawaiireporter.com/us-consumer-spending-surges-boosts-growth-outlook/123 (accessed 5/14/2014).
6. "Trade Data Indicate Economy Contracted," Ben Leubsdorf, *The Wall Street Journal*, 5/6/2014. http://online.wsj.com/news/articles/SB10001424052702304101504579545522484566420 (accessed 5/14/2014).
7. "Comprehensive Benchmark Revisions for The Conference Board Leading Economic Index for the United States," Gad Levanon, Atamam Ozyildirim, Brian Schaitkin and Justyna Zabinska, The Conference Board, Economics Program Working Paper #11–06, December 2011. www.conference-board.org/pdf_free/workingpapers/EPWP1106.pdf (accessed 12/9/2014).
8. World Bank, as of 7/17/2014. Nominal GDP of Ukraine, Iraq and the world, 2013.
9. World Bank, as of 7/17/2014. Nominal GDP of Syria and the world, 2013.
10. World Bank, as of 7/17/2014. Nominal GDP of Egypt and the world, 2013.
11. FactSet, as of 7/17/2014. S&P 500 Price Index, 6/12/1950–7/17/1950.
12. FactSet, as of 7/17/2014. S&P 500 Price Index, 6/23/1950–7/27/1953.
13. FactSet, as of 7/17/2014. S&P 500 Price Index, 10/23/1962–11/5/1962.
14. FactSet, as of 7/17/2014. S&P 500 Price Index, 12/8/1994–12/20/1995.
15. FactSet, as of 1/21/2015. S&P 500 Price Index, 4/30/1938–5/31/1938.

| 第 4 章 |

30 个月内不会出现的事情

当你还是个孩子的时候，你长大后想成为怎样的人？

有相当多的孩子对于未来有所期待。你也许想成为消防员、王子、宇航员或者网球运动员，也许想成为医生、电影明星、建筑师、武打演员、火车司机，甚至是海盗！有时，大多数孩子想成为自己理想中的某个人物，不管是出于什么原因。

这些梦想很少会成真。有些会，但是通常希望、梦想、可能性和计划都会随着人们长大而改变。未来的运动员长大后参加了奥数队。未来的宇航员发现自己讨厌学物理。玩手术游戏，用镊子给塑料病人做手术的孩子，长大以后可能看到血就晕。那些想当火车司机的孩子，以后会发现托马斯（一种玩具机车模型）并不是真正的生活。

在 5 ～ 30 岁，很多事情都会发生变化。没有一个 5 岁的孩子能够知道自己长大以后会干什么。他们只是在想象！而现实生活通常会是我们无法预计的另一种样子。孩子可以知道两年后的生活大致是什么样子的，比如要上几年级，老师可能是谁，到时有多大岁数，会达到什么样的里程碑，但是孩子不可能知道更远的事情。一个 9 岁的孩子可能在本地高中毕业，但是如果他们的父母搬家了或者新开了一所学校呢？我们不得不经历生活的洗礼，亲身经历各种变化，看着生活如何发展。

市场也是同样的道理。我们今天无法预测遥远的未来！太多变化无法被预测！股市懂得这个道理，目光不会超过 30 个月。再遥远的事情就纯属猜测了——是概率，而不是可能性，而市场不会因为概率而改变。

但是新闻继续用缓慢变化的长期趋势轰炸我们，声称那是我们最终要面对的厄运，比如高负债、全球变暖，你可以举出很多例子。无数学术研究采用时髦的公式，预测这些事情将如何发生。专家把假说当作事实，并无限加以放大。很多人甚至变本加厉，警告这些重大的长期恶化会影响当下和未来的股市。

你可以用简单的方法识别出这些遥远未知和无所谓的事情，并对其置之不理。你只需要问一个问题："这是一个影响未来 30 个月的巨大风险吗？"

这可能听上去有点乐观和傲慢，却是真的：如果媒体所说的巨大的、糟糕的恐怖事情不会在 30 个月左右发生，就对股市没有什么影响。即便这个令人恐怖的预测最终会变成真的，也要边走边看！股市并不会提前那么长时间做出反应。好吧，有时也可能是 32 个月，总之不会是太久远的未来。

这不意味着你不应该考虑概率。考虑一下——看看人们在谈论什么，他们忽视或者没有想到什么，可以帮你指出是否长期前景那样黯淡，让你能够睡个好觉。放下这一切！但是对于你的投资决定来说，你只需要评估接下来 30 个月会发生的事情即可。

"不会在 30 个月内发生"的测试是一个很好的办法。你可以用在媒体鼓吹的非常长期的事情上，比如美国或全球社会经济下滑。即便它们说我们必须现在就采取行动，防范即将到来的厄运！如果厄运不会在 30 个月内发生，当下市场不会担心它，你也无须多虑。这个简单的技巧可以帮助过滤掉各种吓人的杂音。

在这一章中，我们将讨论如何使用这种方法：

- 区分政治、社会和经济问题。

- 让你在晚餐话题转到美国债务问题时，知道该怎么说。
- 排除那些媒体用来吓唬你的未来的恐惧。

婴儿潮炸弹？

10多年来，人们一直深受“婴儿潮”这代人的困扰。他们退休以后该怎么办？谁会留下来买股票？谁知道呢？反正我不知道，你也不知道！哪怕是这代人里最出色的人也无法预见，我们都无法预见，那太遥远了。当然，第一批“婴儿潮”老人2011年正好是65岁。但是这一代人要延续到2029年。没有人能够看得那么远。“婴儿潮”这代人的平均退休时间离得还远。股市知道这一点，因而一点反应也没有。这事不会在30个月内发生，这就够了！

我们应该感谢有效市场，并对下面这个观点非常肯定：“婴儿潮”这代人的退休不会影响市场。这个进程很缓慢，要延续整整一代人，而且不会出现令人惊讶的事情。市场从这一代人出生之后，就知道他们何时会退休——这不需要预测，只是算术。担忧发生在第一批“婴儿潮”老人达到65岁的10年之前。其实他们已经退休4年了，还不算那些提前退休的人。这个世界并没有因此终结。假定市场不会做出这种贴现，才是对市场的侮辱。不要太自作聪明！

逆向投资者对此了如指掌。他们也知道所有关于婴儿潮这代人退休问题的担忧，都只是基于一个假设推导出的结论，即他们在退休之后将把股票换成债券，对股票需求减少导致股价上涨的推动力变小。也许是吧！如果发生这种情况，它是一个结构性因素——股市仍然不错，而周期性因素会起作用。

也许婴儿潮这一代人会卖掉他们的公司，将所得投入股市，所以对于股市的需求反而变大了（把未上市股权换成股票）。也许他们的子女都发了大财，把很多钱投入 401（k）养老金账户，导致对股票的需求更高！也许我们会看到一个组合，其中包含我们今天难以预见的因素。

最终的婴儿潮一代退休博弈距离现在还太远，所以我们无须多虑。没有必要！记住这不是什么令人惊讶的事情，是一个自动变化的负面市场因素。

怎么看待社会保障和医疗保健

对婴儿潮一代的部分担忧是大量增加的老年人口将会使社会保障和医疗保健破产。社会保障管理局预计超过 25% 的美国人将在 2029 年超过退休年龄。社保信托人委员会在向国会提交的年度报告中称老年和健在人士保险、残疾保险，将在 2033 年耗尽。届时社保只能支付计划出资额的 75%，除非发生了某些变化。

这是媒体定期鼓吹的主题，通常的结果就是：恐慌！而逆向投资者却不为所动，你也应该如此。

为什么？其一，这事不会发生在 30 个月内！其二，这些担忧无法通过一个基本逻辑测试——这是逆向投资者最喜欢使用的工具，我在第 1 章中讨论过。如果一种主张或预测是基于一个错误假设，那就不用理睬它。

对社保和医疗耗尽的恐惧是基于政府部门采用直线模拟所做的长线预测——将当前情况或历史平均值进行外推处理的结果。这是合理的吗？为何未来会和过去是相似的？回想 2000 年，国会预算办公室（CBO）预测联邦预算会有盈余。2003 年，该办公室预测 2018 年将会出现 5080 亿美元的盈余，并且债务占 GDP 的比率达 14.4%。2013 年的实际情况是美国出现了6800亿美元的赤字，导致债务占GDP的比率上升达到72.1%。国会预算办公室的数据也出错了。2002年，国会预算办公室假设10年期美国国库券未来10年的收益率接近6%。这与实际情况相差千里！图4-1给出的这个预测的差距是如此大。

国会预算办公室总会有正确的时候吧？肯定有！这就是市场会让我们继续猜测，以及国会预算办公室在多年后仍保留一些可信度的原因。另外，就像我们在第2章中谈到的专业市场预测者一样，国会预算办公室一直都在修正预测值，以使其符合现实情况的做法（每年更新两次）。表4-1展示了全国预算办公室对2013年财政数据预测的调整情况。2003～2013年年初，其预测值从错得离谱逐渐变得大部分正确了。

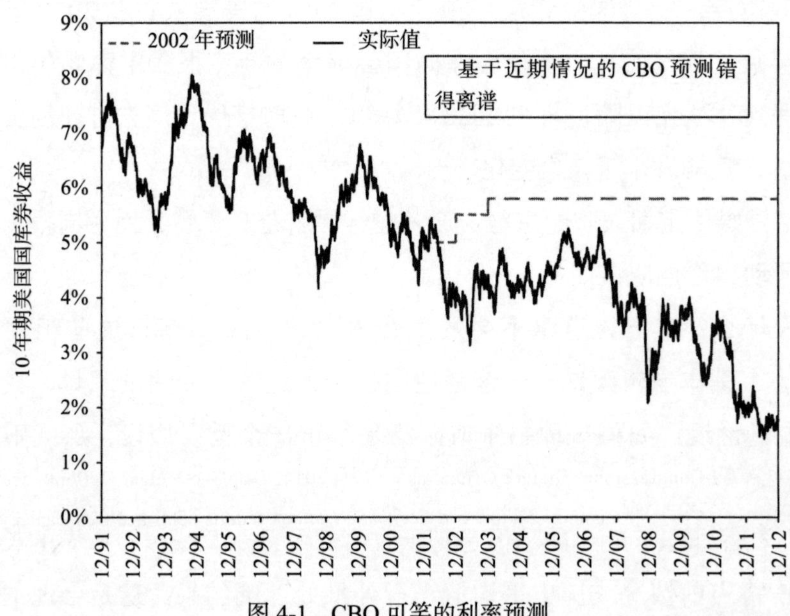

图4-1 CBO可笑的利率预测

资料来源：FactSet, CBO, as of 12/4/2014. 10-year US Treasury yields (constant maturity), 12/31/1991-12/31/2012; CBO projection of 10-year US Treasury yields from 2002 to 2012 (issued January 2002).

表 4-1 国会预算办公室 2013 年滚动预测

预测发布日期	支出（10 亿美元）	收入（10 亿美元）	盈亏	负债（10 亿美元）	债务占 GDP 之比
1 月 3 日	3 167	3 674	508	2 565	14.4%
8 月 3 日	3 422	3 634	459	5 438	30.7%
1 月 4 日	3 457	3 441	−16	6 409	37.0%
9 月 4 日	3 547	3 471	−75	6 675	37.8%
1 月 5 日	3 389	3 474	85	5 884	32.6%
8 月 5 日	3 561	3 481	−80	6 691	37.0%
1 月 6 日	3 506	3 546	40	6 032	32.9%
8 月 6 日	3 631	3 555	−76	6 469	35.4%
1 月 7 日	3 391	3 550	159	5 089	28.3%
8 月 7 日	3 583	3 619	36	5 730	31.5%
1 月 8 日	3 524	3 585	61	5 701	31.6%
9 月 8 日	3 766	3 619	−147	6 968	38.6%
1 月 9 日	3 610	3 353	−257	8 516	50.0%
8 月 9 日	3 759	3 221	−538	10 870	65.5%
1 月 10 日	3 756	3 218	−539	11 056	66.3%
8 月 10 日	3 760	3 236	−525	11 422	68.4%
1 月 11 日	3 794	3 090	−704	12 386	75.5%
8 月 11 日	3 692	3 069	−510①	11 773	72.8%
1 月 12 日	3 573	2 988	−585	11 945	75.1%
8 月 12 日	3 554	2 913	−641	12 064	76.1%
2 月 13 日	3 553	2 708	−845	12 229	76.3%
5 月 13 日	3 455	2 813	−642	12 036	75.1%
2013 年实际值	**3 454**	**2 774**	**−680**	**11 982**	**72.1%**

① 假设《2011 年预算控制法案》中 1 130 亿美元是额外储蓄。

资料来源：Congressional Budget Office, as of 12/4/2014. Baseline budget Outlooks from the CBO's semiannual *Budget and Economic Outlook* reports published from January 2003 to February 2014.

我们现在知道国会预算办公室经常是错的，但是不能因此就忽略这个机构，而转向另一个错误的前提：假定社保是一个“保险箱”，采用 2000 年总统大选中因阿尔·戈尔和星期六晚实况直播而被传播开的这个术语。

“保险箱”神话假设社保和医疗信托是存起来用于我们退休养老的钱，未来有一天会用在我们身上。不对！在我们缴纳给社保的每一美元税费里，有 85 美分直接用于当期福利。剩余 15 美分才进入那个“信托基金”，被支付给那些残疾人士和他们的家庭成员。这个信托没有被锁定。多余资金被依法借给了联邦政府，用于购买特别发行的国债。这笔钱被用掉了。

而那些所谓的“待偿负债”是怎么回事呢？毫无意义！所有社保债务从技术上讲，都是没有偿付的！财政部并没有借钱支付它！这个体系完全是即入即付的。个人把钱打入之后，联邦政府就将钱付出去了。

婴儿潮一代未来几十年如何获得养老金，其实是 X 代人和千禧代人支付的——那些对“老龄人口”的担忧是没必要的，千禧代人大约比“婴儿潮”这代人多了 1500 万。当他们到了退休年龄时，他们的孩子和孙辈人（Z 代人或不管叫什么名字），负责提供福利。这就是生命循环（哪怕是艾尔顿·约翰不曾写过那首歌）。

你可能会说：“可是如果千禧代长不大呢？！”如果他们在最好的工作时期遭遇了灾害怎么办？好吧，我们考量一下这个问题的基础。公众担心千禧代人长不大是因为他们小看了这一代人，认为他们是“一帮小孩子”！我雇用了不少千禧代的人，他们不比前辈人差（他们也曾把时间浪费在喝咖啡，穿着破旧的法兰绒衣服），可他们长大了。他们并不比我这代人差，我们也曾不愿意工作，无所事事，百无聊赖，可是我们也长大了。那些轻视千禧代人的人可能现在是对的，有些人确实到了 60 岁还像个“烂仔”，一辈子都一无所成。或者也许这些孩子都非常出色。但是这些顾虑都不会在 30 个月内发生，所以不会影响股市。

如果自然人口增长，移民和归化不足以维持这个项目，国会可以做出修改。没有什么是不可更改的，因为都是立法范围的工作！社保和医疗由国会决定，也可以被国会扭曲。是的，我们都听说过这就是美国政治的第三条道路，但是国会在 20 世纪曾数次抢占这条道路，调整投入和支出，以维持流动性。再说回 20 世纪 70 年代，信托人估计社保将足够覆盖 1979 年和之前的福利支出！ 1977 年，国会对社保做过一些小修小补，但没有注入足够的资金。这个问题应该很容易被排除在市场预测之外。

如果“迷失的一代”不思进取怎么办

有人说这些孩子肯定不会一帆风顺，因为学生贷款已经给他们带来了很大的负担，会引发沉重的债务危机。某些贷款可能永远还不清！

这是另外一件“不会发生在 30 个月内的事情”，甚至可能永远都不会发生。

我们做道算术题。媒体渲染学生贷款未偿还金额从 2006 年起，已经增加了近 3 倍，并称为学生贷款泡沫。根据纽约联储银行的数据，那年开始时，学生贷款总余额约为 5000 亿美元。截至 2014 年第 1 季度达到了 1.3 万亿美元。加之大多数学生贷款免于破产保护，媒体自然很容易让你相信，学生债务是千禧代人身上不断累积的巨大负担。

挑剔的逆向投资者在这里会提出问题：谁来支付那 1.3 万亿美元？借款人有多少？他们年龄多大？每个人应偿付多少钱？

你可以从纽约联储银行得到所有答案，该行持续记录按人口分类的学生贷款未偿还金额。你会发现以下情况：

- 近 4000 万人分享 1.3 万亿未偿还学生贷款。
- 简单计算，可知平均偿付金额是 32 500 美元。
- 截至 2011 年（我写书时最新发布的数据），积欠贷款余额的中位数是 12 000 美元左右。一半人欠账更多，另一半人欠债比这个数字小。

- 贷款总额的 1/3 属于 30 岁以下的群体。
- 另外 1/3 属于 30 ～ 39 岁的群体。
- 其余属于 40 岁以上的群体。

在这种情况下，千禧代很难说受到的影响最大。在这些人里，还有不少人欠了同样数目的车贷。大多数学生债务要在工作期间偿还。

有可能千禧代可以偿还他们的贷款，毕竟学生贷的主体是大学生！他们大部分处于劳动力市场食物链的顶层。根据美国劳动统计办公室数据，大学毕业生的就业率 / 人口比率自 2004 年起，平均值是 74.5%。[1] 对于全部人口来说，平均值只有 60.6%。这段时间大学毕业生工作岗位增长率是总的工作岗位增长率的 5 倍以上。[2] 大学毕业生的失业率在 2007 ～ 2009 年达到了峰值 5%，而整体失业率的峰值曾经达到 10%。[3] 大学毕业生的周收入中位数比整体水平大约高出了 30%。[4]

是否很多欠了学生贷的千禧代人在还清贷款前的几年里，无法购买住房？当然是这样！也许那些积欠了六位数债务的人在学术界也很难生存吧？肯定的！但这些在未来 30 个月里都不算很大的事情。

学生贷最终会不会像媒体（和政客）所说的那样螺旋上升，产生巨大的负面影响？可能会！但是那样的话，大学成本就会大幅上涨，工作完全没有前途了。这在理论上是可能的，但是不会在 30 个月内发生！

> 几乎没有人不承认大学学位能够增加就业机会。就像很多人都知道香烟会导致大部分肺癌。除非你生活在亚马孙流域的原始森林里，或者其他某个人迹罕至的地方。但是媒体永远不会指出这一点——这在政治上是极其不正确的！

为什么这样讲？因为如果它们那样做了，就不得不指明一个明显的事实：如果在大衰退期间大学毕业生的失业率超过5%，对于受过教育的公众来说，并不是那么可怕。这意味着经济衰退主要影响技能较低的就业人口。对于失业产生恐慌其实并没有很大的必要。这些人失业果真那么严重吗？当然严重！但这是一个社会问题，不是经济或市场问题。你可以牵着马喝水，但是不能强迫它思考。你可以给人们展示教育的好处，但不能强迫他们接受教育。人们做出选择，他们的就业是在最佳情况下的一个结果。

媒体当然也不会承认这一点并以纸制形式呈现出来，因为发表出来后果会很严重——它们的很多读者并不是大学毕业生，所以很容易上当受骗。但是对你而言，作为清醒的读者和初级逆向投资者，这个真相可以帮助你在失业恐慌甚嚣尘上时，做出清晰的判断。

对于债务，该怎么办

没有什么会比“不会在30个月内发生”能更好地帮助你理解不断重复提出的“美国将在某年破产”的警告，通常那是几十年以后的事情。

这个警告主要是根据总负债额发出的——要么是占GDP的比例，要么是一个巨大的绝对数字。美国欠下全世界几十万亿美元。债务末日论者说我们的政府开支和借贷被我们遗忘了，我们的孩子和他们的孩子以及他们孩子的孩子都永远无法偿还。

孩子和孩子的孩子？这可不是30个月的事情。

这可能听上去太琐碎，还是让我们分析一下证据吧。任何时候都应该要求提供证据！

国会预算办公室在 2014 年的预测中说美国净公共债务（除去美国人拥有的所有钱）会在 2039 年达到 GDP 的 106%。[5] 它又一次使用了直线外推的算法和一堆随机假设——这不过是一厢情愿。

但也可能它是对的！那又能怎样呢？世界末日？债务危机？

应该不会。历史上没有证据说负债占 GDP 的 106% 会导致经济问题、违约或者股市崩溃。美国在第二次世界大战结束时，负债比这还重要，但那时也没出什么问题。英国在工业革命时期的大部分时间里，债务也都是这个数字的 2 倍以上，而大英帝国却欣欣向荣，并没有破产！（当然，它们曾经抢劫、掠夺，这些“动物精神”的做法已经不适用了。）我写作本书的时候，日本的债务占比是这个数字的 2 倍。而现在的日本经济虽然不是最强大的，但也不是因为债务原因所致——这主要归因于其古怪的重商主义做法。

此外，总体债务无论是以绝对量还是以经济占比计算，都是一个相当武断的数字，不会告诉你任何有关流动性的信息。想想你的抵押贷款——你可能有几十万美元甚至几百万美元的抵押贷款需要偿还！这是一个很大的数额！但是这些大数字不要紧，重要的是每月分期偿还的金额。你还得起吗？还得起，对吧？那你就能负担这笔大额贷款了。

美国是一样的，完全一样！关键只在于财政部是否偿付得起利息。如今，我们国债的利息要比过去国债占 GDP 和税收比例最低时的利息更容易偿还，比 20 世纪 80 年代和 20 世纪 90 年代还低，那时也是股市最好的时段（见图 4-2 和图 4-3）。即便这几年总债务已经增加了，但总的利息支出还是下降了。利率已经创了新低，财政部在这种低利率下进行了大额再融资。同时，税收也随着经济好转而水涨船高。

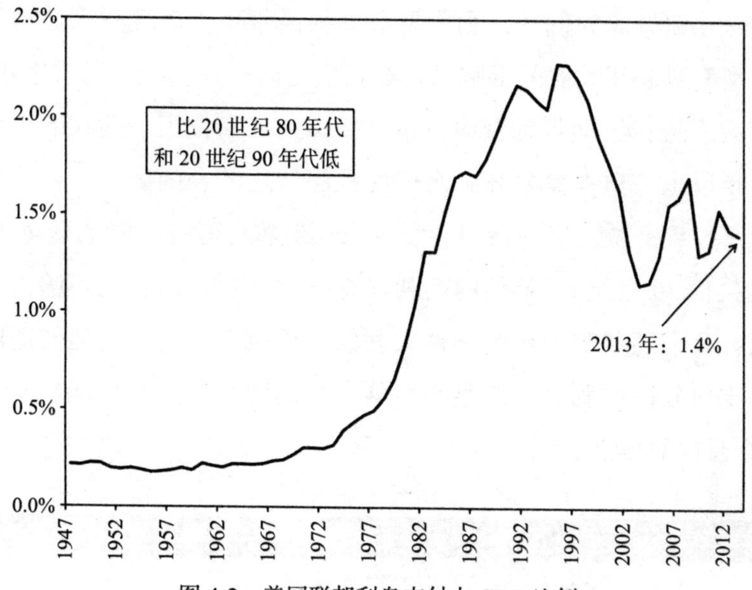

图 4-2 美国联邦利息支付占 GDP 比例

资料来源：Federal Reserve Bank of St. Louis, as of 11/28/2014.

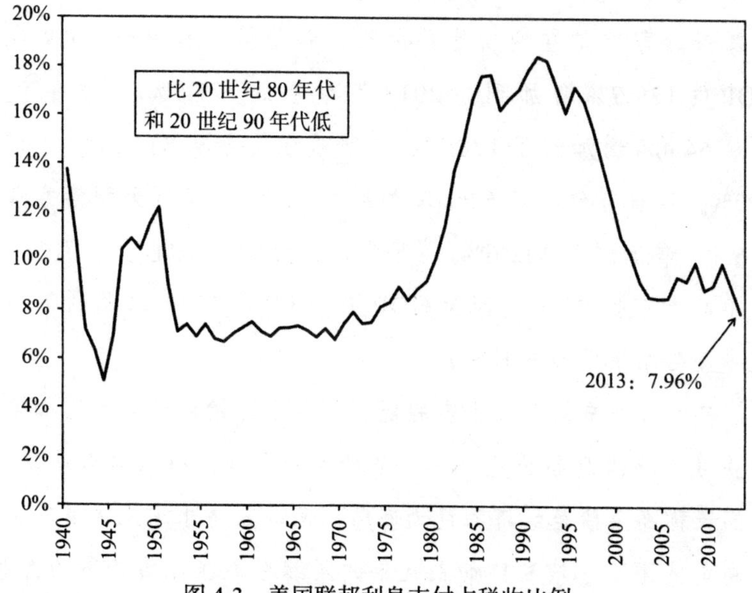

图 4-3 美国联邦利息支付占税收比例

资料来源：Federal Reserve Bank of St. Louis, as of 11/28/2014.

要想让债务成为问题，利率要涨到很高水平，而且在高位持续几年时间。利率对联邦政府的影响只是在发债之时——一级市场。也就是说，在联邦政府进行滚动再融资时，市场要保持在高位上。现在的平均久期都在5年以上。利率需要升到高位而且保持足够长的时间，才能将平均偿付水平拉到高位。这种情况会发生吗？当然有可能。但是不会在30个月内发生！20世纪80年代的高利率持续时间短，而且也不够高，影响并不大。我们还要受到希腊和意大利债务危机的影响，遭遇较高的信用风险，支付较高的利息。这是有可能发生的吧？当然有可能！不过也不是30个月内的事情。

我们可能永远无法偿还，没关系！

到2014年，欧元区危机最糟糕的时刻已经过去，但是欧猪五国（葡萄牙、意大利、爱尔兰、希腊以及西班牙）的债务仍在攀升。即使是在两次违约之后，希腊债务还是从2009年占GDP的129.7%增加到了2013年年末的171.5%。[6]爱尔兰债务从64.4%增加到了123.7%。[7]葡萄牙债务从83.7%增加到了129%，西班牙债务从54%增加到了93.9%，而意大利债务则从116.4%增加到了132.6%。[8]部分是因为它们仍处于赤字中（只是小额赤字），部分是因为GDP下降（实际值），以及利率和税收一直在往相反的方向变化。

基于这个看似令人沮丧的现实，专家开始议论欧元区如果没有获得广泛的债务减免——一个巨大的工程，将永远无法复苏。他们声称高负债是经济的巨大威胁，而国家将永远无法复苏，因为高负债阻止了增长！如果几年的紧缩都不能让债务得到控制，债务减免就是唯一可采取的方法。

它们将偿还债务吗？我不知道！但是它们可能不需要那样做。债务不会拖累经济增长。你不需要还清债务。

我们是怎么知道的呢？很容易！历史！曾经有个国家的净公共债务在 6 年里，从 428 亿美元增加到了 2419 亿美元，达到 GDP 的 106.1%。这个国家在两年里努力偿还了大约 184 亿美元，而财政部又发行了 92 亿美元债券，经济紧缩并没有持续下去。债务仍在上升，在 65 年里上升到了 12 万亿美元！然而这个国家仍然成长为世界最强大、最有竞争力、最有活力和富有创新精神的经济体。如今，它仍是世界强国。

这个国家就是美国。

1940 ～ 1945 年，美国借了超过 2000 亿美元，大部分用于战争。总债务从 1940 年的 507 亿美元，增加到 1945 年的 2601 亿美元，在 1946 年又增加了 100 亿美元。净债务（不包括财政部的债券）已经达到 2419 亿美元。你欠的债基本已经取消，而政府欠的很多债，从一个口袋中转到了另一个口袋中。

净负债在 1947 ～ 1949 年下降了大约 275 亿美元——其中 184 亿美元到期偿还，其他由财政部接手。而借款在 1950 年再次上升，美国再也没回头。你可以在白宫管理和预算网站上看到关于这段历史的所有数据。

仔细想想，在我计算时，耐心听我说。第二次世界大战增加了大约 1920 亿美元净负债。偿还和财政部接手消去了大约 275 亿美元债务。剩下的我们一直没有偿付，另外还要再加上近 70 年的复利。如果你用 1920 亿美元减去 275 亿美元，然后用平均利率计算（虽然粗略，但可以说明问题），就会得出到 2013 年年底约有负债 1.5 万亿美元利息的结果。这笔账可以算在第二次世界大战的头上。这还是一个粗略估计数，但是可以说明问题(这并不算一个小数字)。我们从未偿还这些债务。由于利息累加，几十年来，这个数字不断上升，今天仍旧跟着我们。另外还有因为其他原因而借的超过10万亿美元。然而，我们仍旧安然无恙。

国家很少需要还清债务。它们只需要控制债务，偿付利息并用债券到期滚动再融资（发行新债还旧债）。经济的不断增长可以让国家轻松地管理债务。英国仍没有还清南海公司1720年倒闭时欠下的债务，以及19世纪中叶拿破仑和克里米亚战役、爱尔兰饥荒救济时的债务。它们之所以正在偿付其中一部分和第一次世界大战期间的借款，是因为那些债券是开放式的，要比现在的市场利率还高。用设置到期日和较低利率的债券替代，从财务角度来看是有道理的。

债务不会阻挡有竞争力的私营领域驱动的经济增长。最简单的增长是以下四个变量的函数：资源、劳动力、资本和技术。如果政府主导提供资本，则债务会变得重要。但是在一个自由市场上，银行和私营企业创造了大部分资本（中央银行提供基础货币)，政府承担的较大债务负担不会产生影响，因为那些是可偿付的。这就是美国在20世纪能够在高负债下仍然生机勃勃的原因。这就是为何我们没有偿还债务，而净公共债务仍从1946年占GDP的106.1%下降到1974年占GDP的23.1%。这表明美国仍被视为当今全球最稳定、最有活力的市场经济体，即便它从没有还清债务。

如果债务导致通胀失控怎么办

只有在将债务货币化的时候，才会“导致”通胀。有可能发生吗？也许会！但是不会在 30 个月内发生。

政府只在无法偿付利息时，一般才会进行债务货币化。如果将债务货币化，肯定会导致通胀上升，使得利息变少——总额不变，但价值减少了，释放了更多货币。

要让美国货币化债务，我们需要先观察到利率大幅上涨（刚才讨论过）。这不会在 30 个月内发生。美国的债务是否会一直累积，直到最后不得不进行货币化？有可能会！但是国会可能会快速转向，在某个时点决定债务展期，这样会减少基础货币。或者债务仍在增加，但是经济增长足以支付利息，就像往常一样。也许我们的生产力会更高，也许技术发展得会更好、更快、更强，实现我们今天难以想象的技术进步，拓展新的经济边界。而这些仍不会在未来 30 个月内发生。

但是用直线外推法得出的预测并没有实际价值。那些政府统计官员发出的债务警告，只是建立在将过去的负债向外推算得出的结果上。要分析技术变化的影响，需要想象力和对未知事物量化分析的能力。这不是擅长算术的国会预算办公室擅长的工作，它所做的只是标准的外推计算。

如果美国停止创新会怎样

有可能！但是这不会在 30 个月内发生！

大部分技术进步得益于下面四个因素有机会在商业消费上的实现。

（1）摩尔定律：微处理器上容纳的晶体管数量每两年左右翻一倍。英特尔公司创始人戈登·摩尔（Gordon Moore）于 1965 年提出了这个假说。

至今为止，它仍是正确的。摩尔定律解释了为何技术变得如此强大，体积变得越来越小，这也就是你的智能手机要比苹果Ⅱ型机或老式 IBM 电脑功能更强的原因。

（2）库梅（Koomey）定律：能效每一年半左右翻一倍，且同样的计算量只需要更少的的电池容量。这个规律让你的电子产品可以更小巧、更强大和待机时间更长。这就是你的智能手机要比旧式翻盖手机使用时间更长的原因。即便更小巧，也能做翻盖手机无法想象的事情（如果翻盖手机会做梦，也许它们梦想成为电子羊）。

（3）克拉底（Kryder）定律：可以压缩在 1 英寸[⊖]磁盘上的数据量每 13 个月翻一倍。这就是智能手机只有 10 年前笔记本电脑大小的很小一部分却能够存储更多信息的原因。

（4）香农－哈特利定理：尽管你能创造的、更大频带的信道在理论上是有限的，但你可以更清晰和快捷地传输信息。几十年之后，光纤会看上去很慢。

大多数（如果不是全部的话）美国技术行业围绕着这四个规律发展，而且都处于领先位置。终究有一天会消失吗？也许吧！但不会是在未来 30 个月内。即便这些势头减弱了，谁知道什么新进展会取代它们的位置，推动技术不断向前发展？

此外，美国就是科技型企业的大本营，将是创新之所。大多数发明并未出现在提出了以上四个规律的处理器、电池、硬盘和网线制造企业中。创新来自那些想出新方法利用这些小发明的创造性用户。这些有创造力的用户趋向于在创造这些部件的地方的周边发展。这就像科学中的邻近效应一样——就像两个靠近的物体会相互反射的光学现象，也像最近发

⊖ 1 英寸 =2.54 厘米。——译者注

现的水的第四态，超越了固态、液态和气态。我没有开玩笑，你可以查查看。这是 EZ 水（EZ 代表禁区）。技术也是这样！距离近是优势。你碰到一个原来的员工，他在和一个纳米极客共进午餐，讨论一个可以拍照的接触型镜头。

美国拥有这个优势。市值位于前 10 位的高技术企业，有 9 家在美国。美国会失去这个优势吗？也许会！没有什么会永远持续！日本曾经在这方面拥有优势，但是现在没有了。但是日本也不是在一夜之间失去优势的，而是经过了几十年。所以，也许美国也会出现这种情况，但不会是在 30 个月内。美国现在有一种怪现象，就是企业因为税收因素而迁移，但这不是空心化，只是地址改变了。所有生产设施和研发中心都不发生迁移，而且还有很多国外的研发中心也在这里。

全球变暖会怎样

全球变暖是媒体告诉投资者注意风险的另外一个经典的错误话题。这是政客错误地用经济学讨论的一个科学话题，大众也对此话题很有兴趣。他们不知道谁是正确的。他们在科学和政治之间左右为难，而且他们忘了一点：这不会在 30 个月内发生。

你看到了这么多热点话题：政府支出、债务、很多政治事务。投资者往往会被淹没在修辞和意识形态里，无法看清楚它们对市场的影响。

我不是科学家，不清楚全球变暖的真假，如果是真的，是否会带来更频繁的自然灾害或者使海平面升高，导致整个东部海岸和海湾沿岸沉入水底六七十年。我无法告诉你休斯敦是否会步亚特兰蒂斯的后尘。

问题是他们都不是科学家，所以这场辩论才那么吵闹和扰乱人心！坚持全球变暖的人依据的是“科学常识”，他们坚持认为大量研究表明温度已经上升（或者表现为更极端的高温或低温），与碳排放有关。政策制定者将其视为我们这个时代的决定性问题，然后用各种科学理论支持他们想要通过的法律，比如对某些活动或行业征税，比如碳交易只不过是披着环保政策外衣的税收而已。对风能和太阳能的巨额支出只是花钱表示对环境的重视。这是关于环境问题的一个骗局，我说的不是那些科学家，而是那些政客。事实是，科学常识在很多时候都是错的，将投资决策建立在科学家的共识之上，永远都是过于远视的。

所以，另外一些人就说科学共识是错的，因为每个人都认为真实的事情未必就是正确的。如果信奉科学的大众总是正确的，他们会说他们仍然认为地球是平的。在科学上，正确可能意味着孤独。这可能让你作为初出茅庐的逆向投资者，容易与认为"全球变暖不是真的"的人站在一起。要留意，那是误导人的说法！让你的同情心倒向一边，意识形态趁机渗透其中，这很危险。逆向投资者要避免偏向性。但是有时候，在很多情况下，共识是正确的。地心引力是真还是假，毕竟是有公论的。

那么，逆向投资者是怎样看待全球变暖的呢？下面是一个简单的三步法的步骤：

（1）记住你不是科学家。除非你是科学家，那么你可以转到第二步，否则，你就不是专家，不知道哪些事是被科学界反复讨论过的——你不会比市场知道得更多。

（2）接受没有人知道哪边的意见是正确的事实，因为任何一边都没有彻底了解这种科学方法——他们做了假说，进行观察、分析并推理，但是缺少一个控制组。全球变暖者可以证明牛群回牛栏之前温度和碳排放在上升，但是他们永远都没有相反的证据。反全球变暖主义者也一样，不能证明任何事。

（3）接受无论哪方正确都不重要的说法。因为即便主张全球变暖者最终是对的，他们仍旧承认世界不会在不远的未来遭遇全天不停袭来的滔天洪水灾害。这可能会在非常遥远的未来发生，而不会是在 30 个月内！

怎样看待收入不平等问题

这是另一个辩论话题，也是一个社会性话题。市场参与者不需要成为专家，知道未来 30 年什么是好的、什么是坏的。我对这类问题的标准答案是："我不是社会学研究者。"遥远的未来的好东西确实很重要，坏东西也可能很可怕，但都不会影响当下的价格。

讨论社会学或政治学话题是不错的。很多都会影响我们的日常生活！一些问题，比如影响孩子教育的长期结构是什么，对我们的未来生活很重要。但这不是我擅长的领域。我不研究社会学。很多爱在社会问题上发表意见的人对社会学一无所知。没有接受过教育、没有背景、没有经验的 19 岁年轻人，以为自己懂得社会上的很多事情，他们很有可能是错的。此外，我很肯定大部分社会学博士也不懂得社会学，但这是另外一个话题。本书只讨论市场！你对社会学的认识取决于你自己，你可以相信任何你想相信的东西。但不管你的观点如何，这些事情都与市场无关，而且不会影响现在的市场。

对于逆向投资者来说，收入不平等不是一个值得担忧的问题。这可能听上去很无情，但确实是真的：如果利益获得者和未获得利益者之间的差距在拉大，这不会影响股市。一些人说不平等是一个毁灭性的政治力量，会成为美国衰落的推手，但是如果这是真的，美国应该在"镀金时代"就已经衰落了。

股市并不介意谁拥有财富，也不关心是谁推高了股价。只有在政客尝试通过大规模重新分配方案“解决”这个问题时，不平等才会成为一个市场问题。也许他们会这样做，但不会是在30个月内。

现在你可能是个不错的人，对这些事都不屑一顾。也许你想得到更多证据，让你觉得不关注收入不平等不会显得你太冷漠。好吧，让我们现在一起试试！

那些认为不平等是真实的且有问题的人，大多依据的是伊曼努尔·赛斯（Emmanuel Saez）和托马斯·皮凯蒂（Thomas Piketty）的一项研究成果：最高收入者拿走了美国收入的最大一块。[9]但是很多明显的现象与他们的结论不符。这是因为用来支持他们结论的大部分数据都是税前的收益。他们没有考虑美国从1913年执行的累进所得税制度，还把投资的资本收益记成了“收入”，美国税法已经几十年不这样做了。资本收益是财富的函数。财富可能来自高收入，但也可以来自正常的储蓄和明智的投资。

另一个缺陷是：赛斯和皮凯蒂研究的是家庭收入，把家庭收入寄托在两个或更多个赚钱养家的人身上，而忽略了人口变化趋势。如今家庭里有多个赚钱人的比例要比1980年更低——那时候赛斯和皮凯蒂观察到了差距在拉大。如果你考虑到离婚和单亲家庭，就会看到更大的差距，不管个人收入有多少。另外，赛斯和皮凯蒂也没有考虑年龄。当然一个24岁从事其第一份工作的人，收入要远比一个58岁从事高薪职业的人少得多。这样讲的人也不是只有我一个。一些经济学家，比如密歇根大学的马克·佩里（Mark J. Perry）就做过人口和收入方面出色的研究。根据佩里博士的说法：[10]

- 2012年，收入排在前10%的家庭平均有2.04个赚钱者。在收入垫底的10%的家庭里，只有0.45个赚钱者。

- 在收入最高的一组中，77.5% 是已婚家庭。收入垫底的一组的已婚家庭比例只有 17%。
- 最高收入组有 79.5% 的家庭里有两个或更多个赚钱者处于最佳工作年龄段（35 ～ 64 岁）。在垫底的一组里，这个比例只有 47.3%。

从这个角度看，很显然这是一个社会学争议问题。高离婚率和更多单亲父母是政治问题。逆向投资者不会在投资时考虑这些问题。当然，你认为哪些人有超过平均水平的收入：吸毒者还是不吸毒的人？这是社会学问题。

如果经济是一个固定不变的馅饼，那么不平等就会成为一个问题——如果 0.01% 的人拥有更多财富，就意味着其他人的财富少了。但是家庭收入在任何社会阶层都是不断增加的。家庭的净财产也是一样。每个人都比以前挣得更多。有些人只是赚得比别人多而已。赛斯参与的另一项研究表明，现在的社会流动性与 50 年前是一样的——机会是一样的！[11] 只是成功的代价更大了。这样是不是会更有激励作用呢？谁知道呢？

只要比尔·盖茨的几十亿美元的财富不会导致美国人仇富，不平等的扩大就没有关系。也许有一天会出现一个天花板？美国国会可以立法让美国的财富固定不变，而盖茨得到一大块就意味着其他人得到的更少吗？也许会！但是这不会在 30 个月内发生。

如果美元失去了全球储备货币地位会怎样

如果其他国家用自己的货币进行贸易结算，那美国该怎么办？如果美元不再是国际储备货币，美元会有损失吗？谁知道呢！反正，这不会在 30 个月内发生。

公众担心这件事已经几十年了。有关中国多样化外汇储备的传言让人们经常感到紧张。经常会传出一些国家想把其他货币用作石油计价的说法，就像说美国的福利来自美元作为国际贸易媒介一样。

但是美国并没有从美元作为国际贸易媒介中得到任何好处，没有得到中介费。这个问题在其他国家中也存在争议。它们用美元交易的理由并非美元有多重要，只是因为美元正好是国际上最容易兑换的货币。有些货币是无法直接换成其他国家的货币的。如果一家中国制造商想出售商品给一家波兰零售商，波兰企业不得不将兹罗提（zloty）换成美元，用美元购买商品，让中国企业再将拿到的美元换成人民币。

如果美元被较少用于国际贸易和金融，这只意味着更多货币可以直接兑换。这是好事！这可能意味着交易会做得更多，对大家都有好处！

作为储备货币（避雷针），你仔细看看证据，就会看到里面并没有什么站得住脚的。媒体宣称如果美元在外汇储备市场中丢失份额，购买美国财政部的债券的买家会减少，利率会飙升，世界末日将到来。太糟糕了！但这不是真的，我们有这方面的证据。

其一，先做逻辑检查。这种恐惧是基于对储备货币的需求导致了美国举债成本降低的假设。所以我们要问：美国借债的成本与非储备货币国家借债的成本相比如何？

答案是：只处于最好和最差之间的中间位置！图 4-4 展示了作为基准的 10 年期美国政府债券利率与 6 个主要发达国家 2009 年以来的情况——那时候担心美元失去储备货币地位的恐惧感增强了。美国的债券利率和英国接近。澳大利亚的债券利率较高，而德国、法国、日本和加拿大都比较低。作为全球最受欢迎的储备货币，美国的举债成本并不比其他国家低多少。其中起作用的还有其他变量。

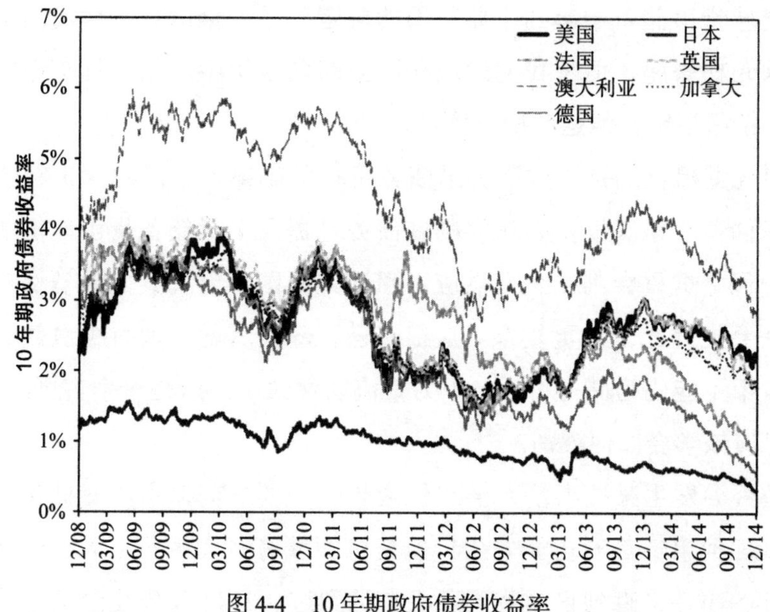

图 4-4　10 年期政府债券收益率

资料来源：FactSet, as of 1/5/2015. Select 10-year benchmark government bond yields, 12/31/2008-12/31/2014.

其二，我们可以看看实际外汇储备量！国际基金组织会公布这些数据。你可以在其网站上下载全套数据，看看每年有多少钱被当作储备货币存起来了。[12] 你会发现以下两点：

（1）美元的市场份额从 1999 年的 71% 下降到了 2012 年的 61%。

（2）作为储备的美元总金额从 1999 年的大约 9800 亿美元增加到 2012 年的 3.7 万亿美元以上。

储备量增加了！所以，国家更为多样化了。它们仍购买大量美元，同时也购买欧元、日元、英镑以及其他货币。

减少市场份额对美国来说不算什么大事。美国国债的需求仍然非常巨大。国债利率也相当低。世界在改变，但是猫、狗还是不喜欢可乐。

只要美国拥有全球最大、最深和流动性最好的资本市场，那么关于美元在全球货币储备中起到主要作用的假定就是安全的。其替代品不是很多。欧元在兴起，但是我们知道在欧猪四国危机中，欧元具有稳定性问题。英镑很不错，但是数量不算多。

和直觉相反的是，对于美国债务负担的恐惧产生的原因也在于美元是全球储备货币。很多人认为削减债务是提升美元储备货币地位的唯一方法，但是这只会削减美元供应，强迫其他国家寻找其他储备资产。这个方法会把问题弄得更复杂。这很奇怪，却是真的！拥有少量债务的小国的货币不能成为储备货币，因为其流动性太小。这是一个古怪的想法，你自己应该学会如何辨别。

是否会发生某些事情，导致外国政府想要立刻抛售美元储备呢？当然会，任何事情都有可能发生！但是可能性有多大呢？不大。这会引发灾难性的事件，直到目前我们还没有见到过。2011 年发生过关于债务天花板的激烈辩论，最终导致标准普尔公司下调了美国的信用评级——我们看到的是对美国国债的需求增加了，而不是减少了。2013 年年末出现了外国对美国国债的需求。那么，在大熊市和衰退的 2000 年和 2008 年呢？外国政府也没有一丝犹豫。债务？日本的债务与其经济规模相比，比例要比美国还高，但是日元的国际持有量在上升。

彗星撞地球，这个概率仍然非常小。这不是一个灾害，也不是一件出人意料的事情。我们 15 年来一直听闻此消息，但是彗星撞地球事件不会在 30 个月内发生。

市场知道什么

如果说你能从这两章里得到什么的话，那就应该是：当你阅读新闻，看 CNBC 或在你喜欢的酒吧里听大家闲谈时，他们都在谈一些大的坏消息，但是永远不要忘记相对有效的市场。

作为逆向投资者，你最好的朋友是相对有效的市场。要了解它，热爱它，不要忘记它。记得给它寄一张生日贺卡。

市场是你抵御媒体歇斯底里宣传的武器。由于你懂得市场的动作有多快，你知道所有那些短期数据和情况都已经体现在价格中了。你已经看到了市场对于盈喜报告和经济信息的反馈有多快——几毫秒。你会看到市场在消息不足为奇时的表现——它们已经被预计到了，预期已经体现在价格中了。

此外，由于你知道市场只看未来大约 30 个月的时间，你了解所有那些干扰人的、嘈杂的学术意识形态和社会争议并不会影响当前的市场。也许它们与 20 年、30 年甚至 40 年以后有关！或者生活会出现人们想象不到的变化，让那些直线外推得出的预测都失效了。或者可能社会和与气候相关的事件永远不会成为经济关注的问题。但是你无法现在就知道结果，市场也是如此。所以，就目前而言，你能做的就是尽量放松！如果你可以把那些事推到 30 个月以后，就不必现在担心了。

芸芸大众害怕近在眼前和很遥远的厄运。头条新闻总是需要一些谈资！不要太在意它们。如果媒体都很悲观，你知道无须担忧它们宣扬的事情。为什么呢？因为歇斯底里不会是屋里的“大象”！每个人都能看到这一点！市场也看到了！它就不会成为一件出人意料的事情了。

所以，当人们盯着统计数字不放时，我们该去寻找“大象”。此时你需要什么工具呢？翻到下一章，我们可以找到那些工具！

注释

1. Bureau of Labor Statistics, as of 6/21/2014. Employment/population

ratio for college graduates and total civilian labor force, January 2004–May 2014.

2. Bureau of Labor Statistics, as of 6/21/2014. Growth in nonfarm payrolls for college graduates and total civilian labor force, January 2004–May 2014.
3. Bureau of Labor Statistics, as of 6/21/2014. Unemployment rates for college graduates and total civilian labor force, December 2007–June 2010.
4. Bureau of Labor Statistics, as of 6/21/2014. Median weekly earnings for college graduates and total civilian labor force, Q1 2004–Q2 2014.
5. "The 2014 Long-Term Budget Outlook," Congressional Budget Office, July 2014.
6. Eurostat, as of 10/3/2014. Greek government debt as a percentage of GDP, 2009 and 2013.
7. Eurostat, as of 10/3/2014. Irish government debt as a percentage of GDP, 2009 and 2013.
8. Eurostat, as of 10/3/2014. Portuguese, Spanish and Italian government debt as a percentage of GDP, 2009 and 2013.
9. "Income Inequality in the United States, 1913–1998," Thomas Piketty and Emmanuel Saez, *The Quarterly Journal of Economics*, Vol. 118, No. 1 (February 2003): 1–39.
10. "Explaining Income Inequality by Household Demographics," Mark J. Perry, *AEIdeas*, 12/6/2013. http://www.aei.org/publication/explaining-income-inequality-by-household-demographics/ (accessed 2/24/2015).
11. "Is the United States Still a Land of Opportunity? Recent Trends in Intergenerational Mobility," Raj Chetty, Nathaniel Hendren, Patrick Kline, Emmanuel Saez and Nicholas Turner, *NBER Working Paper Series*, Working Paper 19844, January 2014.
12. Currency Composition of Official Foreign Exchange Reserves, International Monetary Fund (IMF). www.imf.org/External/np/sta/cofer/eng/index.htm (accessed 10/31/2013).

| 第 5 章 |

出 奇 制 胜

抓起你的卡其裤，带上你的双筒望远镜，别忘了帽子：现在是野生动物时代！

是的，我们要去捕捉“大象”。不是一头真正的“大象”——我们交易的是股票，不是象牙！这只是一次体验、一次探险，“大象”是我们人类的朋友。

正如我们在第3章和第4章中看到的，市场对于已知信息和人们广泛讨论的观点的反应是相当有效率的。当大家都在关注某件事，不断提出观点和期望时，那就不会成为一个意外。如果群体关注一件事，就会忽略其他事。某些事就会变成谚语中所说的“起居室里的‘大象’”——不管出于什么原因，一些真相总会被人们忽视或者遗忘。找到这头“大象”，你就占了优势。

房间里的“大象”是个惊喜——它是力量的象征。这个东西一直都在那里，每个人都知道，但他们忘记了（人类不具备“大象”那样的记忆力）。如果问某个人关于“大象”的问题，他们可能会礼貌地点头——他们可能知道！只是他们觉得那太古老了、太熟悉了，没有什么好说的。他们不以为然，忘记了它有多能干，就像我们在第2章中谈到的那些专业预测。或者他们只是由于忙于找墙角的德古拉，而把这事放在一边了，或者他们认为“大象”太沉闷、太无聊了。而最近的新闻显得更刺激！

那么，那头“大象”是什么呢？

很简单：是1993年的沃尔特·马修和杰克·莱蒙。

如果你能回到以前，问你的好友他们对 1993 年年初的杰克和沃尔特有何看法，他们可能会说："那两个老家伙吗？莱蒙在《热情似火》(*Some Like It Hot*) 中演得不错，沃尔特是《妙人妙事》(*The Odd Couple*) 中的压轴角色，可是我已经有年头没见到他们了。他们还健在吗?"如果你再告诉你的伙伴，杰克和沃尔特将在年度最大的喜剧中与女主角安·玛格丽特一起演出，他们可能会叫来穿制服的人把你带走。那些老家伙？在一场轰动的喜剧中担任主角？醒醒吧！这永远不会发生！

但是过去确实如此！《斗气老顽童》(*Grumpy Old Men*) 当年曾给观众带来惊喜。这部影片收入超过了史泰龙和施瓦辛格的动作片，票房超过 7000 万美元 (王者回归)。该影片带来的效果如此轰动，以至于他们拍了续集，且再一次取得了巨大的成功！没人会预计到这个结果。当时制片人却投下了双倍赌注。

为了跑赢大众，你想要一直能够找到杰克和沃尔特这样的机会。人们总是事后诸葛亮，而事前却忽略了机会。这些事常被人们遗忘、忽视或者认为无足轻重；它们总是浮动在人们眼前，大多数人却对此视而不见；它们总是隐藏在角落里。

把这一章作为你在起居室寻找"大象"的指南，你将发现：

- "大象"藏身之处具有巨大的魔力。
- 一些"大象"具有巨大的力量。
- "大象"就在众目睽睽之处。

象牙是怎样长成的

"大象"的平均寿命大约有 60 多年，拥有很好的记忆力。人类活得更长，但是记忆力远不如“大象”。

我们在金融事件方面的记忆力惊人。我们记得很多重要的事情，记得我们自己生活中重要的事件，以及父母和祖父母曾经讲过的事情。人们记得大萧条时期、尼克松时代的石油市场动荡、互联网泡沫以及2008年全球金融市场崩溃。但是其他经济事件、衰退甚至恐慌事件则会被遗忘。学历史的学生可能记得一些大事件，比如1873年和1907年的恐慌，而过了一个暑假之后，他们也会对此淡忘。

大众往往不懂得了解经济史的重要性。你是否在网上看到过诸如“(插入年份) 发生过的事件”这样的标题？大家看的都是流行文化、名人、丑闻、政客这类有趣的内容。这些和股市关系不大。

你自己尝试一下，在谷歌上搜索“1990年回顾”（1990 year in review）或者“1990年发生的事”（what happened in 1990），就会看到一大堆流行文化的内容，比如体育比赛冠军、美国小姐、排名前10的影视剧目，以及“我坠落了，我不能站起”的商业广告。你会了解到查克·贝里被指责为“偷窥狂”，超级模特埃勒·麦克弗森是年度热辣靓妹。有些网站给你提供基本经济统计数据，比如住房平均价格、通胀、天然气价格以及IBM电脑的成本——这些都是有关生活的费用。一些网站告诉你全年的国内生产总值（GDP）和政府债务。一个网站（The People's History）提到美国经历过一次“重大衰退”。没有任何网站提及熊市，甚至没有网站提到全年的股市回报数据。

旧的市场波动数据没有了。当初的市场回调、熊市和产生的原因、过去的交易方法，这些都没有了。

我们再检索一个：1981年！如果你当时在的话，就应该知道里根总统被刺事件。你知道行刺者是小约翰·欣克利，而且他当时暗恋女星朱迪·福斯特。你也可能还记得MTV也是那一年出现的，同年娜塔莉·伍德去世，以及查尔斯王子与戴安娜成婚。即便你不记得 *Bette Davis Eyes* 是当年排名第一的单曲，可能也会哼上几句。但是你记得资本市场税收大幅增加的事吗？你记得当时市场行情不错吗？你还记得市场哪些板块表现不错吗？当然不会。我们的大脑不是那样工作的。

每个人都经历过一些事情，在某个时候恐惧或者热爱过，然后就忘记了——那些就是房子里的“大象”。被遗忘的知识，不被人们看重的、可靠的老生常谈，从理论上看，它们很重要，因为曾经有很多人知道它，但实际上并不是如此，因为它们已经被遗忘了。人们可怕的经济记忆远不如“大象”。

笨蛋，总运营利润率和其他飞起的“大象”

一头威力无比的“大象”是总运营利润率（GPM）。用一家企业的收入减去销售成本，然后计算其占收入的比例，这是一种快速判断一家企业盈利水平的方法。

现在很少有人关注总运营利润率。税收收益成了焦点，是新闻报道中的企业每季度提供的收益数字。企业会报告总的盈利金额和每股盈利。大数字总是好的！不断增长的数字是好的！小数字不受人待见，而负数意味着很差劲。

收益是一个不错的统计数据。你之所以买股票，也是因为它！但是对于企业的盈利能力和未来投资能力来说，收益还不是最好的指标。收益这个数字易受到会计或其他欺骗手法的操纵。折旧、冲销、回购股票，以及一次性法律和监管因素等都只能告诉你一家企业的核心业务的很少信息。收益也不能告诉你一家盈利企业的发展空间有多大，有多大空间做更多投资和承担更高成本，或者是否能抵御暂时的需求下跌。

总运营利润率可以告诉你这些信息。过去，这个指标很流行。我年轻的时候，无法动动手指就得到企业的详细数据，能拿到的只是公司报告。销售和售货成本数据都有。每个人都能算出，只需做做减法和除法，不需要其他会计技术！如今，投资者被信息淹没了。你得到的数据越多，就越是陷入烦琐的细节之中难以自拔，就会思虑过剩。人们忘记了过去那些既简单又优美的方法。

所以，过去的方法又重新焕发了生机！总运营利润率很管用。如果一家企业总运营利润率很低，它很可能在牛市早期表现最佳。薄利企业在熊市受到惩罚，投资者害怕它们缺少能够使自己存活下来的、足够厚的安全垫。这些企业往往受到过度的惩罚，所以在股市反弹时，那些薄利企业才会弹得更高。在牛市的后半期，投资者变得更挑剔，希望企业有更稳定的收益增长，有更多资金应对即将到来的衰退。这时候，那些总运营利润率高的企业就吸引了人们的目光（见表 5-1）。一家企业的总运营利润率越高，其用于未来的资源就越有保障，就会在研发方面投入更多，以寻找下一个竞争优势。销售越多，也就越有更多的资金用作资本开支以扩大生产和进行技术升级，腾挪空间也就越大。这些投入可以让未来的收益更可靠，市场喜欢牛市出现，害怕走势太猛，而新的买家之前还担心股市，现在开始把脚伸进牛市的温水里（注意，我们没有在 2002 ～ 2007 年的牛市中看到高 GPM 的优越性，是因为 FAS 157 出台了相关规定）。

表 5-1　总运营利润率和回报

	牛市上半期年化总回报		牛市下半期年化总回报	
牛市起步时间	低 GPM	高 GPM	低 GPM	高 GPM
1982 年 8 月 12 日	32.2%	32.9%	24.7%	36.3%
1987 年 12 月 4 日	35.5%	26.6%	11.3%	22.8%
1990 年 10 月 11 日	18.8%	21.2%	13.8%	26.1%

（续）

	牛市上半期年化总回报		牛市下半期年化总回报	
2002年10月9日	32.2%	29.7%	16.6%	15.9%
平均值	**30.2%**	**27.6%**	**16.6%**	**25.3%**

资料来源：FactSet, Bloomberg and Compustat, as of 1/6/2015. S&P 500 daily total returns and gross profit margins, 12/31/1978-12/31/2007. the Financials sector is excluded as traditional gross profit margins do not factor into Financials firms' business models. "LOw GPM" includes firms with bottom-quartile gross profit margins. "High GPM" includes firms with top-quartile gross profit margins.

当名嘴担心盈利时，总运营利润率就是你的秘密武器。他们喋喋不休地谈论盈利是否“超过”或“未达到”预期（超过或滞后于收益一致估计值），就像上一个季度就是全赢或全输的关键时点。没有人在意从总运营利润率中观察企业未来的潜力。对于金融股来说，很少有人检查净利息差（相当于银行的毛利率），以了解核心业务有多赚钱。他们看的是其他数字：罚款和法务费、交易和投资银行收入减去零售银行收入、贷款冲销、资产减记！但是这些数字都无法说明任何问题。他们错过了那头“大象”。

好消息伪装成坏消息的时候

有些“大象”发挥威力是在媒体把好东西当成坏东西的时候。很少有“大象”会像那些被扭曲的恐惧一样糟糕。

2014年，股票回购成为“大象”样本，回购量巨大。我们早已熟悉这种情况。这几乎就是真理！当企业买回自家股票时，它们减少了股票供应量。我们学过的高等经济学教导我们：供应下降会推动价格上涨。回购也是聪明的企业财务管理手段，用便宜的贷款买回利润率更高的企业股票，得到其中的差价收益。这对投资者而言也是好事情！

但是在当今，回购的名声不好。一些人认为这是一个可笑的会计伎俩，目的是隐瞒糟糕的收益和收入。还有人认为回购会将钱从投资和薪酬中吸走，只对寻租的CEO有利，其他各方会受损。这是把社会因素置于市场问题前面。减少供应，并不影响其他方面。

也许当你读到这里，回购又重新“回来”了，而其他一些好东西又被当成了坏东西。你如何判断它是坏东西抑或是一头“大象”呢？戴上你的科学家帽子或爱因斯坦假发，如果你戴着还合适的话，就去检验一下证据吧！

为了看得更清楚，我们来分析一下回购带来的影响。首先，我们分析一下盈利。回购的确可以放大每股收入和盈利，因为回购减小了分母，而分子没有任何变化！当股票数量减少时，总销售额和净利润（盈利）并没有改变——它们是成本、竞争力和全球需求的函数。回购的会计处理方法不会对它产生影响。它们确实改变了一些数据——每股指标，但这是好事。提高每股收益会增加股东未来所获盈利的份额，这是人们购买股票首先考虑的问题！

下面我们要分析一下过硬的证据。反对回购的人引用了一项《哈佛商业评论》曾发表的研究成果——它是关于美国大型企业在2003～2013年如何花钱的研究。他们发现：449家标准普尔500指数成分股企业在这段时期花了54%的净利润用于回购股票，37%的净利润用于分红。[1]那些专家只是简单地减了一下，就认为那些企业只用了9%的盈利作为资本支出和薪酬，于是急火火地指责回购！

你可能会问到企业借贷。许多回购用的是贷款，这是简单的对冲做法，我在前面已经提到过。巨型科技企业——苹果公司在2013～2014年发行了近300亿美元，用于回购和分红。利息主要是用从回购中节省下的钱偿付的。回购增加的收益回报超过了折旧成本的一倍，完全可以覆盖利息支出。企业也经常采用债券，为生产设施、设备、产品研发等资本支出提供资金。这也是一种聪明的财务管理手法，可以让企业保留现金以应付不时之需，而且不会影响业务增长，因为它只是用强健的资产负债表支持债券的发行。企业债券发行是企业从 2009 年开始扩张之后，现金余额和投资同步增长的一个主要缘由。很少有媒体指出这一点，而截至 2014 年第 4 季度，商业投资连续增长了 15 个季度，达到了历史最高点。[2] 这是事实！你可以不听我的介绍，自己上网查美国经济分析局的数据。你还可以看到研发开支也达到了自 2010 年以来的新高。这些都是真实的，只是不合媒体的口味罢了。

近代史上到处都是这类“大象”。美国政治僵局就是其中一个——我们将在第 6 章中讨论这个话题。另一个是如此强劲，你可能不会相信人们会仇视它——陡峭的收益率曲线。

关于经济增长的假设问题既不能被证实也无法被证伪，几乎从不存在反事实。正如弗里德里希·哈耶克在接受 1974 年诺贝尔经济学奖时所说，经济学的测量和科学理论经常是不科学的。正如他所说，这些都是“虚假的知识”。以数学定理支持的科学主义，实际上是准宗教信仰，表现出过度的自信和偏误。哈耶克反对设立诺贝尔经济学奖，因为他认为这会变得僵化。对于投资者来说，从哈耶克的话里得到的经验是，好的逆向投资者不会过分关注数字而忽略基本逻辑。

例如，对回购的批评指向本周期的商业投资增长率，而该增长率正好处于近年来最低水平。但是谁能够知道投资是否会在几次回购过程中加快或放慢呢？我们做不到，只能靠猜测。如果你曾经怀疑过为何经济学被看作沉闷的科学，这就是一个主要原因。经济学接纳了机会成本理论，但并没有可用的方法测量它。

但是我们可以查看一下之前和之后的情况，即商业投资在回购时段与之前的对比。我调查过这个问题。在2014年9月的英国《互动投资者》上："没有证据表明回购削弱了资本支出，如果真出现了这种情况，那么1982年之后的商业投资就应该明显减少，当时美国证券交易委员会对回购采取了严格限制。但是在此前后经通胀调整后的增长率并没有显著差异。一些人指出CEO的薪酬问题，认为用公司股票支付奖金，会激励管理层通过回购推高股价，但这不是真的。CEO必须增加盈利和收入，否则就会失去工作。如果你不投资，就不可能做大业务。"

收益率曲线的变化

收益率曲线（一个国家在不同期限的利率图形）有很长的、令人自豪的、作为领先经济指标的历史。它最早见于1913年的学术文献——韦斯利·米切尔的杰作《商业周期》。他提供了"关于现代世界商业繁荣、危机、衰退和复兴过程的一个分析。"[3]通过1890～1911年经济、商业和金融市场数据，米切尔找到了可以用来证明理论是否正确的模型和关系，并且建立了关于经济繁荣和衰退的方法。这项成果后来成为他在国家研究局开发领先经济指数（LEI）的基础——我们在第3章中讲过，这项成果是经典学术研究，可以读懂，是一项宝贵的知识成果。我们在第8章中还要讲到它。

在那本书中，米切尔花了很多时间研究几十年来长期和短期利率如何波动，与整体商业环境之间的关系。他在一张题为“商业繁荣、危机、衰退时段的短期贷款与债券投资利率（1890 ～ 1911 年)”的表中，将 21 年分为从“繁荣”到“严重衰退”等几个阶段，并画出了每个时期不同久期的平均利率。在 25 个窗口中，有 2 个标记为“危机临近”，2 个标记为“轻微危机”，每个都是在“衰退”之前出现的。在这 4 个区间里，短期利率都比长期利率高出 1% ～ 5%。你自己可以查看——康奈尔大学将整本书的电子版放在了网站上（https://archive.org)，这张图在第 162 页。[4]

100 多年前人们就已经知道，当短期利率超过长期利率时，就会有坏事发生。米切尔并没有直接提出这样的说法，这是鲁本·凯塞尔（Reuben Kessel）在 1965 年提出的：“在经济扩张阶段，国库券和 9 ～ 12 月期政府债券的利差会扩大……相反的情况意味着紧缩阶段。”[5] 到 1978 年 12 月前旧金山联储经济学家拉里·巴特勒（Larry Butler）发表《衰退？——一个市场观察》(*Recession?—A Market View*）时，这个观点已经被广泛采纳，即收益率曲线倒挂（短期利率高于长期利率）是一个“典型的衰退”信号。[6] 收益率曲线在 20 世纪 80 年代很受欢迎，截至 1989 年，经济学家詹姆斯·斯托克（James Stock）和马克·沃森（Mark Watson）都建议将其纳入 LEI。[7]

这个收益率曲线是一个有魔力的东西，学术理论和真实世界的经验在此交汇。这就是它的优势！正如我在第 1 章中所说，收益率曲线代表银行的总运营利润率——短期利率是银行的融资成本，长期利率是银行的收入水平，而之间的差价就是它们的总经营利润率了（业内称为净息差)。当收益率曲线变陡峭时，即长期利率高于短期利率，放贷更有利可图。银行借出更多钱，货币量增加，增长魔力释放。当收益率曲线变平时，贷款收益较低，银行只向最安全的客户放贷，放贷金额少，风险也小。低货币量和低流通速度（货币易手的快慢)，通常降低增长。当这条曲线倒挂时，即短期利率高于长期利率，放贷无利可图，信贷收缩，增长最终陷于停滞。

所以，几十年来，几乎所有人都同意陡峭的收益率曲线是好的，扁平的收益率曲线一般般，而倒挂的收益率曲线是危险的。然而在 2013 年春夏间，当长期利率上升而扁平的收益率曲线变陡峭时，人们吓坏了！他们忘记了收益率曲线的事情，反而将高利率视作风险，担心贷款和货币供应量减少。从 5 月 22 日伯南克首次警告量化宽松不久将结束的日子，一直到年底，10 年期国债收益率都在上升，收益率越来越陡峭。太奇怪了！居然大部分人害怕这样的上涨。他们甚至没有意识到自己仇恨的正是驱动经济增长的基本因素。收益率曲线成了一头“大象”！

如果你忽略新闻，正好相信了 2013 年的收益率曲线——正如我在《福布斯》杂志上所写的一篇提示大众的文章（见下面栏目），你将发现那头“大象”。真理总是在起作用，而人们只是忘记了。但真理仍在那里，仍然在起作用。10 年期利率在 5 月 22 日到年底，上升了整整一个百分点，而标准普尔 500 指数同期上涨了 13.1%。[8]

截至 2013 年 10 月，10 年期收益率已经跳升了超过 70 个基点，新闻充满了担忧，担心这种“收紧”会扼杀增长。很多人将其称作“收水恐慌”(taper terror)，暗指美联储放慢每月购买债券的计划，我在量化宽松之前就在《福布斯》和其他杂志上发表过观点，但通常无法缓解人们抱有的这类恐惧，所以我在 10 月 28 日那一期杂志上继续抨击错误的看法，写了一篇文章——《与伯南克对赌》(*Betting Against Bernanke*)：

在人们担心撤出量化宽松措施很久之前，我一直担心的是它的存在。事实和它表现出来的情形正相反，这是一个反刺激，我

们之所以还很顺利，不是因为有它，而是与它无关。随着量化宽松退出，我认为银行会跑赢市场。

为什么呢？银行的核心业务非常简单：吸收短期存款，借出长期贷款。长短期利率差异准确反映了未来的总经营利润或新贷款（从收入中减去有效成本）。在其他条件不变的情况下，利差越大，未来的贷款收益越高。这就是房间里的一头巨象。

所谓量化宽松退出增大了这个利差，是因为这样使美联储停止了购买长期债务（因而降低了未来长期债务的价格，将利率推得更高）。当利差提高时，银行在新贷款上的利润会增加，银行放贷的愿望也会稳步提高。

米尔顿·弗里德曼去哪里了

收益率曲线从摇滚明星到“大象”的转变，是某种现象的表现：需求侧思想比供给侧思想更占优势。

在最基本的层面上，存在刺激商品或服务销售的两种路径：增加供给或者增加需求。需求侧经济学家（比如约翰·梅纳德·凯恩斯）相信直接刺激需求的做法最佳。供给侧经济学家（比如米尔顿·弗里德曼）认为让企业更容易生产出吸引人的新产品，可以增加那些人们从不知道自己想要的新产品的供应，从而吸引新的需求。我们站在一边，让市场发挥作用，看看资本主义魔术是怎样表演的。

需求侧思想推动了新政（New Deal）和其他自上而下的刺激措施——把重心放在政府而不是个人上。供给侧思想在 20 世纪结束后得到了推崇，弗里德曼和所谓的“芝加哥学派”占了上风，蒙代尔－拉弗假说（Mundell-Laffer Hypothesis）得到了推广。他们在20世纪90年代和21世纪前10年通过艾伦·格林斯潘对美联储产生了影响，甚至伯南克也曾自称是这一学派的信徒。[9] 英国和美国从20世纪80年代初期开始，秘鲁从20世纪80年代末开始（当时美国正处于恐慌之中），经济奇迹就发源于供给侧思想。在学术界，供给侧还是需求侧是更好的意识形态，这一直是个引起热烈争议的话题，我不想介入这种争吵。意识形态有各种误区。这是一场学术战斗，尽管看各方争论很热闹（有时候是从电视上看到的），但是投资者从这种选择中获益甚少。任何一方都不能证明自己比对方更优秀。

但是供给侧思想在2008年之后失去了大家的信任。专家和政客鼓吹放松监管，放松市场。需求侧意识形态将危机扭曲为市场失效的证据——责备银行在取消《格拉斯－斯蒂格尔法案》之后增加了过大的杠杆，以及格林斯潘促成了房地产泡沫。这些说法导致很多人对市场失去了信心。人们把希望寄托于政府促进增长上，忘记了政府在危机中的错误管理只能让情况变得更糟。很多人忘记了历史，忘记了供给侧思想的很多成功记录，想要华盛顿进行干预。

美联储也发生了同样的变化，只是方式不同，而且更具破坏性。在20世纪的大部分时间里，美联储采用的是供给侧货币政策，即通过收益率曲线影响新贷款的供应，并且最终影响货币供应量。美联储控制的是短期利率，而长期利率是由市场驱动的。如果美联储想收紧，即更缓慢地增加货币供应和阻止通胀，就会通过提高短期利率缩小息差，迫使银行减少放贷。如果美联储想要增加货币供应，促进经济增长，就会降低短期利率，扩大息差，让收益率曲线变得陡峭，鼓励银行发放更多贷款。大部分时间这样做是有效的。美联储当然不是每次都做得很好。正如我在2006年的书——《只有三个问题最重要》(*The Only Three Questions That Count*)中所写，美联储闭着眼睛做决策的传统很悠久，但是这个理论一直有效。如果美联储希望经济更快增长，可以让银行增加货币供应——信任资本和资本主义能够自我调节。

但是在2008年危机开始时，伯南克的美联储放弃了供给侧货币政策。伯南克忘记了他心目中的老英雄米尔顿！量化宽松是百分之百的需求侧刺激政策，对于供给侧是个灾难。美联储认为压低长期利率以刺激对贷款的需求，可以让借款者觉得贷款更便宜、更有吸引力。这在理论上是好的，但是不符合实际情况，因为银行需要利润！较低的长期贷款利率使得放贷人不愿意贷款。既能满足借款人又能满足贷款人的媒介是自由的资本市场。伯南克忘记了这一条原则。

贷款增长和经济增长的联系在近代非常薄弱，很少有人会考虑其中的联系。很多人看到了微弱增长，但是认为如果没有量化宽松，我们就会处于危险状态中。几乎没有人注意到美联储阻碍的贷款供应。过度关注需求，坚持了理论，却远离了现实。

想想真实世界。如果你将长期利率往下压低到一定程度，可以很容易看到供给侧。如果长短期利率都固定在零水平上，如果你是银行家，你肯定不会借出一份钱，不承担风险，也不会得到利润！你经营的是一家企业，不是慈善机构，所以你不得不抓住对自己有利的位置！

真实的供给侧思想也可以让你看到，更高的长期利率对供应的促进要比对需求的打击更有效。即便是一个很小的利率上调，都能带来巨大的利润。2013 年年底，以 10 年期收益率减去有效联邦基金利率计算的息差，从 2012 年年底的 1.73% 上升到了 2.97%。[10] 简单计算一下（2.97÷1.73−1），银行潜在利润会增加 71.7%！一个巨大的激励。

借款人的处境是怎样的呢？下面是一个假扮角色试验，我在 2013 年 11 月《互动投资者》杂志专栏文章里，给英国读者介绍过：

假设你是一名潜在的借款人，一家中等规模上市公司的董事会主席。我是向你报告的首席执行官。我们的市盈率（P/E）是 14 倍，而收益率——P/E 的倒数是 7%。我们拥有投资级信用评级，所以可以借到 5% 利息的长期贷款，税后是 3%。

想象我请求你批准一项新的长期商业计划。预期回报率与我们的收益率相等，是 7%。如果我们的借款成本从 3% 增加到 3.5%，作为主席，你认为这是否很重要？甚至增加到 4% 呢？不！即便是更高的利率，你们的利润空间都很大。小小的成本上升无法抑制你们的贷款愿望。如果这个增幅使得交易变差了，可能就完全没必要去做了。

量化宽松期间最大的“大象”就是供给侧。所有的一切都让人获得一些真实感，但现实世界不是那样的。学术界人士而不是银行家控制着美联储。需求侧的经济学家管理着国际货币基金组织和世界银行。很多专家和学术界人士从不从银行家或商人角度考虑量化宽松问题。他们缺乏真实世界的经验，所以无法这样看问题。他们无法理解较低的利率对银行的损害要比给借款人的激励大得多。

供给侧思想未来终究会回归。世事变迁，总有潮涨潮落之时。需求侧思想也有其智慧亮点，比如凯恩斯所说的“流动性陷阱”危机——当需求确实需要一个人为的推动才能让货币继续流动起来时，主要通过对储蓄偏好的真实需求进行，用传统经济学术语讲，就是去中介化。如果企业和消费者不花钱，资本就需要来自其他渠道。政府可能在投资方面不够聪明，但是最终也能达到目的。

当供给侧思想不受重视时，它就是一头“大象”。如果你可以从供给侧的角度分析货币政策和经济政策，就会发现被大部分关注需求侧的媒体所忽视的情况。

“大象”突袭的时候

我们已经记录下了一些友善的“大象”，但是有些“大象”并不是那么友善。风险也可能是“大象”！一头发疯的“大象”甚至比一头发狂的熊更可怕。

高风险的“大象”反衬了温和的“大象”。大家都知道温和的“大象”是好东西，然后就会将它们忘在脑后。每个人都知道“大象”一般是危险的，然后就忘记了。回忆一下我们在第4章中讨论的那些长期恐惧。它们一旦得到广泛讨论，就像现在这样，市场也就会反映这些因素。但是如果人们继续向前而忘记了他们的恐惧，这些就会成为真正的风险！坏“大象”！这是“狼来了”的市场版本。人们会忽视它，当它终于变成真的了，却又没有人注意到。市场也是如此。

例如，债务恐惧如今到处存在，而且有几代人的历史了。任何人只要想看，就能从美国财政部在线指针和国内税务署的大屏幕上看到最准确的美国国债数字。这个数据大家都知道，而且被广泛讨论过。正如我们在第 4 章中说过的，债务如今算不上是风险，不会在未来 30 个月内发生！只要大家担心债务，只要它还是电台谈话节目的主题，就会体现在价格上。但是如果人们停止谈论它了，它就有可能变成一个风险！如果人们忘记担心恐惧，会出现什么后果？如果利率飞升且保持在高位，支付的利息吞噬了过多税收，我们偿付不起而人们又没注意到，会出现什么情况呢？在世界最大的经济体里存在着一个看不到的债务危机，就在人们的眼皮底下，会对全球市场产生可怕的冲击。

悲剧简史

被遗忘的历史也孕育了正常的“大象”。在这一章开始的时候，我们看到了市场波动性从人们脑海中淡化了多长时间。人们不只是忘记了过去的恐慌、恢复和熊市，他们也忘记了股市是怎样回应一些极度负面的事件的！

这里有一个事件可能是你想都不敢想的——总统被刺杀。我们不想考虑它，但是为了打败市场，我们必须去想那些考虑不到的情况。

我们以前听说过刺杀事件。大家知道这种事情有可能发生。我们记得里根总统被刺杀未遂事件。我这个年龄的很多人可以很容易回忆起 1963 年 11 月 22 日，但是大部分人不认为这还会再发生。美国是很文明的国家，特勤服务也很到位（尽管 2014 年出现了一起严重的丑闻）。情报机关也很棒，挫败了几十年来的每一次进攻和谣传。

也许刺杀是不大可能的，但不意味着完全不可能发生。不管你的政治偏见多么深，都不会希望这种事情发生，投资者也不想。市场也是如此。仅凭安全漏洞就可以摧毁信心。悲剧也将带来极大的不确定性。我们知道有副总统，但他只是副总统，通常就是一个承担了很少部分行政职责的中尉，还可能只是一个可笑的小丑。我们没有考虑过美国在不同人的领导下会发生怎样的变化——潜在的经济政策和国际关系变化并没有体现在价格中。没有人把副总统当成领袖看待。当总统被选出之后，市场开始慢慢了解这些事情，并在胜选的候选人就职之前，逐渐反映在价格上。2014 年，没有人认为副总统有可能接任总统之职，这没有反映在价格上。刺杀总统会让市场马上做出实时反应。如果市场不喜欢，会做出明显的负面反应。

这里所提到的市场历史当然是有限的。只有四位总统遭遇过刺杀，而且其中两位——林肯和加菲尔德的刺杀发生在我们获得可靠的股市数据之前。还有两位就是肯尼迪和麦金利。

当肯尼迪在 1963 年被刺杀时，市场是有弹性的——刺杀不是熊市的自动触发器，只是许多潜在的触发原因之一。标准普尔 500 指数在刺杀当天（11 月 22 日）下跌了 2.7%。[11] 但是在下一个交易日，该指数反弹了 4.5%，然后牛市继续。[12] 然而，林登 · 贝恩斯 · 约翰逊（Lyndon Baines Johnson）是当时著名的政治人物，自从 1937 年就在政界任职，在 1960 年初选时排名在肯尼迪之后。作为参议院多数党领袖，约翰逊的工作是赢得国会支持。很少有人预测到政策会变得疯狂。

而当麦金利 1901 年被刺杀时，情况又不同了。在他被刺杀的 9 月 6 日之前，道琼斯指数刚从 8 月 6 日的底部反弹了 12%。[13] 这种走势在刺杀发生当日发生了逆转，股市随着麦金利健康情况的恶化而下滑。[14] 他在 9 月 14 日去世，道琼斯指数继续下跌，反弹最终变成了熊市。[15] 换个说法，当时并不知名的副总统西奥多 · 罗斯福（Theodore Roosevelt）会导致股市更快下滑，他的议程、风格、幕僚与麦金利截然不同。这一段市场历史被淡化，致使其产生了出人意料的影响。考尔斯委员会没有检查

1926年以前的数据，所以大部分对市场史的主流分析是从1926年开始的。但是即便之前的道琼斯指数数据不完整，也足以说明风险状况。

课本上的谎言

还有一个可怕的事件是大家都知道但大部分人不相信会发生的——第三次世界大战。

每个人都知道一场大型全球型的冲突会非常恐怖：失去大量人口，有可能所有城市都受到大规模毁灭性武器攻击。我们都读过反乌托邦小说，看过此类电影。从《1984》和《勇敢的新世界》(*Brave New World*) 到《饥饿游戏》(*The Hunger Games*)，我们看到了另一场世界大战及其后果可能是多么可怕。

但那些都是虚构的！虚构并非现实！作为一个社会，我们基本确定了发生下一次世界大战是不可能的。世界经济高度整合，贸易关系足够紧密，外交局面也非常良好。人们已经进步了，我们使用制裁而不是枪弹，让世界列强和可能的麻烦制造者有所顾忌。美国和欧洲拥有的核武器被用于威慑，并不是用于实战。

世界大战是极低概率事件，但是我们再次强调，不大可能并不等于不可能。大部分人认为世界在1914年是高度文明和完整的，但发生了第一次世界大战。道琼斯数据（尽管有局限性但足以说明问题）从斐迪南大公1914年6月28日遇刺到当年年底，股市下跌了31.8%。[16] 股市在1915～1916年上涨，但是道琼斯指数在1916年11月21日达到了高点——正巧是在索姆河战役之后，当天盟军的布列塔尼号被德国水雷炸沉。在之后一年多的时间里，股市因欧洲战事下跌了40%以上，1917年12月19日筑底。当然，那是“一场结束所有战争的战争”。

当然，这些过去的道琼斯数据确实是不可靠的，我们用的时候要慎重！第二次世界大战时的市场数据都经仔细确认过，它们给出了一个类似的图景。当德国 1938 年中占领苏台德地区时，标准普尔 500 指数似乎正在从 1937 年开始的熊市中恢复。但是希特勒侵占捷克领土终止了这一进程——他无限度的领土扩张野心显露了出来，迫使市场在价格里反映出一个长期毁灭性的全球冲突发生的可能性。股市反弹了几个月，在法国沦陷之后，市场跌入底部。

那时候，每个人都认为法国擅长打仗。法国人是克里米亚战壕战的专家，普法战争只是一场小战役，法国人把德国人打得节节败退。第一次世界大战是另一个胜利。马奇诺防线的营销标签可能是“没人能跨过法国战壕”。但当德国人用伞兵和坦克从比利时打过来时，壕沟就一点用处也没有了。不管人们相不相信，那是一个令人惊讶的消息。德国军队绕过马奇诺防线，于 1940 年 5 月 10 日侵入法国。从 1942 年 5 月 9 日入侵前一天到 1942 年 4 月 28 日，标准普尔 500 指数下跌了 38.4%。[17] 法国的沦陷是没有人提前预计到的、巨大的负面消息。

市场史表明世界大战确实消灭了牛市。这是事实！尽管很多高中历史课本扭曲事实，声称第二次世界大战期间是牛市！数百万美国人学到的历史是“枪炮与黄油”经济是美国走出大萧条的唯一原因。人们看到牛市从 1942 年起步，持续了整整 3 年，直到盟军取得胜利，却忘记了市场早期对希特勒入侵所做的反应。可怕的是，我们知道战争是在人的层面上展开的，教科书可能会让美国人变得自满。

第二次世界大战没有导致美国崛起。时间上几乎都不匹配！美国国内生产总值（GDP）是从 1939 年恢复增长的，早于第二次世界大战支出两年。私营企业在 1939 ～ 1940 年都在增长。表 5-2 展示了这一时期的真实 GDP 增长和对真实 GPD 的贡献。1939 ～ 1940 年，美联储对消费者和私人投资者的帮助并不多。

表 5-2 真实 GDP 增长和对真实 GDP 的贡献（1938 ～ 1943 年）

	年化百分比变化					
	1938	1939	1940	1941	1942	1943
国内生产总值	−3.3%	8.0%	8.8%	17.7%	18.9%	17.0%
个人消费支出	−1.6%	5.6%	5.2%	7.1%	−2.4%	2.8%
私人国内总投资	−31.2%	25.4%	36.2%	22.4%	−44.3%	−37.6%
政府消费、支出和总投资	7.6%	8.7%	3.6%	68.1%	132.1%	50.0%
	对真实 GDP 增长的贡献					
	1938	1939	1940	1941	1942	1943
个人消费支出	−1.15	4.11	3.72	4.9	−1.5	1.52
私人国内总投资	−4.13	2.39	3.99	3.13	−6.45	−2.63
政府消费、支出和总投资	1.09	1.41	0.57	10.31	28.03	19.31
产品和服务净出口	0.88	0.07	0.52	−0.64	−1.19	−1.16
总计（真实 GDP 增长）	**−3.3%**	**8.0%**	**8.8%**	**17.7%**	**18.9%**	**17.0%**

资料来源：US Bureau of Economic Analysis, as of 10/16/2014. Percentage Change in Real Gross Domestic Product and Contributions to Percentage Change in Real Gross Domestic Product 1938-1943.

仔细观察 1942 年和 1943 年，你会发现有趣的情况。当政府支出大幅上升时，私人国内总投资收缩，消费支出减少。关于这个问题存在两种学派的解释：一种认为正是战争投入保持了美国活力——“枪炮与黄油”奇迹；另一派认为大规模政府支出把私营经济排除在外，企业和人们的生活更难过了。这仍然是供给侧和需求侧之争。

经济学家、历史学家和意识形态拥护者为此争论了几十年。你对此有何看法呢？这取决于你！但是用我们的逆向投资思维训练法，我认为供给侧给出了有趣的观点。需求侧观点没有考虑相反的事实：假如没有发生战争会有怎样的结果？如果生产没有将重点从消费品转移到战争机械会出现什么结果？如果美国人从来没有重视定量配给怎么办？企业和民众如何分配资本？美国会不会增长更快？

我没有这样想。这个理念最早可以追溯到法国经济学家弗雷德里克·巴斯夏（Frederic Bastiat）在1850年写的文章 *Which Is Seen and That Which Is Not Seen* 中，讨论了政府支出的隐性后果。第一节“破窗”是一个关于店主的儿子打破了窗户的寓言。店主很生气，因为修理那扇窗户要花6个法郎！“但是好的一面是”，邻居说，“你让玻璃工有活干了。”

邻居将这件事看作对玻璃工人的正面激励！他们的逻辑很容易理解，因为他们看到玻璃工人修好了窗户，而且得到了报酬。这是“破窗”的可见结果。

只看“可见”结果是短视的！所以，巴斯夏讨论了“隐性”结果。换个角度讲，修理窗户的这6个法郎不能被店主用于买鞋或书籍。如果鞋匠或书店主人对这6个法郎的用处比玻璃工人更好，会怎么样呢？

“破窗”是对一位法国政治家的反驳，他声称烧毁整个巴黎将促进法国经济，因为重建将创造需求和就业机会，在任何地方都是如此。你可以将其用于第二次世界大战的战争支出——人们普遍认为战后重建对西欧是一个巨大的经济刺激。重大的自然灾害也是如此。当你看到这些争议时，记住巴斯夏给出的结论：“社会所遭受的不必要的损毁、破坏、糟蹋和浪费的有价值的东西，不是用来鼓励国家劳动力的；或者用更简单的话说，毁坏不会产生利润。”[18] 无论有形资产还是个人机会被破坏，结果都是如此。另外，有时候我们会拆除房屋、桥梁和更多建筑物，建设新的、更大、更好的地产，创造更大的财富。这从两个方面都能解释。

“破窗”也是一头“大象”。它有悠久的历史，广为人知。亨利·黑兹利特（Henry Hazlitt）在他经典的作品《一课经济学》中介绍过。众所周知，“破窗”谬论是课堂上讲的主要内容，但很少有人在灾难来袭或政府计划启动时想到它。大多数人关注的是可见结果，很少有人关注隐性后果。如果你考虑了这方面的后果，你就拥有了逆向投资者的力量。我们将在第 6 章中进一步讨论。

“大象”未必就是“大象”

即便有些事听上去有道理，如果每个人都谈到它，它也不会成为一头“大象”。记住，我们找的是《斗气老顽童》里的杰克·莱蒙和沃尔特·马修，而不是布拉德·皮特和乔治·克鲁尼。除非你是在 2035 年读的这本书，布拉德和乔治都已经过气了。那时你可能确实喜欢他们俩，而不喜欢一流名人。

如果华尔街喜欢什么东西，是不考虑逻辑的，那么它不会成为一头“大象”。我将给出一个例子——“颠覆性技术”。这个 21 世纪的流行词指的是改变（或颠覆）整个行业的、取代旧技术的创新，比如互联网、电脑、手机、智能电话、机器人、3-D 打印和水力压裂技术。当新企业带着一项“性感的”新技术来到时，专家会赶时髦，告诉投资者下一件要抓紧做的大事是什么。现在正好赶上 3-D 打印盛行——专业打印机读取三维设计（一般是一个 CAD 程序），然后通过“打印”刀片一样薄的树脂或金属切片，从底部开始垒砌成一个物件，然后再把它们熔合起来。专家认为制造这种打印机的企业会处于领先地位，在这方面的投资是最棒的。你在机器人和无人机上也可以看到同样高的热情。

这些不会是“大象”！技术可能非常伟大和具有划时代的意义，其创造者和制造者可能会赚大钱，但是孤注一掷的投资并不总是真正的魔力所在。过度热爱，大家太熟悉了。太时髦了，所以也就太贵了。

技术上的“大象”往往不在技术型企业里。真正的“大象”是有创造力的用户，他们最大限度地将技术用于各个方面。玩具制造商和电路设计师合作，为孩子设计明年的产品。在丘珀蒂诺准备咖啡的员工偶然听到两位希捷（Seagate）员工谈论他们最新、最小的硬盘产品，就梦想要制造出一个会说话的咖啡壶。担心孩子的母亲定制了一架微型无人机，帮她监护上学的孩子，并将这种产品进行了商业化开发。

确实存在着颠覆者——将新技术带入行业的发明家。奈飞（Netflix）没有发明 DVD 机或串流技术，里德·黑斯廷斯（Reed Hastings）只是想出了如何利用它们推动商业大片的发展。优步（Uber）和来福车（Lyft）没有发明智能手机或手机应用软件，它们做的只是将现有技术用于改善出租车服务。史蒂夫·乔布斯没有发明移动电话，他和苹果公司工程师只是用微处理器、触摸屏、钢化玻璃、闪存、相机镜头和强大的软件组装出了手机。在 3-D 打印方面，有创造力的用户是那些制造企业（它们用这种新技术大幅降低了生产成本），以及那些采用 3-D 打印心脏瓣膜的医疗器械公司。查查过去头条新闻报道过的技术，找找那些有创造力的用户，你就会发现一些“大象”。

“大象”可以出现在任何地方。正如我们将在第 8 章中看到的，这些“大象”很多生活在过去的书里。我们要讨论的另一个棘手的话题是政治。我们现在是朋友了，所以这个话题很安全，准备好了吗？翻到下一章！

注释

1. “Profits Without Prosperity,” William Lazonick, *Harvard Business Review*, September 2014. https://hbr.org/2014/09/profits-without-prosperity (accessed 2/24/2015).
2. US Bureau of Economic Analysis, as of 2/10/2015. US real non-residential fixed investment, 3/31/2011–12/31/2014.
3. *Business Cycles*, Wesley Clair Mitchell (Berkeley: University of California Press, 1913), vii. https://archive.org/stream/cu31924003462680#page/n185/mode/1up (accessed 10/14/2014).
4. *Business Cycles*, Wesley Clair Mitchell (Berkeley: University of California

Press, 1913), 162. https://archive.org/stream/cu31924003462680#page/n185/mode/1up (accessed 10/14/2014).

5. "The Cyclical Behavior of the Term Structure of Interest Rates," Reuben A. Kessel. First published as Chapters 1 and 4 of NBER Occasional Paper 91, 1965. Citation comes from *Essays on Interest Rates*, Vol. 2, Jack M. Guttentag, ed. (UMI, 1971), 384. www.nber.org/chapters/c4003.pdf (accessed 10/14/2014).
6. "Recession?—A Market View," Larry Butler, Federal Reserve Bank of San Francisco *Economic Letter*, December 15, 1978. https://www.fedinprint.org/items/fedfel/y1978idec13.html (accessed 2/24/2015).
7. "New Indexes of Coincident and Leading Economic Indicators," James H. Stock and Mark W. Watson, *NBER Macroeconomics Annual 1989*, Vol. 4, Olivier Jean Blanchard and Stanley Fischer, eds. (Cambridge, MA: MIT Press, 1989). www.nber.org/chapters/c10968.pdf (accessed 10/14/2014).
8. FactSet, as of 10/14/2014. US 10-Year Treasury Yield (Constant Maturity) and S&P 500 Total Return Index, 5/22/2013–12/31/2013.
9. "On Milton Friedman's Ninetieth Birthday," remarks by Governor Ben S. Bernanke at the Conference to Honor Milton Friedman, University of Chicago, Chicago, Illinois, November 8, 2002. Speech published by the United States Federal Reserve. www.federalreserve.gov/boarddocs/Speeches/2002/20021108/default.htm (accessed 10/14/2014).
10. FactSet, as of 10/15/2014. US 10-Year Treasury Yield (Constant Maturity) and Effective Fed-Funds Rate, 12/31/2012–12/31/2013.
11. FactSet, as of 1/14/2015. S&P 500 Price Index, 11/21/1963–11/22/1963.
12. FactSet, as of 1/14/2015. S&P 500 Price Index, 11/25/1963–11/26/1963.
13. FactSet, as of 1/14/2015. Dow Jones Industrial Average, 12/31/1900–12/31/1901.
14. Ibid.
15. Ibid.
16. FactSet, as of 1/14/2015. Dow Jones Industrial Average, 6/27/1914–12/31/1914.
17. FactSet, as of 1/14/2015. S&P 500 Price Index, 5/9/1940–4/28/1942.
18. *That Which Is Seen and That Which Is Not Seen*, Frédéric Bastiat, 1850. Reproduced by Maestro Reprints.

| 第 6 章 |

让你既爱又恨的一章

政治！

喂，你生气了吗？

没有什么会像政治那样让人敏感。很少有人是没有强烈的政治观点的。党派人士喜爱自己所在的党派而仇视其他党派。中间派讨厌极端主义者，但缺乏对意识形态的关注。左翼和右翼认为中左人士和中右人士都是优柔寡断的人，只有自己是正确的。这是一场关乎美国的心脏和灵魂的战斗，我们不应该随随便便对待这个问题。

但是我们现在是朋友了，所以我们现在谈谈这个问题。政治很重要，会影响股市。恶劣的法律法规导致或恶化了熊市。哪怕是细小的法规变化，也可能会颠覆整个行业和资本市场。有关意识形态的、广泛传播的神话是：党派之争可以给逆向投资者带来与羊群博弈的好机会。

我们将重点谈谈这个话题。提醒一下，你可能不喜欢这个话题。如果你偏向某个立场，不管是哪一方，你本能上多半不会喜欢这一章。这就是人性！与本能斗争是第一步。不管你是自由主义者还是保守主义者，你都不孤独，而且你的意识形态肯定会反映在价格里。这对大多数人来说是很难忍受的。

为了帮你缓解这方面的不适，我们将避开纯粹的社会政治因素。这里不研究社会学，那是别人的事情。正如我在第 4 章里提到过的，对这些想法进行思考是明智的。它们可以影响日常生活，但是不属于投资范畴。市场的焦点很集中。股市不介意你的邻居鲍勃和谁结婚，也不关注他们是否在结婚仪式上用什么招待客人。股市在意的是法律法规如何影响资金和资源流向、利润、外贸、商业成本与难易，以及这些是否已经体现在价格中了，或者在 30 个月以后才会发生。如果你知道该观察哪些容易区分的变量，就可以使自己更加客观。

你可能已经变得挑剔了，那很好！如果你现在跳过这一章到下一章，我不会大惊小怪，但是我希望你别这样做，因为这一章包含了一些逆向投资者重要的技巧和威力巨大的“大象”。下面是内容清单：

- 如何将偏见从脑中清除，偏见是投资的陷阱。
- 政治起居室内最大的“大象”——不是民主党旗帜上的那个大象标志。
- 新法律何时起作用……何时不起作用。
- 为何国会不总是股市最大的敌人。

步骤 1：放弃偏见

总统、总理、州长、参议员、国会议员、军事独裁者、法西斯独裁者和其他各种独裁者有一个共同点：他们都是政客，都是自我激励和营销专家。大时代选择了政客登上众人瞩目的平台。独裁者靠制造个人崇拜生存。在民主国家内外，政治是一场大的广告运动。

也许存在例外情况。也许有些人想成为史密斯先生，带着理想和价值观去华盛顿。生活可以模仿弗兰克·卡普拉的电影。但最高层的政治家是超级狂人，具备可观察到的心理变态特征。这不是我编造的，一些心理学研究，包括 2012 年《个性与社会心理学杂志》（*Journal of Personality and Social Psychology*）上的文章也指出了这一点。[1]生活可以像数字媒体 The Onion 一样，讨论 2012 年总统大选中的各种争议，但那并不全然是讽刺。[2]

我的看法并不是说所有政客都不是好人。如果你喜欢一两位政客，欢迎来做客！欢迎发表意见！再重申一次，社会和政治问题是重要的、有趣的，而且值得我们思考。教育、对外政策、公民自由权利等都很重要，人们自然应该对这些领域有看法，但是市场并不关注意识形态。所以，当你考虑市场的时候，最好先把你的观点放在一边。政治偏见会挡住我们的视线。

放弃偏见最简单的方法，以我的经验，就是在你头脑中树立“他只是一个政客”的观念。如果你发现自己相信某位总统候选人演讲、辩论或竞选广告对于股市有利或有害的话，要提醒自己：“他只是一个政客。”他们是在做推销，目标是激起你的情绪。在投资时，你应该避免情绪激动。

你越明白他们都是政客这一点，越容易理解政治会如何影响股市。政治很重要，但不是表现为“政党X有利于股市，政党Y不利于股市”这种形式。恐怕你会认为我是反对Y政党的人，你可能会问“是Y吗？”因为“Y”和“X”都已经体现在价格里了。股市更关心的是实际的法律和规则、政策的可见与不可见后果。抛开个人观点，你反而更容易看清现实。

我的人最好，你的人最差，其他人的意见无足轻重

根据观点做投资是很愚蠢的，但是很多人就是这样做的。名嘴和专栏文章鼓舞着我们。许多人把自己的想法当成事实，把意识形态和特意选择的结果作为事实。对他们来说，这当然没问题，因为他们是专家，不是分析师！他们的工作是提出观点和吸引关注，但是他们大部分没有给你提供有用的事实，逆向投资者对此都会保持头脑冷静。

市场对此进行快速贴现。到处充斥着政治观点！在电视、报纸、互联

网上，你的办公室里，你邻居的餐桌上，到处都在讨论政治观点，很快就反映在价格里了。很多是相互矛盾的观点！一份报纸可能将某位候选人视为带着一项巨大的福利国家支出计划的噩梦，另一家报纸可能称其为一个积极增长的梦想，会将弱势群体变成值得雇用的有人力资本的人，并为失业的年轻人带来就业机会。一个电视名嘴可能将一个主张减税的供给侧改革者称作披着明晃晃铠甲的市场骑士。另一个人可能会将他称为痴迷于紧缩的世界灾难制造者。

对于新法律也是如此。以《平价医疗法案》为例，如果你愿意也可称其为“奥巴马医改”。用谷歌引擎搜索“奥巴马医改专栏”（Obamacare op-ed），可以查到超过 100 万条记录。在这 100 万条公开表达的意见中，有些人叫好，有些人反对，有些人认为伟大，有些人认为是灾难。理由形形色色，不一而足。这些意见都是不错的。

观点不是事实。事实是坚实的、不可辩驳的。感受则说不清楚，是可以替换的，而且因人而异。有些人痛恨政客、政党或法律，有些人则喜欢这些。有些人认为加税会扼杀消费，另一些人认为加税能够更好地消除赤字，为帮助消费者的计划提供资金支持。

市场反映了所有这些情绪。媒体的各种政治噪声，加上我们有超过 1.46 亿名注册美国选民的事实，[3] 不可能不让很多人的观点反映在价格中。不管你对总统、候选人或政党控制的国会、新法律有多少意见，你的观点几乎都是其他人早已知道的。从政治社会学角度看，除非你的观点没有分享给任何人，否则就既不可能是唯一的，也不可能是主流的。你只是大群体中的一分子，早已反映在价格里了。

股市在政治上属于不可知论——市场不在乎哪一方掌权。熊市可以在任何一个党派当政时开始，如表 6-1 所示。没有哪个是天生对市场有利或有害的。

表 6-1　标准普尔 500 指数熊市和总统竞选

开始日期	总统	终结日期	总统
1929 年 9 月 6 日	胡佛	1932 年 6 月 1 日	胡佛
1937 年 3 月 10 日	罗斯福	1942 年 4 月 28 日	罗斯福
1946 年 5 月 30 日	杜鲁门	1949 年 6 月 13 日	杜鲁门
1956 年 8 月 2 日	艾森豪威尔	1957 年 10 月 22 日	艾森豪威尔
1961 年 12 月 12 日	肯尼迪	1962 年 6 月 26 日	肯尼迪
1966 年 2 月 9 日	约翰逊	1966 年 10 月 7 日	约翰逊
1968 年 11 月 29 日	约翰逊	1970 年 5 月 26 日	尼克松
1973 年 1 月 11 日	尼克松	1974 年 10 月 3 日	福特
1980 年 11 月 28 日	卡特	1982 年 8 月 12 日	里根
1987 年 8 月 25 日	里根	1987 年 12 月 4 日	里根
1990 年 7 月 16 日	布什	1990 年 10 月 11 日	布什
2000 年 3 月 24 日	克林顿	2002 年 10 月 9 日	小布什
2007 年 10 月 9 日	小布什	2009 年 3 月 9 日	奥巴马

资料来源：FactSet, as of 12/2/2014. S&P 500 bear markets，1929-2014.

观点会影响情绪，这在选举期间尤为明显。一名候选人越有可能赢得大选，投资者越是将他们的感情和观点偏向这名候选人，这会反映在价格中。如果你在选举日之后醒悟过来，决定根据你感觉到谁会赢得选举而买卖股票，那就已经太晚了。

我在 2010 年出版的那本书——*Debunkery* 里提到过这点，并称此为“悖反”。我提到大约有 2/3 的美国投资者倾向于共和党，视其为亲商界的政党，而忘记了他们其实只是政客。他们相信那些竞选时的营销口号。他们也忘记了民主党也是政客，相信了他们在选举口号上说的社会公平和大政府。他们视民主党人为反对商界的财富再分配者。这两种观点都是错的！这些都会在选举年的市场回报中反映出来。在选举年里，当总统由共和党人换成民主党人时，股市倾向于低于平均回报水平；如果国会也变成主要由民主党控制，则市场会进一步下挫。当白宫换成共和党当家，股市一般是向上走的，如果国会再由共和党控制，涨幅会更大。

但是一旦新总统就职，股市将会逆转！在民主党总统就职之年，股市通常涨幅很大。如果国会由民主党控制，涨幅会更大。但是股市在共和党总统上任第一年是下跌的（见表 6-2）。

表 6-2 政党轮替和标准普尔 500 指数的表现

	选举年	就职年
执政党从共和党变成民主党	−2.8%	21.8%
执政党从民主党变成共和党	13.2%	−6.6%
执政党和国会从民主党变成共和党	−8.9%	52.9%
执政党和国会从共和党变成民主党	25.5%	−3.0%

资料来源：Global Financial Data, inc. S&P 500 Total Return, 12/31/1925-12/31/2009.

这是什么原因呢？他们都只是政客！民主党人并非人们担心的那样反对商业。共和党人不像人们希望的那样亲近商界。这类希望和担忧反映在价格上，往往会比较主观和极端。这些人通过赢得一场争取民众好感的竞赛而得到了他们的工作。他们的主要目标是什么呢？争取连任选举获胜。在选举中对税收的承诺几乎会疏远一半人口。人们喜欢或憎恶的竞选承诺通常会被淡忘或搁置。所有强烈的观点对未来都没有影响。

观点指的是对一个政客做过的事或可能做的事情的感受。股市可能在短期受到这种情感影响，从而产生波动，但是你无法据此做出投资决策，因为还有太多其他变量要考量。在考虑政治因素时，你最好的赌注是未来可能采取的行动。哪些会成为法律？哪些最有可能对商业、贸易、银行和市场造成影响？

政治僵局

深入的政治分析很难进行，要识别可见和不可见的后果，避免破窗谬误。我们后面再讨论这个话题。首先，我们要从最高和最容易的层面入手。

在高度竞争的发达国家中，比如美国，市场不喜欢积极的法律干预。股市知道现状是什么，知道法律和如何守法。变革需要适应时间，会产生赢家和输家，这是市场不喜欢的。如果国会不能做任何事，它就不会把事情搞糟——这会让市场喘口气。

国会通过的法律越多，就越有可能修改产权，重新起草法规或重新分配财富、资源和机会，这些都会造成负面影响。前景理论（prospect theory），即人们对痛苦的感受要远多于同等数量收益带来的快乐，是行为金融中的重要理论（我们将在第 9 章中讨论），同样也适用于立法方面。如果一项新法律将资源从 A 组转移到 B 组，A 组对此事的厌恶甚于 B 组对它的喜爱。这种负面影响就会体现在股市中。国会越是积极，市场越是厌恶和规避风险。对政治风险的厌恶会转化成心理上的市场风险规避。

为了观察政治如何影响股市，我们首先要问：这些油滑的政客有多大可能通过过激的法律？可能性是大还是小？

这既简单又基础，但是很少有人这样做。在这里，又是感觉占了上风。我们有很多证据表明市场喜欢政治僵局。正如我在 2016 年的书《只有三个问题最重要》中所说，在总统的第 3 ～ 4 年的任期内，市场具有最高的平均回报，而原因就在于政治僵局。总统通常在任期中间时段失去权力。他们都心知肚明，所以在任期第 1 年和第 2 年努力推进大动作。奥巴马推动了医改法案和《多德 – 弗兰克法案》。布什推动通过了《萨班斯 – 奥克斯利法案》。克林顿增加了税赋，而且尝试进行医疗保健改革。在总统任期后段进行变革是很少见的，比如 1999 年通过的《格雷姆 – 里奇 – 比利雷法案》。

市场喜欢政治僵局，但是民众不喜欢。作为老百姓，我们讨厌两极分化，对国会不作为颇有微词。这种怨恨很烦人。我们投票选出那些小丑，就是让他们解决我们想要解决的问题的，要让他们争吵，不能让他们游手好闲。国会通过的法律越少，他们的支持率就越低。2013 年，国会创造了有史以来的最低纪录——通过了 72 个法案。[4] 当年 11 月，国会支持率也达到了历史最低点——9%。[5] 这只比艾博拉病毒的受欢迎程度高 9 个百分点！但是标准普尔 500 指数上涨了 32.4%。[6] 选民对华盛顿的不满迷惑了大众——他们所不喜欢的、在通过新法律方面存在的僵局，却刺激了股市上涨。党派人士希望本党提议通过。有主见的人希望两党妥协，少争吵。很少有人认为什么也不做是对的，甚至是最好的，因为他们对自己的意识形态太过执着。自由主义者不喜欢发生任何事，因为他们想要自己想要的。保守主义者是这样的，非意识形态者也是如此。只有市场喜欢这样，因为当对政治风险的厌恶减少了，市场风险规避也就减少了。

两党妥协可能听上去不错。这意味着分歧淡化，不偏不倚的法律得以通过。历史上存在一些大的两党妥协，比如《萨班斯 – 奥克斯利法案》的通过。1930 年通过的毁灭性的关税法案——《斯穆特 – 霍利关税法》得到了两党广泛的支持。另外，1920 年通过的《海运商业法案》，也就是《琼斯法案》，甚至阻碍了美国原油运输的发展。1978 年的《汉弗莱 – 霍金斯法案》是两党妥协的又一项重大成果，为美联储创设了双目标体制，将美国的货币政策和人们长期坚持的信念（通胀与失业是相互关联的）绑在了一起。两党妥协不一定就是好事，但是受欢迎。

很少有人考虑政治僵局对市场产生的影响。政治僵局就是房间里的那头“大象”！市场喜欢政治僵局，并不是因为政治僵局有转变投资者看法的魔力，主要是因为没有意识到新的、激进的法律不会被通过。负负得正。每个人都看到了政治僵局。大多数人没有意识到无所作为其实对于股市反而有利。

有关通胀和失业之间联系的"长久被认可的信念"是一个陈旧模型，该模型被称为"菲利普斯曲线"。创立者菲利普斯发现1861～1957年英国存在工资和就业的反向关系。他提出了一个因果关系：高失业率意味着劳动力富余、雇员工资低。低失业率迫使企业提高薪酬以挽留人才。他提出的曲线模型认为一定水平的失业率会造成一定的通胀率。

米尔顿·弗里德曼在1968年的演讲"货币政策的角色"中挑战了这个理论。[7]埃德蒙·费尔普斯（Edmund S. Phelps）在1967年也批评了这个理论！[8]总之，他们认为菲利普斯模型忽略了通胀的真正驱动因素——货币供应（货币供应总是一种货币现象）。他们认为企业在考虑如何调整相对劳动力供应的价格时，过度关注真实工资（即通胀调整后的工资）。通胀是其决策的一个输入条件，而不是决策结果。

20世纪70年代证实了弗里德曼和费尔普斯是对的：高失业率，高通胀。但是菲利普斯曲线模型仍在使用。学术辩论不是那么容易有结果的。

不好的僵局例子

我在政治僵局上的观点主要适用于竞争性发达国家，比如美国、英国、西欧国家、澳大利亚和加拿大。但是，你可能会认为美国经济政策就是自由市场的脊梁，资本主义和产权是强大的。那么，还有提升优势的空间吗？当然有！一部简单、简短和更平均的税法就能创造奇迹！也许我这辈子是看不到了。货币价值稳定当然好。这可能也不会在我这辈子实现。目前还有很多问题有待解决。当然，这只是我的理想。好吧，如果你愿意，就忘掉我刚才说过的话吧！市场根本不会在意你我想什么。然而，事实上，国会通过的与经济相关的法律，很少不会造成附带损害。机会非常少。

在非竞争性的国家、新兴市场中，情况是不同的。大多数国家的产权保护很弱，公共部门臃肿，监管低效，腐败高发，收入不平等。不只是在收入上，还有在基本的经济机会上，在那里出生的穷人都不能像许多欧美国家的人一样成为富人。所以，积极的法制和促进经济增长的政策在那里是需要的！开放封闭的产业，私有化国有企业，欢迎私人投资，加强产权保护，鼓励创业，开放贸易，这些对于市场和长期增长都是有利的。

玛格丽特·撒切尔时代的英国就是一个好的范本。在 20 世纪中期的大部分时间里，英国的状况没有法国和大部分欧洲国家那么糟糕，但也够差劲的了。到了 1979 年，其国有矿业企业和制造业已经无法与全球其他国家的此类行业竞争。英国 GDP 在 20 世纪 50 ～ 70 年代都有增长，但是增速落在美国后面。1979 年撒切尔就任首相，花了几年时间调整英国经济结构，私有化国有企业，放松监管，使服务业获得了成长空间。1986 年“一揽子”金融改革对资本市场进行了现代化，让英国参与竞争，并最终成为世界上最大的金融枢纽。这位铁娘子的改革阻止了英国的结构性退步。从 1985 年开始的 10 年里，私有化和改革伴随着英国股市的腾飞。

之后，瓦茨拉夫·哈维尔（Vaclav Havel）在捷克实行市场经济。紧接着，爱沙尼亚和拉脱维亚也实行了市场经济。对于它们来说，这很简单！当然，自由市场是从某些意识形态破产的地狱中走出来的！这些都是重大的、激进的变革，属于好的变化。

仅仅指出自由市场改革是不够的，如果大家都知道了，可能已经体现在价格里了。墨西哥正在进行大幅度的自由市场改革，打破国家支持的电信和能源垄断，解放银行业，将劳动力市场现代化。这对墨西哥人和企业很有好处！但是这些已经被广泛讨论了。美国的这个邻居吸引了足够多的关注，改革已经快速反映在股市上了。

我们应该经常问一问：更大的市场如何能够受益于改革？约翰·邓普顿爵士（Sir John Templeton）作为首位伟大的全球投资家，通过寻找被别人忽视的各国机会而成就了一番事业，比如战后对日本的投资。他研究了别人忽视的国家，从中发现了别人没看到的机会。我们应该做现代的邓普顿，去寻找没有人注意的领域中的自由市场变革。过去是新兴市场，但是现在大家都在关注那些国家，尤其是最大的那些新兴国家。在巴西、俄罗斯、印度、中国或韩国，你不太可能发现还没有反映到价格中的改革，而那些很少有人研究的新兴国家则不是这样的。很少有人关注较小的新兴市场，比如秘鲁和智利，所以机会可能就在那里。但是最大的机会还不在那里，而是在前沿市场——非洲、中东大部分国家、缅甸、越南等。投资者还没习惯关注那里。很多人甚至没有意识到一些国家具有可持续增长的经济。像卢旺达1994年种族灭绝事件一直留在我们脑海里，很少有人知道这些国家会发生什么事情。

此外，只有改革承诺是不够的。那些只是所能做的，市场想要的是将要采取的行动，而不是说说而已。记住，他们都是政客！他们必须证明自己不只是说说或者作秀！市场已经把他们的承诺反映在价格中了。如果实际改革没有达到预期，市场情绪就会集中爆发。2009 年这曾经在印度发生过。曼莫汉·辛格在承诺进行自由市场改革而连任总理后，印度股市大幅上涨，但他没有履行承诺，市场转而下跌。

我们在日本也看到了这样的情况。日本在 20 世纪 80 年代经历了一次震荡，其过时的新重商主义经济结构就是导致高关税阻碍贸易的原因。大量政府支出会挤出私人投资。35% 的公司税率进一步抑制了企业的热情。拜占庭式的劳动法律迫使企业膨胀。政治家不让市场处理整治不佳的亏损企业巨头。庞大的国有邮政银行主要是为政府提供资金。这些导致了日本“失去的 10 年”，出现了通货紧缩和名义 GDP 缩水。2012 年年末，新首相安倍晋三承诺解决这个问题。好吧，这是一个与以往不同的首相。安倍晋三是日本的格罗弗·克里夫兰（Grover Cleveland），只是没有漫画中的大肚腩和胡子——安倍晋三是 2006/2007 年日本首相。他失败了，但承诺第二次上台会有不同。他因提出“三支箭”的经济振兴战略而重新掌权，媒体称之为“安倍经济学”（Abenomics）：第一支箭是量化宽松（呃—哦）；第二支箭是财政刺激（呃—哦）；第三支箭是深度结构改革（我不这样认为）。投资者相信了他的话，日本股市在 2013 年年初安倍射出前两支箭时表现称冠全球市场。

但是之后两年，他并没有射出第三支箭。他继续做出承诺，但是他的政府甚至无法让容易实行的成果，比如赌场合法化得到批准——这对他们来说是一个过大的赌注。他大谈劳动力市场和移民改革、降低企业税赋、自由贸易和公司治理激励，但提出的法律并不清晰，内容轻描淡写，而且进度非常缓慢。这种市场经常被称作忧虑不断累积的牛市——安倍的日本正在顺着无望的斜坡下滑。

国会山的争斗

并不是每条负面新闻都会影响市场。股市不喜欢快速、剧烈的变动，不得不适应和即时找出赢家与输家。负面消息带来的冲击可能是非常巨大的。市场发现和消化负面（或正面）消息的时间越长，这种影响往往越温和：股市早就觉察到了消息，削弱了它们会造成的影响。这些消息仍会带来市场冲击，不过这种冲击会小一些。

当建议涉及公共议题时，市场开始消化新的法律。初步探讨，起草法律文件，国会多轮辩论和修改，媒体介入，然后市场将各种意见和可能的结果反映在价格中。每个发现了一个潜在利好股市的赢家或输家的专家，都会造成价格贴现，导致潜在影响消失。当你知道某件不好的事情“正在逼近，而你可以迎头而上时，这样就比一个意外消息更容易处理”。

发现期越长，法律的实际影响就越小。相反地，短的发现期，造成的影响更大。

想想股市对近期历史上糟糕的一部法律的反应情况。保护投资者的法案提高了公司根据证券法和其他要求进行披露的精确程度和可靠性。更为人熟知的例子是《萨班斯 – 奥克斯利法案》。这个名称听上去很不错，但它是国会对安然丑闻过度反应的结果。这个法案尝试改善公司治理和透明度，要求 CEO 对会计与报告错误承担刑事责任。这对公众上市公司产生了巨大的成本压力是很让人讨厌的东西！

《萨班斯 – 奥克斯利法案》的进展很快。草案在 2002 年 2 月 14 日提交，大约 6 周之后，参议院对安然和其他有问题的美国公司举行了听证会。众议院委员会的辩论持续了 2 个月，比其他法案的时间短。最终法案于 4 月 16 日被提交众议院，4 月 24 日被通过。7 月 15 日参议院通过了这个法案的一个更严厉的版本。国会 7 月 24 ～ 25 日整合了这两个版本的法案。大多数观察家认为众议院较温和的版本会得到批准，成为法律。然而主要因为最后一刻的胶着形势涉及布什总统和公司对董事贷款问题，他突然决定转向支持众议院提供的法案版本，这就是今天我们遵守的那项法律。由于在立法过程中发生了世通公司丑闻，人们对于条款存有诸多争议。布什总统 7 月 30 日签署了该法案，并于当日生效。该法案没有介入阶段，立即实施！法律就是法律！

股市早已进入熊市，但是《萨班斯 – 奥克斯利法案》可能会让情况变得更糟。从 4 月 16 日到 7 月 25 日，标准普尔 500 指数下跌了 25.4%。[9] 熊市又持续了两个半月。牛市从 10 月 9 日开始，尽管《萨班斯 – 奥克斯利法案》的负面影响很大，周期因素仍然抵消了这些负面影响。大法律的存在不会阻止股市上涨，市场可以适应该法案，初期震荡打击了市场，之后就又恢复正常了。

当国会通过《平价医疗法案》时，很少有人想到这一点。该法案并不像《萨班斯 – 奥克斯利法案》那样负面。《萨班斯 – 奥克斯利法案》打击了所有美国公司！《平价医疗法案》很重要，但是影响要小一些：它产生了医疗保健方面的赢家和输家，逐步提高了投资税赋和商业成本。但是很多投资者认为该法案不好。当该法案于 2010 年 3 月通过时，人们害怕会打击股市。几年里，恐惧反复死灰复燃。然而，即便那么多人讨厌这项法案，股市的表现仍旧不错。为什么呢？因为影响已经反映在价格里了！

正如我以前说过的，当人们开始讨论那些法案的时候，股市就开始对其贴现。《平价医疗法案》从2008年总统选举时就成了全国性的话题，不仅如此，约翰·麦凯恩和巴拉克·奥巴马都一直承诺推进重大的医保改革。奥巴马胜选之后，市场知道他们将兑现承诺。奥巴马把这项任务交给国会，经过一年时间的起草、辩论、修改和折中，才完成立法工作。

这个法案于2010年3月21日星期天被批准通过。次日股市上涨。4月15日～7月15日进行调整，但那主要是因为担心希腊问题引发欧元崩溃造成的。医改对2010年的股市没有产生多大的影响，而是在2011年年初才发生作用。但对于一项法律对一个行业的基础产生如此大的冲击来说，这种情况也是很正常的。一些医疗保健部门，如管理型医疗机构，不得不彻底改变它们的商业模式。这很正常。医保类股票仍上涨了，只是涨幅低于整体市场水平。

人们对《平价医疗法案》的担心在4年里多次反复出现，但是股市仍正常运行。市场在2012年年初最高法院复议和做出最终判决之前上涨。法庭在2012年6月28日确认《平价医疗法案》的大部分条款符合宪法规定，股市再上一层楼。2012年总统选举被广泛认为是对《平价医疗法案》的一个考验，奥巴马获胜表明这项法律是成功的。股市在选举结束的两周后下跌了一些，然后上涨了更多，而且医保类股票跑赢了市场。2013年7月，奥巴马推迟了雇主支付令一年时间，股市开始盘整——出乎你的预料（温和牛市还是熊市，这取决于你的判断）。当人们发现他们无法继续自己的计划时，尽管奥巴马违反了承诺，他们的愤怒也没有造成市场下跌。2013年生效的投资所得税也没能打压股市。市场从2013年年末到2014年年初都在上涨。这些负面新闻全部都反映在价格里了。结果就是：从2011年年初开始，在上述所有重要的事件中，美国医保类股票跑赢了标准普尔500指数（见图6-1）。这是什么原因造成的呢？可能是因为《平价医疗法案》的影响要比人们原来担心的要小，这一点至今只被少数人注意到了。

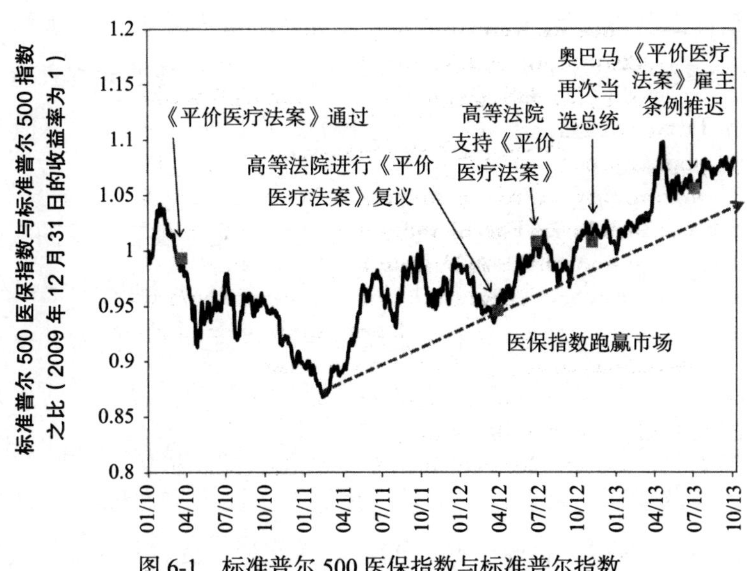

图 6-1 标准普尔 500 医保指数与标准普尔指数

资料来源：FactSet. as of 10/9/2013. S&P 500 Health Care and S&P 500 Total Returns, 12/31/2009-10/8/2013, indexed to 1 on 12/31/2009.

在 2008 年总统竞选期间，有 4470 万未参保的人，占人口的 14.9%。[10] 奥巴马声称他的医保改革计划将为 3500 万人提供保险。一年之后，人们发现他还是夸下了海口。大多数渠道估算出的未参保人数的减少数字介于 700 万人到 1000 万人之间，但是这可能包含了一些新增加的人口。民间和政府估算的数字都表明 2014 年年末参保人占比降低到略低于 2008 年的水平。美国卫生部和疾病控制与预防中心给出的数字是 13.1%；盖洛普的抽样结果是 13.4%。[11] 不管采用哪个数据，都无法证明参保人数增加了 3500 万。

这为什么重要呢？根据《平价医疗法案》，人们先是担心 3500 万人的保险补贴已经被计入价格中，市场并没有快速觉察到成本飞速上升的可能性。正如南希·佩洛西（Nancy Pelosi）说过的那句著名的话，国会应该通过《平价医疗法案》，这样才能让人们（包括他们自己）了解其中到底有什么问题。市场起初无法消化那么大的费用，之后逐渐认识到《平价医疗法案》并不是他们想象中的那个样子。最终的成本只有人们开始想象的 10% ～ 15%，参保人的费用增加了 10% ～ 15%，不值得小题大做。

最终我们通过了所有烦琐的流程，让几百万之前没有保险的人获得了保险——占美国总人口的 1.1% 左右。[12] 如果有人在 2008 年说过保险费用需要上涨 4% 才能让这 1.1% 的人获得保险的话，人们的看法就可能不同了。如果有人说，我们将为 3500 万人创设一项新计划，那可不是一件小事！如果是 350 万人，那就小多了。市场将会知道《平价医疗法案》不会给世界带来让大家担心的损失。我们不是让大家大量补贴 10% 的人口，我们说的只是大约 1%。对于 99% 的人来说，支付给 1% 的人口的成本要小得多。这个低于预期支出的结果让市场如释重负。这是我的看法，也可能我想错了。

《平价医疗法案》里躲者一头“大象”，但是和市场是不相关的。在嘈杂的议论声中，人们忘了奥巴马的目标是把 4500 万没有保险的人减少到 1000 万人。很少有人意识到这个成本有多大，费力推销也只是改善了一点点，这是政府项目搞不好的一个证据。这就是那头“大象”。在这个时代，很少有人能理解这一点，政府几乎不可能做太多事情。机构老化，阻碍太多。

《平价医疗法案》最终是没有结果的，我们从一开始就应该知道。我们不妨这样想：沃尔玛全球网络不是一天建成的——山姆·沃尔顿（Sam Walton）白手起家，1950 年在阿肯色州开了第一家商场。经过几十年的试错和逐步发展，他才将其打造成一个高效的商场网络。如果像沃尔顿这样的天才商人都需要花费几十年的时间，政府怎么可能在 3 年内顺利完成这么庞大的《平价医疗法案》的基础架构呢？结果总是投入巨大的前期成本，缓慢地推出，以及有限的收益。

但是市场不担心这件事。政府和往常一样支出很无效率，这不会成为市场冲击因素。这个法案不会影响我们——正如我在第 4 章中说过的，我们没有债务问题。这不是市场风险，只是一个政治问题，充其量是大大小小政府辩论中的一个话题而已。当支持《平价医疗法案》的民主党人发现还有 4000 多万人没有得到保险，那些他们想帮助的人还没有多大受益时，人们可能会再次回到这个问题上来。也许 10 年、15 年后，也许在任何一个时间，关于全民保健的辩论又会重新开始。其他团体可能会提出新的计划，说奥巴马胆子太小，没把事情做好。也许他们会尝试向富人征税用于支付社保，就像为 25 岁吸毒的群体设立信托一样，否则他们是无法投保的。结果会如何，谁知道呢？这不会在 30 个月内发生！但是这件事不会结束。百足之虫，死而不僵。

曾经有一个时期，也就是我小时候，美国政府做成了一些事情。政府修造了主要的公路交通系统、桥梁、水坝。所有这些都是政府做的，而且很成功！美国的高速公路网是个奇迹！很多人一直都认为那些是运作良好的政府可以做的项目，而今政府很难做到了。对于所有讨论完的项目，政府现在完成不了那么好。尽管旧金山在 1906 年地震之后很快得到了重建，但是 1989 年地震中遭受破坏的路面，却花费了几年时间才修好。这不是因为政府太庞大了，而是因为机构太多，过于烦琐、复杂。

想想那些需要所有部门批准和跨州协调的项目吧。联邦政府、州政府、地方当局、陆军工程兵以及环境保护署通常要求进行鱼类和野生动物保护，有时候还需要得到林业部以及州和地方政府各个对等部门的批准。所有这些政府部门在项目得以推进之前，都有话语权（和否决权）。不少项目简直不可能顺利过关。

不管怎么说，由上而下的政府决策时代已经过去了。被选任的官员换来换去，而那些政府部门却变得尾大不掉。这些部门的工作人员不一定会赞同或去做上级交代的任务。这就是美国人建立的体系！从表面上看，我们决定了我们所想要的！但是这限制了政府所能做的事情。除非重建这个体系，不让现有的这些机构插手，否则官僚主义作风很难改变。建一栋商业大厦要比政府修建一条连接两个城市、县和州的公路容易得多。

看得见的和看不见的

《平价医疗方案》会产生难以预料的后果，但也不会达到影响股市的程度。《平价医疗方案》把方向错误地放在了医疗保险方面。由于法律提高了保险企业的监管成本，保费也上涨了。对于很多企业来说，支付罚款的数额要比符合法规要求的成本低。很多企业提供医保福利，这有助于招聘和留住员工！但也有一些企业削减了福利，将员工分流到州和联邦医疗机构。一些人购买了保险，但也有人发现罚款要比保费低得多。由于去掉了之前的一些限制条件，身体健康的人可以只支付罚款，用现金支付看病费用，直到他们觉得有必要时，才会去购买健康保险。这是没有预料到的结果，但并非不存在。

真正影响股票的是没有预料到而且看不到的后果，如由于店主的儿子打碎了一扇窗户，巴斯夏的鞋匠错过了一笔 6 法郎的买卖。后来发生的出乎意料的结果会把人们吓一大跳。

这项法案通过后，会让人们在前几年好过一些——这就是“不在之后 30 个月内发生”的情形被提前到当下了。我们再以《萨班斯 – 奥克斯利法案》为例，正如在第 1 章中所说的，2008 年的市场恐慌之所以发生，是因为极端激进的资产减记从银行账上抹掉了近 2 万亿美元。盯市会计准则是直接原因——这是一项次要的监管变化，不是国会做出的（也许我们很快就会遇到更严重的）。但是你得想想，如果那些 CEO 和 CFO 没有牵涉到《萨班斯 – 奥克斯利法案》所说的造假账罪行和民事责任，银行会那样大幅收缩其资产负债表吗？如果没有蹲监狱的威胁，减记会使实际贷款损失大约减少 3000 亿美元吗？[13] 想想吧：1990 年，美联储主席格林斯潘给美国证券交易委员会主席里查德·布里登（Richard Breeden）写信，指出盯市会计方法对于流动性差的银行贷款而言是向错误方向引导，因为银行家可能变得不理性，对那些没有交易对象的资产给出过高的估值。他不可能想到，《萨班斯 – 奥克斯利法案》颁布之后，银行的动机会翻转过来。

萨班斯玩的那个套路没人（至少是没有人以前公开记录过）见过。看穿这些事情需要想象力。它也需要你违反自己的意愿行事，是真正的逆向行动。变成法律之后，公众的注意力放在了马上可以见到的后果上。《平价医疗方案》会抑制增长吗？增税会打击消费吗？这些都是好问题，但是对于股票的影响都不大。你要学的技巧是训练你的大脑，想象别人无法想到的事。

我们讲一个例子。欧洲议会对银行家的奖金提出了批评。他们认为银行家过于丰厚的奖金鼓励了整体系统的高风险行为，并导致了金融危机。这虽然搞错了方向，但是政客总是需要有替罪羊，银行家是一个好靶子。

没有人在哄小孩子睡觉时会鼓励他们以后成为银行家。银行家自己通过了一项规定，让自己的奖金可以最高达到年薪的100%，如果股东同意，甚至可以达到200%。他们认为这样可以防范风险，因为银行家不用再为了钱而冒高风险。这是错的，明显的危机证据是一个童话故事。更糟糕的是，它带来了负面影响。一些事例成了报刊头条新闻。英国在欧洲顶级法院提起一项诉讼，指出这项上限规定将会掏空伦敦的银行业，腐蚀整个经济。也许有点言过其实（银行需要一个欧洲枢纽，而且英国的竞争优势很大），却是公平的（可以预见，法院并不关心这一点）。市场可能已经解决了这个问题。

还有一个极有可能出现的负面影响，尽管几年后可能不会那么严重。奖金是自由决定的酬劳——可变成本。支付大额奖金可以让银行压低薪资，让银行有更大的弹性度过市场不好的时段。但是银行也不傻，它们需要的是最好的人才！如果它们和每个员工讨价还价，那么最好的人才会流向其他行业。所以，它们宁愿提高薪资，支付较少的奖金，保持总体收入水平基本不变。这里的问题是：薪资是固定成本。下次收益减少时，减少奖金并不能把成本降低多少。银行将面对一个选择：要么大量削减人手，要么承担巨额亏损。这对于银行来说是一个很负面的影响，但不会在未来30个月里发生！当下不会发生，但是总有一天会发生。这是一头静悄悄地躲在我们起居室里的“大象”，正在随时窥探着导致危机的机会。

比政客更糟糕的

许多看不到的负面决定并非来自国会。至少直接立法者没有过失，他们有时候会意识到自己的愚蠢和对商业的不擅长，因而在改革法条时，将起草工作委托给外部人士。他们在《多德－弗兰克法案》和《2010年消费者保护法》上就是这样做的。这项法律本身就有大约 2000 页来自监管机构——证券交易委员会、美联储、联邦储蓄保险公司（FDIC)、储贷监管办公室等。一些条款是实际法律的具体执行规定，另一些条款没有明确指向，如果监管机构认为有必要，可以稍后再制定具体规则。

这里产生了一个问题，而且是一个糟糕的问题！对很多人来说，把拟制法规的工作外包出去是合理的，毕竟国会议员不是银行家。他们不是专家，所以不能写出不会产生副作用的银行监管法条。从这点来看，让监管机构做具体工作是合乎逻辑的，甚至是非常好的做法！

问题在于监管机构往往不知道它们的边界，而且大多也不受其他机构监督和管理。国会理论上监督它们，但通常只是通过偶尔举行的听证会进行监督。实际上，监管机构既是警察、法官，又是陪审团。

监管机构也在暗箱中操作。当国会制定一项法律时，每个细节都是公开的。你可以在美国政府网站（www.govtrack.us）上看到所有条文。你可以在有线电视网 C-SPAN 上观看辩论。记者会采访和报道辩论与协商过程。负面情况会被发现并总是提前反映在价格上。但是当监管机构制定法规时，你不一定能得到这些信息！它们的很多工作是关着门做的。你看不到几百个政客在光天化日下辩论一项法律的情形，而是一堆未经选举产生的、没有人监督的专家在暗地里操作着。

如果不明动机的监管机构把私货加进法律中，未经长时间公开辩论就生效的话，坏事很快就会发生。第 1 章讲到近年来最大的危害是盯市会计准则 FAS 157。我们在 2013 年 12 月看到了一个例子，当时美联储发布了《沃尔克法则》的正式版本。

《沃尔克法则》是《多德 – 弗兰克法案》的一部分，前身是美联储前主席保罗 · 沃尔克（Paul Volcker）禁止银行自营交易的三页纸的建议。所谓自营交易就是用自己的资金而不是客户的资金所做的交易。这是又一个无谓的预防 2008 年危机的努力——自营交易不是导致危机的原因。银行把计划持有到期的资产撇账，而不是划掉交易账上的证券（他们早已把那些资产按照市值入账了）。根据政府问责办公室（Government Accountability Office）的说法，6 家最大的银行在 2007 年第 4 季度到 2008 年 4 季度，录得了 158 亿美元交易亏损。[14] 这点损失不值得一提！禁止自营交易救不活雷曼兄弟，但是政客永远看不到这一点。

国会批准《多德－弗兰克法案》时，将《沃尔克法则》外包给了美联储、联邦储蓄保险公司、货币审计官办公室（OCC）、商品期货交易委员会（CFTC）和美国证券交易委员会。这些机构于 2011 年发布了一份草案征求公众意见——它们真友善啊，于是公众给出了意见。这些监管机构评估了这些建议，修改了其中部分条款。2013 年 12 月 10 日，它们发布了修改后的文本，并称之为最终版本，并宣布于 2015 年 7 月生效。它们说，这个文件已经尽善尽美了。

问题是这个正式版本里有草案所没有的一些硬伤。用专业术语说，就是它禁止银行持有由信托优先证券支持的担保债务凭证（CDO）。我不想用技术细节麻烦你，简单说，就是社区银行过去一直持有这些债务证券都没有出过问题。这些资产过去一直按照可行的会计准则记账和监管，支付不错的利息，所以银行愿意购买并持有到期。而根据修改后的《沃尔克法则》，取得利息意味着银行拥有所有权（而不是被动持份者）。这就迫使银行重新将信托优先证券支持的 CDO 列入“待出售”资产，并且根据市值入账。天啊，真是晴天霹雳！

两周之内，一家犹他州当地银行 Zions 银行宣布将 3870 万美元的信托优先证券支持 CDO 撇账，并指责《沃尔克法则》。美国银行家协会（ABA）指控美联储，声称社区银行是无辜受累者。公众反感的是大银行，而不是众多的小银行，美联储最后不得不让步。但是它没有取消限制银行持有某些 CLO 的类似规定，美国银行家协会估计可能会触发 700 亿美元的大抛售。这还没有大到可以触发一场 2008 年那样的撇账风波，但是足以说明问题的严重性。

并非所有监管争议都来自国会将法案外包。政府部门也有份参与。财政部在 2014 年做了一些负面的事情，否决了“反向”并购（M&A）交易：一家美国公司收购一家更小规模的外国公司，并且出于避税目的而将总部转移到了那个国家。美国是向企业在境外纳税之后还向其国外收入征税的唯一主要发达国家。企业在汇回境外收益时，要缴纳这笔税金。所以，企业显然想把现金留在海外，但它们又想在美国投资！逆向并购是一个解决方案。通过变身“外国”公司，美国公司可以将国外收益免税带回美国进行投资。这是一个双赢的做法。但是新闻报道不是这样说的。

逆向并购成了鬼怪。政客憎恨因此而失去税金！于是他们栽赃逆向投资破坏了国内投资（而有意忽略逆向并购的主要目的就是能够投资）。议员开始群起攻之。财政部试图刺激国会立法禁止逆向并购，说这是它们的爱国义务，但是中途出现了僵局。所以，财政部采取行动，重新解释税法，使得逆向并购难以进行下去。但是这样做并没有好处，禁止了一些逆向并购公司的创造性交易，而这些公司本来是要将收益带回美国的。逻辑在这里被弄反了（双关语）：如果你说你憎恨逆向并购是因为它们阻碍了投资，那么解决方法就不应该是使得投资更加难以进行。

但它还不是房间里的那头“大象”，因为大多数企业不关注逆向投资。它们在意的是法律的变更。法律通常由国会负责修改，而财政部破了先例，在国会不能修改法律时，自己动手做了改动！这些改动并不是很要紧，但是国会插手立法，改变了游戏规则。企业现在不得不想想：“如果财政部可以这样做，还有什么可以拦得住它？它还会修改哪些法律？

我们该如何应对？如果我不知道它将要对我们做出何种伤害，那该怎么办？”

这种不确定性让企业变得保守起来。如果监管机构不提前警告就做出不利于企业利益的法律修改，企业为何要大胆行动或者启动一项具有很高前端成本的长期项目呢？还是先看看再说吧！

这些都是小的负面因素，但也说明了那些崭露头角的逆向投资者想找的别人没发现的惊喜。你可以在这方面训练你的大脑，就会发现能够更轻松地面对更大的问题：不可预见的法律修改可能会抹消全球几万亿美元 GDP，杀死一个牛市。

为什么说政府已经制造了下一次更糟糕的危机

在我们结束讨论政治问题之前，我还要给你讲一个故事，然后再转到更有礼貌的话题。还有一个不可见的政治风险来源。风险并非只是来自法律和规章！政客制定法规之外的活动也会造成一定的后果。行为会发出信号，有时候可怕的信号会变成滴滴作响的定时炸弹。奥巴马政府在 2008 年危机后，制造出了一个巨大的时间炸弹，精明的投资者应该了解这个问题。

政客一生有一个目的：赢得选举。在做决策时，他们大多数考虑的是："这样做能否得到选票？"如果他们的投票者认为一个企业或行业是个"坏蛋"，则政客都乐意折磨它。

在 2008 年大恐慌之后，公众认为银行都是"坏蛋"。罪恶的寻租者向不合格的借款人强制放贷，有意把不良贷款包装在证券里，欺骗房地美和房利美购买它们，兴高采烈地在房价大跌时逼迫无辜的房主止赎，花掉了纳税人几千亿美元。公众要求得到自己应得的，而政客只是敷衍了事。他们不在意自己的通俗叙述是多么荒唐可笑，只有选票才是最重要的！2010 年～2014 年 8 月，政府在危机上花费了超过 1250 亿美元，对 6 家大银行进行了惩罚。也许在你读到这里时，花费的钱更多了。这本身并不重要（除了那些被处罚的银行）。

摩根大通和美国银行占了超过 1000 亿美元，即总金额的 80%。麻烦的是，大部分诉讼案件和费用不是针对它们的，而是针对摩根大通和美国银行在危机过程中所收购的金融机构的。那些并购确实帮了华盛顿一个大忙。如果这就是政府“感谢”那些出力帮忙收购危机中出问题银行的方式，就会发出一个信息：不要再帮助我们了。这是一种相当惊人的愚蠢现象。

这样做违反了 100 多年的危机管理传统。健康的大银行在金融危机中得到了悉心照顾。它们拆借资金给陷入困境的银行，甚至收购它们，为客户提供存款安全保障，避免银行破产倒闭。它们在收购问题银行时，承担了债务，但也（以较低的价格）获得了资产和客户。这不是慈善——它维持了商业的长期利益。但是我们并不是在每次危机中都这样做（有些做法介于中间）。

摩根大通（那个人和他的银行）曾在 1893 年大恐慌期间拯救了市场，提供协助并担保出售从外国投资者手中提取黄金和补充储备的政府债券。他有效地用自己的钱拯救了美国财政部。在 1907 年大崩溃时，他又一次出手，担任最后贷款人（即美联储的前身）。如果他确定资金紧张的银行本身流动性无恙，有稳健的资产和可行的商业模式，就会提供资金支持。通过这种方式，他建立了强大银行之间相互救助的联盟。当经纪行摩尔斯莱（Moore and Schley）在无法偿还 TCI 公司 600 多万美元的贷款（当时是一个不小的数字）而面临倒闭时，摩根安排了旗下的美国钢铁公司收购 TCI 股票，并最终吞并了这家公司。摩尔斯莱因此获救。他也曾出手帮助纽约市挽救了纽约证券交易所。

北卡罗来纳国民银行（NCNB）是我们臭名昭著的储贷危机中的救世主（当时有比 2007 ～ 2009 年金融危机更多的银行陷入困境），1988 年收购了第一共和银行（First Republic Bank）。NCNB 接下来还买下了得克萨斯州等地的其他几家贷款机构。你没听说过 NCNB？还是忘记了这个机构的名字？那是因为通过一系列收购，它已经变身国家银行（Nations Bank），在 1998 年收购了美国银行之后，又沿用了这个名称。从本质上讲，今天的美国银行就是那家在 20 世纪 80 年代末和 20 世纪 90 年代初曾经帮助过联邦储蓄保险公司渡过难关的机构。

2008 年美国银行的 CEO 肯·刘易斯（Ken Lewis）也来自 NCNB。他在 1988 年曾担任 NCNB 行政执行官休·麦考尔二世（Hugh McColl Jr.）的助理，执掌 NCNB 得克萨斯州国家银行——这家机构收购了第一共和银行的业务。他了解收购困境银行的第一手资料，并将其再次用于 2008 年收购陷入困境中的抵押贷款人国家金融服务公司和投行美林证券。同时，摩根大通 CEO 杰米·戴蒙（Jamie Dimon，曾经受教于花旗早期的并购大师桑迪·威尔）于 2008 年 3 月在美联储的支持下，以低廉的价格收购了贝尔斯登。当华盛顿互助银行（WaMu）9 月出现危机时，摩根大通又收购了它，为联邦储蓄保险公司解围。

想象一下，如果没有发生这些并购（或者富国银行没有收购美联银行的话），情况会一片混乱！在贝尔斯登这类银行眼看就要崩溃时，市场开始恐慌，而一旦被摩根大通收购，则市场会稳定下来，并开始反弹。华盛顿互助银行被收购，避免了 FDIC 偿付受保存款——一笔巨额开支，要知道华盛顿互助银行持有约 1650 亿美元的存款，一旦倒闭，后果不堪设想。[15] 美国银行收购美林证券确保了经纪行能够获得美联储紧急贴现窗口的支持，救活它也节省了一大笔纳税人的开支。人们认为“问题资产救助计划”（TARP）代价太高了，但是这个项目花费的 4230 亿美元要远远少于私营部门不帮忙而造成财政部和联邦储蓄保险公司陷入困境的代价。[16]

这个体系就是这样运转的。政府需要私营机构帮忙处理这些问题。私营机构往往要比政府更擅长处理这些问题。在美联储和财政部促成摩根大通和贝尔斯登合并以及让雷曼兄弟倒台之后，并高效国有化了房利美和房地美，接管了美国国际集团，让我们看到了这个机制是怎样发挥作用的。它们随心所欲地挑选赢家和输家，制造了大面积恐慌。如果它们当初也出手拯救了华盛顿互助银行和美林证券，结果会是怎样的呢？天知道啊！

摩根大通和美国银行让游戏可以继续进行，让客户觉得相对安全，可能防止了更大恐慌的发生。政府本应该举办庆功大会，但没有，它反而充当了白衣骑士的角色。美联储为全国金融服务公司涉嫌抵押贷款欺诈而起诉了美国银行，以华盛顿互助银行和贝尔斯登之间的肮脏交易而对摩根大通处以罚金。这些都是政治勾当！

这是一种可怕的讽刺。那些在 2008 年放手不管的银行说：“天呢，不，我不帮忙！”它们也没遭受多大的亏损。高盛只支付了 9 亿美元的罚金。摩根士丹利支付了 19 亿美元。那些没有出力的机构没受到多大的损失，但是一些表现积极的机构倒了霉。

通过伤害提供帮助者，政府发出了一个超强的信息：“不要再帮我们救助任何机构。”那些好心的机构听到了。我想杰米·戴蒙可能会说：“我们还是把话说清楚吧。我们是被邀请做那件事的。我们自己承担了很大的风险啊……如果我知道今天的情况，我还会不会收购贝尔斯登？还真不一定。”[17] 你肯定相信美国银行此时的想法也是一样的。富国银行幸运地逃脱了几十亿美元的罚款，在一旁幸灾乐祸地看热闹。

下一次再有大型银行陷入困境的话，政府可能会发现自己被孤立了。

我们都要为政客的贪婪和追求名誉付出代价。这更可能成为加剧熊市而不是引发熊市的原因之一。银行首先是坏了名声，而不是得到了声誉！而这完全是一个不必要的政治风险。

政客可能还不是美国最危险的一群人，他们大多数不是怀揣利斧的谋杀犯，但他们是投资者最可怕的敌人。你对自己的敌人了解越多，就越容易打败他们。

我告诉你这些内情，不是为了吓唬你，只是帮你了解自己的敌人。现在你知道他们的伎俩和武器了，而且你准备好去战斗了！

这意味着我们已经准备好讨论更令人愉快的话题了！我们还有哪些有趣的东西要说说呢？那就翻到下一章，一起找找吧！

注释

1. "Fearless Dominance and the US Presidency: Implications of Psychopathic Personality Traits for Successful and Unsuccessful Political Leadership," Scott O. Lilienfeld, Irwin D. Walderman, Kristin Landfield, Ashley L. Watts, Steven Rubenzer and Thomas R. Faschingbauer, *Journal of Personality and Social Psychology*, Vol. 103, No. 3 (September 2012): 489–505. http://psycnet.apa.org/journals/psp/103/3/489/ (accessed 10/21/2014).
2. "Nation Tunes In to See Which Sociopath More Likable This Time," *The Onion*, 12/16/2012. http://www.theonion.com/articles/nation-tunes-in-to-see-which-sociopath-more-likabl,29946/ (accessed 2/24/2015).
3. US Census Bureau, as of 7/6/2014.
4. "Résumé of Congressional Activity—First Session of the One Hundred Thirteenth Congress," Congressional Record—Daily Digest, US House Clerk's Office, February 27, 2014.
5. Gallup, as of 10/21/2014. Congressional Job Approval Ratings, 1974–2014. www.gallup.com/poll/1600/congress-public.aspx (accessed 10/21/2014).
6. FactSet, as of 9/30/2014. S&P 500 Total Return Index, 12/31/2012–12/31/2013.
7. "The Role of Monetary Policy," Milton Friedman, *The American Economic Review*, Vol. 58, No. 1 (March 1968). https://www.aeaweb.org/aer/top20/58.1.1-17.pdf (accessed 10/21/2014).

8. "Phillips Curves, Expectations of Inflation and Optimal Unemployment Over Time," Edmund S. Phelps, *Economica*, New Series, Vol. 34, No. 5 (August 1967): 254–281. www.columbia.edu/~esp2/PhilipsCurvesExpectationsofInflationandOptimalUnemploymentOverTime.pdf (accessed 10/21/2014).
9. FactSet, as of 10/22/2014. S&P 500 Total Return Index, 4/16/2002–7/25/2002.
10. US Census Bureau, as of 12/31/2008.
11. Department of Health and Human Services and Centers for Disease Control, as of 3/31/2014. Gallup-Healthways Well-Being Index, as of 6/30/2014.
12. United States Census Bureau, as of 1/15/2015. Total United States Population, 2013.
13. Testimony of William M. Isaac, Former Chairman, Federal Deposit Insurance Association, before the Subcommittee on Capital Markets, Insurance, and Government Sponsored Enterprises, US House of Representatives Committee on Financial Services, March 12, 2009. www.williamisaac.com/published-works/testimony-before-the-us-house-of-representatives/ (accessed 2/24/2015).
14. "Proprietary Trading: Regulators Will Need More Comprehensive Information to Fully Monitor Compliance With New Restrictions When Implemented," United States Government Accountability Office Report to Congressional Committees, July 2011. www.gao.gov/assets/330/321006.pdf (accessed 10/22/2014).
15. According to Washington Mutual's regulatory filings, the bank held about $181.9 billion in deposits as of June 30, 2008. The Office of Thrift Supervision estimates customers pulled $16.7 billion in September. *Sources:* Washington Mutual, Inc., Form 10-Q for the quarter ending June 30, 2008. United States Securities and Exchange Commission, www.sec.gov/Archives/edgar/data/933136/000104746908009146/a2187197z10-q.htm (accessed 10/23/2014). "WaMu Is Seized, Sold Off to J.P. Morgan, in Largest Failure in U.S. Banking History," Robin Seidel, David Einrich and Dan Fitzpatrick, *The Wall Street Journal*, 9/26/2008. http://online.wsj.com/articles/SB122238415586576687 (accessed 10/23/2014).
16. "Report on the Troubled Asset Relief Program—April 2014," Congressional Budget Office, April 17, 2014. www.cbo.gov/publication/45260 (accessed 10/23/2014).
17. "JPMorgan's Dimon Hits Back at Government Over Bear Stearns Suit," Sarah N. Lynch and Kim Dixon, *Reuters*, 10/10/2012. http://www.reuters.com/article/2012/10/11/us-jpmorgan-dimon-bearstearns-idUSBRE8991CE20121011 (accessed 2/24/2015).

| 第7章 |

把教科书放在一边

读 MBA 可以帮你成为更好的投资者吗？如果是读 CFA 呢？金融学教授会是更好的投资者吗？

在医药、工程和法律领域中，教育是重要的。但是投资是不同的游戏。一些伟大的投资家很少或从未接受过正规训练，而一些最伟大的思想家和理论家在投资方面表现得很拙劣。

我将此称作彼得·伯恩斯坦效应。伯恩斯坦是一位专业投资思想领域中的大师，曾经写过一本非常棒的书《投资革命》（*Capital Ideas*），回顾了华尔街的知识分子演进过程。他刻画了许多对投资理论有贡献的学者，比如标准普尔指数之父阿尔弗雷德·考尔斯（Alfred Cowles）、以夏普比率而闻名的威廉·夏普（William Sharpe）、詹姆斯·托宾（James Tobin）——1958 年正式提出了基于目标的投资思想、诺贝尔经济学奖得主保罗·萨缪尔森（Paul Samuelson），以及许许多多的人。这些伟大的思想家很少（如果有的话）是伟大的投资者。其中有些人的投资成绩简直惨不忍睹！他们提出了很多警示，但自己没有做到。

投资是行重于知的领域，和垒球一样！约吉·贝拉小时候并没有训练过打垒球。他只是玩玩街球游戏。如果你愿意，就可以去读投资学校，这主意不坏，但是课本上的理论本身帮不了你——它们距离现实世界太远了。成功来自从自身错误中学习。了解自己的行为倾向，你就可以战胜自己这个最大的敌人，战胜情绪和偏见（更多讨论见第 9 章）。你要用真金白银在真实世界中边实践边学习。有时候，现实可以匹配理论，但更多时候不是这样的。

多学习总是好的，可以教给你关键的思考技能。你可能只喜欢学习理论！也许你是个金融迷，那也不错！但是在投资方面取得成就的 MBA、CFA 和教授，知道他们应该超越书本知识。不管他们是否把课本知识视为整体中的一部分，绝不会把它当作教条。他们灵活使用掌握的关键思维技能，而不是变成教条的奴隶。

即便你没有取得过金融学位，你也可能学过教科书上的理论和规则。这些理论和规则已经充斥在媒体对市场的报道中了，而且很多牛人将其奉为圭臬。所以，本章是为 CFA、MBA、金融学位的拥有者和自学金融学的那类读者写的！不管你是不是纸上谈兵的市场专家，都可以从下面的内容中获益：

- 为何众所周知的课本理论和规则通常在现实世界中不可行？
- 你是否应该相信当前有关估值和小市值股票的那些说法？
- 为何美联储政策不合理，而且可能永远也是如此？

别扔掉课本，但要知道其局限性！

根据定义，金融课程也要被打折扣。许多教材已经被使用了几十年。学过同样的知识，读过同一本经典教材的人，都被教会预期同样的结果。这些预期很快就会反映在价格上。

教材和课程并不是全无用处的。它们讲授的是基础知识，这些都很重要！以金融理论为例，它讲的是你只有承担风险才能获得收益，而承担的风险（如果定义准确）越大，你的长期预期回报率就越高。如果你懂金融理论，就拥有了一件武器以抵御经纪商销售人员的神话，比如所谓“资本保留和增长”。金融理论告诉我们这是一句废话。如果你想要获得增长，你必须承担风险，而如果你要承担风险，就要接受亏损的风险。这可不是资本保全之道！ 如果你真想保全资本，你该持有全部现金的投资组合或类似组合。这样做，没有风险，也没有真正的增长。

现代投资组合理论（MPT）是另一个重要的模型。MPT 源于哈利・马科维茨（Harry Markowitz）的研究，他在 1952 年发表的论文《投资组合选择》（*Portfolio Selection*）里，证明了多元化投资组合——包含各种风险和回报（资产配置），对回报率的影响要超过持有个别证券的情况。[1] 决定配置股票还是债券所产生的影响要比最终买了哪些股票或债券更重要。很少有金融模型像这个一样，是基础性的，而且在统计上是成立的。后续研究表明，在进行多元化投资时，资产和再下一层次的配置——国家和产业，会对回报率产生重要的影响。选股和分析师推荐相对这个理论模型是较不重要的。

MPT 是构建组合的一个良好指引，它有助于缩小你的股票选择范围。我讲过，全球有超过 5 万家公开交易的上市公司。如果你尝试从中选出最热门的 40 只或者 50 只股票，你大概最好还是借助飞镖盘。如果你开始资产配置，并决定在每个地区或行业持有多少股票，你就有一个更方便的股票池可供挑选。这也帮你避免了其他圈套，比如过于集中于某个方面。

有效市场假说是另一个基础理论。尤金・法玛在 20 世纪 70 年代提出的这个流行理论并不完美。其基础假设——广为人知的信息被贴现是对的。这是我们这本书讨论的一个主要话题！但是法玛的假说在真实世界里并不总是有效，大多数学术理论都有这个缺陷。尽管市场从长期看是有效率的，但是在短期内可能相当非理性。为什么呢？信息不会全部反映在股票价格上。正如我们在第 2 章和第 6 章中所讲的，预期和观点会反映在价格中！这就是逆向投资者有机会跑赢普罗大众的原因！

对待有效市场假说的缺陷，需要有独立思考和对真实世界的精明把握。这个理论是重要的！但是要用好这个理论，我们不仅仅需要懂得这个理论，还必须从课本中走出来，走进真实的世界中。

还有大量的其他有用的书本理论。此外，金融学课程也有一大堆理论，可能不少于几百条规则。还记得第一章讲的规则吗？这就是来源所在。课本上的规则有时是正确的。如果它们没有见效过，也不会被放进课本里了，更不会有人照着去做！但是现实往往与理论差距甚大，跟从规则的人很容易变成市场的靶子。正确对待书本知识，需要有街头智慧和批判性思维。

很多金融学术研究来自《金融分析师杂志》，这是 CFA 协会的官方出版物，也是 20 世纪中期的投资家和分析师海伦·斯莱德（Helen Slade）思考的产物。如果格雷厄姆是证券分析之父，那么她就是证券分析之母了（格雷厄姆接受过她的辅导）。作为纽约证券分析师协会的秘书长，她曾多次组织周三晚上的沙龙，邀请 40 ～ 50 位最好和最聪明的人参加。格雷厄姆定期参加这个沙龙聚会，年轻的福布斯富豪卢西恩·胡珀（Lucien Hooper）也参加过，有时候我的父亲也参加过。

海伦把邀请来的客人称为“有消息的人”。他们边喝饮料和威士忌，边讨论对证券与市场的看法。《金融分析师杂志》于 1945 创刊，直到 1958 年海伦过世，一直由她负责编辑。该杂志会介绍每次沙龙活动，让这些人名扬全国。那个时代还没有金融课程。《金融分析师杂志》汇总了分析、理论和观点，打下了未来几代人的知识基础。现在管用的方法以后未必管用，了解这一点很有帮助。这些理论还是新的，还没有反映在价格中。

海伦不仅仅是一位社会活动家。她为全球的金融出版物撰稿——有时用本名，有时是用笔名“约翰·迪恩”(John Dean)。她也经常担任国家行业大会委员会年度经济论坛的演讲嘉宾，预测未来一年的商业环境。根据报纸的说法，她预测了1949年衰退。

我们没法确切地知道，这只是我的想法，但是我怀疑，如果海伦能够主持沙龙10年的话，证券分析也不会是今天这种局面了。让大家聚在一起，就新理论和知识进行思想碰撞，这个行业也许可以发展得更好，但是发展速度可能不一样。

第一条戒律：高市盈率（P/E）不具有预测性

这里有一个非常古老的例子。大多数金融课程声称高市盈率（P/E）股票太“贵”，所以是高风险的。低市盈率股票和市场是“廉价的”，所以才会吸引别人去买！牛市上场，股票和市盈率越上涨，就有越多的专家鼓吹股价过高，很快就得下跌。

这听上去在理论上是合理的。持有股票意味着拥有未来收益，所以高市盈率意味着一个估值过高的市场——乐观的投资者跑得过快了。然而，借用我2006年那本书——《只有三个问题最重要》中的一句话，这种说法是错的，完全不正确！

我们没有掌握有效的统计数据，证明高市盈率市场在任何时间都比低市盈率市场有更高的风险，比如1年、3年或者5年。没有任何证据。你可以在网上（www.multpl.com）浏览，这里展示了耶鲁大学经济学家罗伯特·希勒（Robert J. Shiller）教授的过往标准普尔500指数和市盈率数据。当牛市于1962年6月启动时，标准普尔500指数的12个月动态市盈率要高于其长期平均值。在 20 世纪 90 年代的牛市里，市盈率多位于均值以上。2002 ～ 2007 年，牛市的市盈率超过了 29 倍，一直都在平均水平以上！ 2009 年 3 月启动的牛市，标准普尔 500 指数的动态市盈率超过了 100 倍。听信“高市盈率有高风险”的人将错失大牛市的收益。

低市盈率股票也是不可靠的。1980 ～ 1982 年熊市启动时的市盈率只有 9.19 倍，而 1956 ～ 1957 年熊市开始时，标准普尔 500 指数对应的市盈率为 13.81 倍，低于平均水平。相信市盈率神话的人亏了钱。

市盈率神话也无法经受住逻辑检验。首先，它忽略了分母！受益会因为衰退而受损。在经济恢复阶段，股票先是反弹，提前在价格上反映出增长和收益。结果就是市盈率在牛市初期总是很高。其次，假设过往的回报预示着未来的收益——这在大多数情况下是错误的。

最后，人们认为高市盈率意味着股票被高估，而低市盈率意味着股票被低估，这是因为假定股票存在一个内在决定的公平价值，由此认为市盈率的这种偏移意味着市场错了。这个结论值得你认真思考。当然，从非常短的时间看，可能有时候这是对的。正如格雷厄姆所说，市场在短期里是一台投票机；人们的买卖都是受感情驱使，而感情总是不理性的。但是从长期看，市场是一台称重机，会对未来的基本面做出贴现。市场在 1996 ～ 1999 年出错了吗？当时伴随着技术进步，股市的平均市盈率也冲高了。今天很少有人这样想，直到 1999 年年末或 2000 年年初，技术繁荣没有达到真正的泡沫阶段，当时垃圾股首发上市（IPO）也达到疯狂热度，大多数投资者醉心于互联网，没有关注他们所投的企业一边在快速烧钱，一边处于经营亏损中。1996 ～ 1997 年的市场是非理性的吗？你肯定可以自己做出分辨。

市盈率可以帮助你感知市场的情绪，但是市盈率本身没有高低之说。牛市时期的市盈率通常会高一些——这很正常，投资者的情绪较高。一些人认为长期平均市盈率就是公平价值，而股票也不一定会向均值回归。有时候会出现均值回归现象——我的意思是出现的机会比较少。借这种机会和市场博弈，会更容易一些。平均市盈率是很多市盈率综合计算而得出的，有些市盈率高，有些比较低。它是很多极端市盈率的混合。

如果你读过我以前写的书，可能会对这个观点很熟悉——我几十年前就批评过市盈率的这种观点。迈尔·斯塔特曼和我在2000年发表的论文《市场预测的认知偏差》(*Cognitive Biases in Market Forecasts*, *Journal of Portfolio Management*）研究了1872～1999年共128年的市盈率和投资回报——这些数据来自希勒的数据集，发现1月1日的市盈率和全年回报之间没有统计显著性。市盈率不是一个可靠的预测指标。

那篇论文还提出了另一个有趣的现象：

> 许多投资者特别关心非常高市盈率的短期影响，害怕会引发糟糕的后果。但是我们没有发现相关证据。例如，市盈率超过19倍，并没有引发来年超过10%的亏损。虽然高市盈率肯定会带来投资回报波动，但投资者认为这种情况是股市的一般特征。[2]

为什么他们会有这样的看法呢？就是媒体鼓噪和教科书上讲的！我们应该对这些规则提出疑问。

周期调整市盈率没有大用处

希勒和他的研究合作者约翰·坎贝尔（John Y. Campbell）承认衰退会影响收益，但是他们的“方案”似乎无法用来预测正常的市盈率。他们把各年度的收益混在了一起，得出一个超级回溯市盈率，认为这样可以预测下个 10 年的回报。(傻瓜才会这样做，谁会买入股票后，不离不弃地坚守 10 年呢？)

希勒在 1996 年的论文《市盈率作为回报预测因子：1996 年股市回顾》里罗列了他们早期的研究成果。[3]他用市盈率和收益的 30 年移动平均值做对比。我没有写错，就是 30 年！他的逻辑是什么呢？本·格雷厄姆和大卫·多德 1934 年的经典著作《证券分析》告诫投资者计算平均收益的时间不要短于 5 年，最好是 7 ～ 10 年。[4]如果推荐的是 10 年时间，当然 30 年就更好了！

根据希勒的文章，1996 年 1 月，30 年平均市盈率是 29.72 倍，高得出奇！他的预测和建议是：很难不会产生一种感觉，即接下来 10 年，市场很有可能大幅下跌；长期投资者应该不会参与未来 10 年的市场。”

你还是没有看错，就是这样写的。

基于这个分析，希勒在 1996 年 12 月 3 日对格林斯潘说，牛市已经达到泡沫阶段。两天后，格林斯潘发表了著名的“非理性繁荣”演讲。牛市又持续了 3 年 3 个月又 3 周的时间。

希勒和坎贝尔 1998 年改进了他们的方法，把收益计算时间缩短到 10 年。这就是我们现在所说的“希勒市盈率”或者“周期调整市盈率”(cyclically adjusted P/E，CAPE)。结果，和希勒 1996 年的发现是一致的：CAPE 显示“未来 10 年，股价会大幅缩水，回报接近零。”[5]尽管他们也留意到了其他几个超高的 CAPE，读者还是应该对他们的结论持怀疑态度。

正如你在下面的阅读资料中看到的，这部分内容摘自我之前那本书，CAPE 仍引人瞩目，因为它借助了人们一直相信的神话说法，而且似乎得到了数据的证实！毫无疑问，那些数据要经过反复处理才能与那个假说吻合一致（这里是用10年时间对收益进行平滑处理，并用一个过时的价格指数进行通胀调整）。

尽管CAPE在20世纪90年代是错的，但一直很流行。部分是因为它在1998～2008年是正确的（即便在1996～2006年或1997～2007年错得离谱）。即便是一个破钟表，每天也有两个时刻是准确的。在它出现的大多数10年测量周期里，包括最近10年（2004～2014年），CAPE都是错的。但是专家总是用它提醒股市存在泡沫。希勒获得了2013年诺贝尔经济学奖，赋予该理论学术上的可信性。

你可以用历史和逻辑检验，在30秒左右的时间里证明它是错的！你甚至不必使用我和迈尔·斯塔特曼在2000年论文中用到的、复杂的统计分析，我们当时也批评过CAPE！你查一下www.multpl.com上的长期数据，就可以看到当CAPE高的时候，在很多情况下，牛市还在继续。这就是历史的检验。

那么，逻辑检验的结果如何呢？正如我之前提到的，只靠过往业绩无法预测未来回报。无论我们讨论的是股价还是过去10年的收益，都是如此。任何人做业务，都是如此。CEO和CFO不会用过去10年的利润，外推做出长期商业计划。他们也不会假定在10年高利润或低利润之后，业绩会反转。如果哪个CFO是这样做预测的，都会因为懒惰和愚蠢而被炒鱿鱼。他们要计算新项目的前端成本和后续发生的成本，以及相应的收入。他们考量当前的经济形势、对于可见未来的预期、利率、劳动成本以及其他很多因素。近期的事情有助于他们预测下一次衰退或其他事件！但他们不会（也不应该）假定可以用过去预测未来。这样是不行的，或者极少有机会成功。

而希勒和坎贝尔从没有用CAPE预测周期转折点（但是媒体经常这样误用。希勒认为高CAPE是2013～2014年股市下跌的信号，表明投资者再次兴奋，高估值难以维持。[6]媒体只是在大众表现出负面非理性情绪 3 周后才指出不是情绪推动了估值升高[7])。CAPE 起初被用来预测 10 年期回报。这个时间长度远远超过了 30 个月！即便 CAPE 派得上用场，在高 CAPE 之后出现了较小的 10 年期回报，也不一定总能管用。

即便是在过去最疲软的一些 10 年周期里，也都出现过大牛市。1998 ～ 2008 年，标准普尔 500 指数确实下跌了 13%，那段时间正好是希勒和坎贝尔发表了那篇论文之后。[8]不过只是因为得到了两次大熊市的验证，而在 1998 年还没有人预料到盯市会计准则会成为现实，正是这个准则引发了 2007 年的熊市。此外，即便股票在这 10 年内是下跌的，你还是想参与 2002 ～ 2007 年的牛市。如果你是长期增长型投资者，你肯定会参与牛市投资。

我们假定 CAPE 在一个时期内管用，但这并不能说明希勒和坎贝尔能自己留着它悄悄赚钱。这是因为存在以下两个问题：为什么不能呢？市场是有效还是无效的呢？你可以自己回答前一个问题，我来回答后一个问题：市场比较有效，但并不是非常有效。这就是我使用市销率在 20 世纪 80 年代初跑赢市场的原因。后来大家都发现了这个工具，该工具一旦普及，效果也就不那么明显了。你不可能用一个华尔街都熟悉甚至迷恋的工具获得市场上的优势。

下面的内容摘自我 2006 年的那本书《只有三个问题最重要》：

坎贝尔和希勒精心设计的 P/E 得出的结果符合社会普遍认知：高 P/E 意味着低回报和高风险。大家都喜欢这个指标。

在统计学里，有一个统计量是 R 平方，度量两个变量的相对关联度，即另一个变量如何影响前一个变量。对于他们的研究来说，坎贝尔和希勒的回归分析给出的 R 平方是 0.40。[9]这个数值意味着 40% 的股票回报与相应变量（此处是指他们定义的那个 P/E）之间存在关联。从统计上看，这不是一个糟糕的结果（但也不是一个特别稳健的结果）。尽管对他们的理论来说，这个发现并未给予很大的支持，但这个发现仍然支持了他们提出的理论。

注意，坎贝尔和希勒的研究，不论是否站得住脚，都很受欢迎，是因为它符合社会长期认可的看法：高 P/E 市场有更高的风险，下跌幅度也更大。如果你给出的证据和社会认知不同，就不会很受欢迎。这也不奇怪，因为当你发现真理时，这个世界不会马上认可它。

R 平方 0.40 也意味着 60% 的回报——超过一半的回报来自其他因素。对于预测来说，哪一个更重要，40% 还是 60%？

小市值股票一定好吗

另一本教科书说小市值股票的回报最高。过往记录似乎可以证明：1926 ～ 2013 年，小市值股票的年均回报率是 11.5%，而大市值股票是 10%。[10] 不少研究成果声称证明了这个结论，包括尤金·法玛和肯尼思·弗伦奇那篇引入三因素模型的著名论文。[11] 专家喜欢这个结论，宣称小市值股票永远都是最好的。学界普遍同意较小的企业风险更高，所以回报自然比较高。

过往记录算是一个证据。逻辑呢？这貌似是一个证据。但是，如果小市值股票真的那么好，为何人们还投资大市值股票呢？

一个小贴士：当这类问题浮现在你脑海中时，就是你独立思考的逆向本能在起作用。不要忽略它，抓住它！

小市值股票的长期平均回报确实跑赢了大市值股票。在这方面没有异议！但是平均数的计算没有剔除极端回报。小市值股票只是在少数年份跑赢了大市值股票，并不特别优秀。每一类股票总有辉煌的时刻，大市值股票经常占据舞台中心位置。

现实是：1926 ～ 2013 年，大部分年份是大市值股跑赢了小市值股。小市值股通常在牛市的前 1/3 左右的时间涨得很高，而大市值股通常在剩下的时间里领先。

小市值股的长期“溢价”来自其中一些在牛市早期表现卓异的个股。表 7-1 是 1999 年我为杂志做的一幅图的更新版，展示了过去 13 个标准普尔 500 指数牛市中，大市值股和小市值股在第一年的回报。你可以看到小市值股在 1932 年和 1942 年涨疯了。如果我们剔除这些年会怎样？小市值股的年化平均值跌到了 9.8%，大市值股跌到了 9.4%。这是一个四舍五入导致的错误。小市值股票涨得最厉害的 4 年都是大牛市开始的 1932 年、1942 年、1974 年、2002 年和之后一年，然后是大市值股的回报逐步放大。剔除这 8 年，小市值股和大市值股的平均年化收益率分别跌到了 7.6% 和 7.9%。过去大部分年份是大市值股跑赢了小市值股。

表 7-1　熊市走出底部后的小市值股溢价情况

走出底部的时间	小市值股	大市值股
1932 年 6 月 1 日	316.45%	160.58%
1942 年 4 月 28 日	147.29%	61.35%
1949 年 6 月 13 日	35.41%	33.74%
1957 年 10 月 22 日	46.63%	30.04%
1962 年 6 月 26 日	31.12%	31.06%
1966 年 10 月 7 日	74.74%	20.94%
1970 年 5 月 26 日	42.83%	34.84%
1974 年 10 月 3 日	33.04%	25.95%
1982 年 8 月 12 日	73.43%	44.11%
1987 年 12 月 4 日	25.02%	16.61%

（续）

走出底部的时间	小市值股	大市值股
1990 年 10 月 11 日	50.39%	33.59%
2002 年 10 月 9 日	61.64%	36.16%
2009 年 3 月 9 日	97.90%	72.29%
恢复期小计	**小市值股**	**大市值股**
累积	92 756.61%	10 264.98%
年化	69.16%	42.90%
年化溢价	**26.25 ppts**	
剩余时期	**小市值股**	**大市值股**
累积	1.423.57%	3 978.15%
年化	3.70%	5.07%
年化差值	**−1.37 ppts**	

资料来源：Morningstar, FactSet and Global Financial Data, inc., as of 6/2/2014. Small-cap returns are based on the lbbotson Associated Small Stock Total Return index from 1/1/1926 to 12/31/1978(Morningstar)and the Russell 2000 from 1/1/1979 to 12/31/2013(FactSet), Big-cap returns are based on Global Financial Data's S&P 500 Total Return index from 1/1/1926 to 12/31/2013.

单独拿出这些牛市初期的年份看，小市值股表现很突出，年均达到 69.16%，远高于大市值股的 42.9%。在剩下的 75 年里，大市值股跑赢了，年化收益率为 5.07%，小市值股的年化收益率为 3.7%。

哪个更出色？哪类股票一直很出色，或者在大部分时间表现最好？这可能取决于你是谁，以及你到底想干什么。

但是对我们大部分人来说，答案可能不在这里！没有哪类股票本来就出色，这和国家、地区、行业、规模、风格或者因素有关。领先和落后往往交替出现，频次没有规律。如果你擅长择时，则对你有利！非常有利！但是历史总是清楚地告诉我们，大多数投资者尽管想着高抛低吸，择时效果却非常糟糕，也许他们不认为自己的做法是择时。

小市值股在熊市走出底部时会有一个反弹，仅此而已！它们在熊市中受到了沉重打击，所以在恢复时也会出现过度反弹。有时候小市值股的黄金时期会持续几年，有时候会很快衰落。如果你每次都能抓准时机，就能赚很多钱，而如果你做不到，还是读读这本书吧。

但是对大多数人来说，小市值股长期有吸引力的回报在真实世界中是很难获得的。它们存在于纸上！ 如果你真的想在自己的组合里实现这种收益，就需要在 1926 年买入，一直持有到 1929 年大萧条之前，然后再在 1932 年买入，跳过第二次世界大战后持续到 1942 年的熊市。要避开尼克松的价格管制、科技泡沫、2008 年以及其他一些波动和重大事件，那样你可能已经超过 100 岁了！这绝对不太可能。那些活过百岁的寿星可能不会再读这本书。在熊市底部时期，大部分人害怕投资小市值股票。

花哨的公式和各种学术符号

警示：如果你对希腊字母不感兴趣的话，可以直接跳到后面——花哨的数学模型不能预测长期回报，它们大部分是人们想在鸡尾酒会上向别人炫耀的东西，想给人留下深刻的印象。但是，如果你喜欢花哨的理论和数学公式的话，这一节正适合你读。

有些学术界人士围绕着量化预测模型打转转。这些不适合刚学习市场的新手，它们过于复杂。理论家已经花费了几十年，争论那些模型是否有用。

有点害怕？别害怕！你不需要数学模型。大部分模型和市盈率都有一些缺陷。如果你喜欢模型，它们就是非常好的东西，但是在现实世界中派不上太大的用场。

模型最多和输入数据一样好 ，你只有两个选择：过时的结果或者虚构的假设条件。模型无法预测未来。

资本资产定价模型（CAPM）是一个历史悠久的流行模型，未能通过错误输入检验。早在20世纪60年代初，它被用来计算股票未来预期回报。其理论依据看似不错：假设波动越剧烈的股票会给投资者带来越高的回报，因为市场要对承担高风险的投资者提供更高的补偿。这和人的直觉是一样的！但是你的经验也可能告诉你，这种股票跌下去的幅度也很大。

标准CAPM方程就像：

$$E(R) = R_f + \beta(R_{\text{market}} - R_f)$$

式中，$E(R)$是预期回报；R_f是市场“无风险利率”；β量度的是个股每天的价格波动相对整体市场的幅度；R_{market}是市场整体预期回报。

嘿，快看，一只松鼠在呕吐！(开个玩笑啦，是为了让你从那些希腊字母中脱身出来。)

我们分开来看，很容易发现其中的问题。R_f通常用的是10年期美国财政部债券利率，即对货币未来时间价值的一个合理预期值，无须先计算风险与回报比率。但是β有些问题，它量度的是过往的波幅。这不是预测值！过去的波动幅度是对过去表现的量值。它不会告诉你这只股票未来的波动有多大，也不会告诉你回报有多高。R_{market}也有缺陷。本质上，这是一个猜测值！许多分析师会根据市场收益和分红率做出假定，再假设根据过去的情况可以预测未来——收益率就是市盈率的倒数。它有助于设定超长期平均年化回报率的合理预期值，但是无法用来计算增长和生产率，也无法用于预测博弈期，因为它基本没有多少用处。

CAPM可以分出另一个教科书模型——权益风险溢价模型（ERP)。ERP用于估算有多少股票在给定时期应该跑赢债券。

目前有很多种算法，但大多数都有和CAPM一样的缺陷：它们几乎都建立在随意的假设和市场回归均值之上，不管那个均值是指平均收益率、分红率、收益增长率、分红增长率，还是其他可能用在这里的指标。

我毫不怀疑股票在长期会跑赢债券（尽管历史表明市场永远都可以打败你），但是不能给出确切的数字。

这是个坏消息，好消息是：你不需要计算出确切的数字！为什么有人想要计算下一个 10 年、20 年或 30 年跑赢债券的边际收益？是为了构建投资组合！存在更好的、限制更少的、数学上更稳健的方法找到股票和债券的最优组合，满足你的长期目标。

我们机构使用的是蒙特卡罗仿真方法——一种计算机模型，模仿几千个基于真实的过去结果的随机情境，然后加总求出不同结果的发生概率。正如我在 2013 年出版的书里所说，我们用这种方法可以根据客户的目标、投资时间以及年度现金流需求，计算出不同资产配置的存续和增长概率。

蒙特卡罗方法并不是十分完美的（市场上不存在那样完美的方法），不过仍是一种科学的方法。最受欢迎的一个现代版本是由斯坦尼斯拉夫·乌勒姆（Stanislaw Ullum）在 20 世纪 40 年代提出的。当时他参与了曼哈顿计划，并尝试算出需要多厚的辐射防护层，才能保证科学家的安全（这种方法成功了）。

蒙特卡罗法在投资上有多成功呢？假定你有 1068 个塑胶球和一张列出 1926 ~ 2014 年标准普尔 500 指数每个月回报率的表格——这些回报包括牛市、熊市、调整市、“失去的 10 年”、繁荣和衰退时期。拿出标记笔，在每个塑胶球上写下每个月的回报，然后扔进游泳池里。蒙上眼睛，用网兜随机捞出塑胶球。取下眼罩，打开组合模拟电子表格，将球上的数字记在 1 月对应的格子内，然后把球放回游泳池。再带上眼罩，重复这个过程，直到你的模拟数据填满全部的时间格子，然后从组合起点值开始计算回报。这是一个虚构的回报序列。重复 2500 次，算出达到你的目标的回报比例。这可以告诉你，一个 100% 的股票组合有多大可能达到你的目标。你可以用同样的方法计算债券，测试不同资产混合的情况（70/30、60/40、50/50）。

我个人建议选用在线工具（或者找个精通 Excel 的人帮你做一个）代替游泳池，这样更快也不会沾上水。蒙特卡罗法给你提供的信息要比 ERP 或其他模型提供的更多。是的，它们使用的是过去的回报，不具备预测性，但是大数据样本可以让你估算出概率——这就是我们想要得到的。我们不尝试给未来回报一个准确的数字——我们知道无法做到这一点（在未来 30 个月内做不到）。我们只是想找到有很大机会达到客户目标的资产配置。蒙特卡罗法可以做到这一点。这是基于已经完成的工作实现的，而不是靠猜测。

“只管去做”并不只是一个市场口号

为什么学术理论能长期存在，哪怕它们的结论总是错的？为什么它们常出的错误总是被扫到地毯下面。这只是一个猜测，但是我怀疑那是因为我们现在的世界更注重良好的简历，而不注重经验。我们变得更看重学术简历而不是真刀真枪的商业成就。如果你没有机会阅读最近 50 年的报纸，你会认为商业很糟糕。而如果你读过那些报纸，学术界似乎看上去并不是那么好。他们是专家！当然，我是在讽刺。但在我们的世界里，诺贝尔奖得主是英雄，而首席执行官是恶棍。

如果将来你读到这里的时候，也许情况会发生变化。但是在我写作本书的时候，象牙塔精英占据了所有主要的国家经济职位，而且占据了几十年之久。2013 年当珍妮特·耶伦被任命为美联储主席时，专家赞美她拥有耶鲁大学博士学位，就像他们 2006 年赞美普林斯顿毕业生伯南克一样。两个人都被认为非常称职，特别是他们发表过的论文和曾经担任的学术职位都非常棒。理论、简历和研究成果，这些都很管用。

自从里根开始，每位总统都出身于哈佛或耶鲁大学。9 位大法官中有 8 位也是如此。只有艾雷娜·卡根（Elena Kagan）不是，她大部分时间是在耶鲁大学读书，但获得的是哥伦比亚大学的学位。可怜的女人，由于她的丈夫移居，所以她在毕业前转到了纽约。她是唯一一个打破这个规则的例外。

如果你是在现实世界里，那么学术出身就不重要了。市场不在意你来自哪所大学，甚至不关心你有没有上过大学，只要你能做对事情。你必须聪明且有实际经验。想成为一名伟大的投资者吗？你无须拥有这方面的学位！在学术界，上过的学校和读过的书很重要，但是投资并不像生物学、化学、工程学或者计算机科学，最成功的投资者都是从实践中学习的。

大多数人并不重视经验。但是从这个角度考虑一下：假设你要去一个野生动物园，你是希望导游拥有精英大学的动物学博士学位而没有实践经验，从没用过 0.30 半自动步枪，还是希望这个导游在非洲大草原长大，有一些伤疤，曾经有一张让你过目不忘的照片登上过杂志，但从未读过大学呢？我敢打赌你会选择那个来自非洲大草原的人。经验来自实践，而不是来自学习。

你可以将同样的逻辑用于其他许多交易中。假定你是一支垒球队的经理，你正在招聘新教练。你会选择一个拥有耶鲁大学垒球博士学位的家伙吗？不可能！你雇的一定是实际打过比赛的人，而不管他是只有初中毕业、高中毕业还是大学毕业文凭。在赛场上，这些并不重要！当然，人们喜爱的前优秀选手、红雀队经理托尼·拉鲁萨（Tony LaRussa）是有法律学位的，但他也是一个例外。没有人认为是那个法律学位让他成为一位伟大的球队经理，这是一个有趣的事实（这是另一个社会对文凭和出身热衷的例子）。他之所以伟大，是因为他是世界冠军和那些取胜的比赛成绩。

几十年来，媒体一直都对近期退役的乔·麦克纳马拉（Joe McNamara）赞赏有加，他是唯一一个拥有博士学位（也是哈佛大学）的大都市警察首脑。他为人非常挑剔，而人们却更喜欢他。没有证据表明他比同龄人强。但是人们喜欢博士，即便这个学位没派上多大用场。

这种情况在音乐界可能最明显。美国最好的大学和表演学校都有音乐理论与作曲专业。任何人都可以在理论上学习如何成为伟大的作曲家或作词家。但是你能说出哪位伟大的作曲家拥有音乐理论学位吗？布里安·威尔逊（Brian Wilson）没有取得音乐学位。"海滩男孩"组合中没有人取得过音乐学位。威尔逊和麦克·洛夫（Mike Love）在即兴演奏会上，只用了2小时就写出了他们第一首走红的单曲《指甲油》，当时他们还只是十几岁的孩子。正如威尔逊后来回忆道："乐队花了不少时间学习演奏我们的曲子。"[12] 他们自学成才，在不断试错中成长起来，并没有获得学位。

莫扎特也是自学成才。桑豪斯、罗伯特·约翰逊和其他布鲁斯作曲家都是如此。巴迪·霍利、披头士、米克·贾格尔、基思·理查兹、吉米·佩奇，他们都没有音乐理论学位，也不是摇滚明星。他们靠的只是不断演奏，欧文·柏林、乔治·格什温、维克多·赫伯特等人也是这样（对了，里查德·罗杰斯和小奥斯卡·汉默斯坦曾获得过哥伦比亚大学的学位，但是他们没有取得过博士学位）。

理论不等于现实

我们确实应该学习和了解投资理论，但是只依照理论进行投资，不会让你走得太远。理论在现实中并不总是有效的。以经济学为例，许多经济理论只在“其他条件不变”时是正确的，但是在现实生活中，没有什么是不变的，而其他所有因素也并不相同，现实世界充满了变化因素。理论的用处是有限的。

美联储是个不错的例子。美联储成立的前 60 年左右，银行家掌握着这个世界，他们懂得收益率曲线和货币数量之间的关系。他们通过发放贷款获得利润，并了解这样做的动机和激励。但是自从格林斯潘之后，都是纯粹的象牙塔经济学家执掌美联储（在格林斯潘之前也有几位，但他们并不是特别热门的人物）。他们是聪明人，有很好的学术背景，但没有实践经验。他们发表过很好的论文，但是过于遵从理论和模型。他们不知道在真实世界里，并不会有其他条件保持不变的情况，因为他们从未在现实世界中工作过！他们的政策不管用，因为那些都是基于理论而不是现实。耶伦没有实践经验，她是当今中央银行行长的常态，而不是一个例外。她拥有博士学位，知道所有的理论，但是没有实践工作经验。

我们再回到第 5 章中说过的一个例子——量化宽松。量化宽松来自需求侧学术理论，假设降低长期利率会刺激对贷款的需求，将推动信贷业务。这是非常棒的理论！但是它假定供给保持不变，因而忽略了影响供给的变量——银行的资金成本和贷款收益。量化宽松忽视了盈利激励。美联储从没考虑过，在短期利率接近零时，降低长期利率会导致贷款业务盈利下降，所以对银行家的吸引力不大。他们从没有想到微小的盈利潜力是否会打击银行发放贷款的积极性，挤压信贷增长，造成急切需要资金的借款方无法获得贷款。但是本·伯南克从来不是银行家。 作为银行家，要想成为中央银行行长，这条路走不通。

伯南克的象牙塔的局限性也在 2008 年表现了出来。在学术界，他素以研究大萧条而闻名于世。当危机处于胶着状态时，专家确信伯南克这位大萧条专家将采取安全的措施。结果，他做的正好相反！他放弃了美联储曾经试验过的危机管理工具。因为作为一名没有实践经验的专家，他认为那些工具不管用。作为研究经济萧条的学者，他应该知道什么是可行的，什么是不可行的。但是他避过有用的工具，直接采用了非常规做法。他把宏大的理论放在实践中进行检验，属于典型的拿着榔头找钉子的做法。回想起来，这并不令人惊奇。伯南克一直崇拜罗斯福总统应对“大萧条”的做法。他在 1999 年写道：“罗斯福采取的政策措施，我认为，比他积极进取的意愿更重要。简而言之，就是采取一切必要的手段，让国家继续前进。他的许多政策并没有产生效果，但最终罗斯福总统赢得敢于放弃失败的做法，果断采取必要行动的好名声。”[13] 换言之，不是没有损害，而是马上采取行动，不管是什么行动。

所以伯南克像他崇拜的罗斯福那样采取了行动，进行试验并表现出了激进行动的愿望，但没有取得实际效果。他略过了经过测试的方法，采取了一系列流动性管理工具，最终采用了量化宽松。尽管向金融体系释放了很大的流动性，信贷仍然处于冻结状态，贷款基本为零，但以传统指标 M2 和 M4 创造的广义货币并没有出现。

为什么会这样呢？他放弃了书本上的古老做法！美联储控制着两个利率：贴现率用于银行从美联储借贷；联邦基金目标利率用于银行之间相互借贷。在过去的大部分时间里，美联储因为危机而需要向金融体系释放流动性时，会将贴现率降低到联邦基金利率之下。这样银行就可以从美联储借到更便宜的资金，再以稍高的利率相互拆借，获得其中的利差。小幅度安全的利润激励银行保持货币流动性。但是在 2008 年，伯南克执掌的美联储忽略了这些过去的做法。他们的做法正好相反！他们将贴现率调高到比联邦基金利率还高 25 个基点，并且全年都保持这个水平。他们不理解这样造成的伤害，只是因为他们缺乏简单的知识，不了解现实世界是怎样运转的，因为他们都是专家。

这不是因为他们是坏人。他们大多数人从没有经营过银行或企业。其中有例外，伊丽莎白·杜克（Elizabeth Duke）在危机时代执掌联邦公开市场委员会（FOMC），有 30 年的银行业经验，包括超过 20 年的管理经验。在 2007 年布什总统任命她担任美联储官员之前，直到 2008 年，她一直从银行家的角度提出建议，解释为何那些计划中的行动可能抽走利润和冻结信贷。她也质疑盯市会计准则（直到 2008 年 12 月召开会议）。而其他人大部分是从学术界转到中央银行的。地区性美联储总裁收集当地银行和企业的信息，但是他们无法站在那些企业家和银行的立场处理问题。

我们在 2014 年得到了更多证据，当时伯南克低调地宣布他无法再为抵押贷款提供再融资，因为银行拒绝了他！[14]——即便他是伯南克，控制着天文数字金额的交易，出场费高达 6 位数。他承担了指责，承认严格监管抵押贷款业务导致了信贷紧缩。但是他没有提到收益率曲线，没有意识到银行可能正在做出风险 / 回报决策。它们不把他当作伯南克看待。对银行来说，他曾经是那个伯南克，新受雇于一家非营利性智库机构，不再从美联储领取稳定和预测的薪酬。伯南克，信用风险！没有银行会去做不赚钱的事情，这就是赤裸裸的现实，不是理论。

如果不来自高校，那来自哪里

如果你不能在学校里学到真实世界的东西，你又能在哪里学得到呢？

为自己找一个导师！在教育方面，提供指导的方面就是房间里的那头“大象”。为你自己找一个成功的导师，你将从中学到什么是将要做的，什么是已经做的。可以用这些知识应对“可以做什么”和“可能做什么”。乔治·格什温有3位导师。这很好，约吉·贝拉在街上找到了几位导师，也不错。

在动物王国，很早就是这样做的。母狮子不会把自己的孩子送到学校学习如何猎取食物，而是亲自带着它们！小狮子观察它们的母亲是怎样搜寻和捕杀猎物的，几次之后，它们也照着去做。如果你有机会观察这个训练过程，就会看到小狮子在前面走着，母狮子远远地跟在后面，看着它们如何捕猎。她找出它们做错的地方，让它们边做边学，如果它们没有学会，还会再次给它们示范。这个过程很值得一看。

动物也会一代代地创新。这就是黑熊种群繁殖得越来越大，而它们的传统食物来源变得越来越少的原因。通过不断试错，加利福尼亚黑熊发现树的汁液是含糖饮料，可以补充能量！然后它们发现可以顺着第二次生长的红杉树，一路爬到120英尺[⊖]高，把树皮从上而下剥到底，然后把所有流出的美味汁液都卷起来。小熊枫糖浆！这些都是它们自己发现的，然后再传授给小黑熊。现在加利福尼亚北部的红木林里到处都是爬树吸食树汁液的熊。这是一对一训练。如今，黑熊对红木树林的威胁要远比人类的威胁更大。这才是真实的世界。我们应该比黑熊做得更好。

别人不是像我这样做的吗？我告诉你一个出色的运动员——穆罕默德·阿里（Muhammad Ali）的事例。这个年轻人没有接受过正规的专业训练。他师从他的教练和导师安杰洛·东德（Angelo Dundee）。他没有做研究，也没有写过一篇学术论文，然后就在桑尼·利斯顿（Sonny Liston）[⊜]

⊖ 1英尺 = 0.3048米。

⊜ 阿里的拳击比赛对手。

面前做论文答辩，直接将这头“大熊”击倒在地！这个长得五大三粗的人自己发明了倚绳战术，在刚果击败了不可一世的乔治·福尔曼（George Foreman）。他没有夺得过耀眼的拳击赛奖牌或证书，靠的只是训练和一对一教练。这就是他是最伟大的拳王的原因。

这一切都可以用来解释投资。沃伦·巴菲特在哥伦比亚大学商学院读过书，但是他会告诉你，他从格雷厄姆身上学到的东西最多。无论是对公司估值，还是寻找好的、被忽视的标的，都是从证券分析之父那里学到的。格雷厄姆精通此道，他教会巴菲特如何去做。

格雷厄姆于 1976 年去世，但是你还可以向他和后来的其他导师学习。怎么做呢？读他们的书，而不是去读厚厚的理论和让人昏昏欲睡的教科书。我说的是文献，那些适合阅读的相关文献。许多“大象”藏在经典的投资著作里，如果你知道去哪里找的话，想知道它们在哪吗？让我们翻到第 8 章！

注释

1. “Portfolio Selection,” Harry Markowitz, *The Journal of Finance*, Vol. 7, No. 1 (March 1952): 77–91.
2. “Cognitive Biases in Market Forecasts,” Kenneth L. Fisher and Meir Statman, *The Journal of Portfolio Management*, Fall 2000.
3. “Price-Earnings Ratios as Forecasters of Returns: The Stock Market Outlook in 1996,” Robert J. Shiller, Yale University. www.econ.yale.edu/~shiller/data/peratio.html (accessed 10/29/2014).
4. *Security Analysis*, Benjamin Graham and David Dodd (New York: McGraw-Hill, 1st ed., 1934), 452.
5. “Valuation Ratios and the Long-Run Stock Market Outlook,” John Y. Campbell and Robert J. Shiller, *The Journal of Portfolio Management*, Winter 1998: 11–26. www4.fe.uc.pt/jasa/m_i_2010_2011/valuationratiosandthelongrunstockmarketoutlook.pdf (accessed 10/29/2014).
6. “The Mystery of Lofty Stock Market Elevations,” Robert J. Shiller, *The New York Times*, 8/16/2014.

7. "Parallels to 1937," Robert J. Shiller, Project Syndicate, 9/11/2014.
8. FactSet, as of 10/30/2014. S&P 500 Total Return Index, 12/31/1998–12/31/2008.
9. "Valuation Ratios and the Long-Run Stock Market Outlook," John Y. Campbell and Robert J. Shiller, *The Journal of Portfolio Management*, Winter 1998: 11–26.
10. Morningstar, FactSet and Global Financial Data, Inc., as of 6/2/2014.
11. "The Cross-Section of Expected Stock Returns," Eugene F. Fama and Kenneth R. French, *The Journal of Finance*, Vol. 47, No. 2 (June 1992): 427–465. www.bengrahaminvesting.ca/Research/Papers/French/The_Cross-Section_of_Expected_Stock_Returns.pdf (accessed 10/30/2014).
12. *The Beach Boys and the California Myth*, David Leaf (New York: Grosset & Dunlap, 1978).
13. "Japanese Monetary Policy: A Case of Self-Induced Paralysis," Ben S. Bernanke, Princeton University, December 1999. https://www.princeton.edu/~pkrugman/bernanke_paralysis.pdf (accessed 11/3/2014).
14. "You Know It's a Tough Market When Bernanke Can't Refinance," Elizabeth Campbell and Lorraine Woellert, *Bloomberg*, 10/3/2014. http://www.bloomberg.com/news/articles/2014-10-02/you-know-it-s-a-tough-market-when-ben-bernanke-can-t-refinance (accessed 2/24/2015).

|第8章|

扔掉这本书！

这章的标题有点戏谑的意味，当然我不是真的建议你把这本书扔掉，也不是希望你把它卖给离得最近的二手书店。毕竟我花了时间写作这本书！把一个用过很久但后腿已经缺失的舒适的沙发修好，确实是一件好事。而这本书有一个不足之处，如果你是在2015年读到它的，内容就显得太新了。很少有新书会有教你跑赢市场的、操作性强的建议，太多的是夸夸其谈！过度关注可能让这里所说的一切都暂时反映在价格上。你也许最好是在一二十年以后，当你扔掉那个缺了腿的沙发时，再拿出这本书读一读。

也许不是这样。我写作《只有三个问题最重要》的一个原因是想看看，如果我公开了这些方法，它们是否就变得不太管用了。我想知道那些方法是否仍旧管用！结果是大部分方法还是管用的，即便是在出了两版和登上《纽约时报》畅销书榜单之后。也许这本书还能借个光吧，谁能料到呢，只有时间会证明一切。

在你等候结果的这段时间里，还有大量的其他有用的投资类书籍可以读。有些是讲炒股票的具体方法的，还有一些讲的是华尔街如何运作，以及告诉你应该留意哪些问题，以免因为不小心而上当受骗。经济哲学的经典著作展示了市场和资本主义的美妙，可以帮助你分析当今的经济政策。另外一些书只是教你如何思考（当然指的不是意识形态上的）。历史书提醒我们太阳底下并无多少新鲜事，以帮助我们更好地理解当前的事件和短视媒体的悲观之见。

在这个特别的章节里，我们将讨论所有这些问题。我愿意把这一章看作一个纸上图书俱乐部。当然，这是一个有偏向的图书俱乐部，因为你只能听到我的建议，不过你可以随时插话！我们后面要讨论的有趣的书或金融经典著作，包含以下方面：

- 为何你不应该期望从流行新书中得到太多投资方面的帮助。
- 被遗忘的经典著作、出色的传记，以及有帮助的历史。
- 当代经典著作可以帮你挫败痴迷于末日话题的媒体。

麦莉·赛勒斯、贾斯汀·比伯和明星经济学家

新书不可能是“房间里的大象”，它们是每个人的谈资！它们的理论、预测、意见和结论通常已经在过去就被反映在价格中了，尤其是那些流行的新书，更是如此。即便它们的结论是正确的，可能也不适合你拿来操作。

一些新书很快就成为经典著作了，我们稍候将会看到，但大多数被归入以下两类：当前事件或者长期预测。

当前事件类的书是有趣的，读起来很有意思，但是通常围绕着所谈的主题有太多的废话，还夹杂了作者的观点和偏见，就像我这本书，很难搞清楚哪些是事实，哪些是观点，甚至将虚构和真实混为一谈。一些非常有趣、可读性强的书就落入了这个陷阱，想想电视真人秀或迈克尔·刘易斯的那些书吧。那些畅销的财经报道读来很有趣，但缺点是读者需要从虚构中分辨事实，这并不容易。

大部分书聚焦于近期趋势，事件也是不久前发生的。它们是书界的麦莉·赛勒斯和贾斯汀·比伯（如果你出生在“婴儿潮”时期，不知道这两位的话，想想大卫·卡西迪或者多诺万）。他们的风头很快就会过去。

除非这些书能够教给大家长期有效的经验教训，否则在一两年后就会被淘汰。

让市场保持威力的关键在于正确而不要过度赶时髦，就像我给出的节食建议。节食减肥类的书籍数都数不过来，其中有些非常畅销。我几年前减掉了超过 100 磅[⊖]，而且用我的减肥魔法，体重一直控制得很好。这种方法永远不会尽人所知，就像那些不会被打折扣的市场技术方法。如何减肥呢？不要吃任何你喜欢的食物，只要你不过食，就会有效果！几乎没有人会这样做，也不会有人买这样一本书。

许多谈 2008 金融危机的书都可被归为这一类，即缺少可行的投资建议。一些书抓住投资者普遍抱有的世界末日情结，预言会发生危机。

“衰退”和“厄运”字样几年后都仍出现在标题里。摆脱危机指南类的书大行其道，一些书就像是《末日经营者》（*Doomsday Preppers*）中的一集。所有人都犯了一个基本的错误：假设这次与以往不同，这是投资中最危险的一句话，这是约翰·邓普顿爵士说过的著名的一句话。他们忽视了周期因素，即便是在市场和经济已经出现了明显转机的时候。一些书已经修订了多次，徒劳无益地尝试把相关年份的情况包括进去。阅读这些书，有助于你了解当时的情绪是怎样的，而不是了解当时的实际情况——你可以从标题中感受到那种情绪，所以无须浪费时间去读。成交量会告诉你，那些观点和黯然的预期都已经体现在价格里了。这是一种做逆向投资和与大众博弈的好方法。

长期预测类的书通常也没有太大的用处（在接下来 30 个月里）！这

⊖ 1 磅 = 0.4536 千克。

一类书中有很多属于哈里·登特（Harry Dent）——他用人口变化预测股票长期回报而广为人知。你可能还记得他在 1999 年预测道琼斯指数会在 2009 年之前达到 35 000 点，或者记得他在 2012 年预测道琼斯指数在 2022 年前跌到 3300 点。这些说法既感性又吸引眼球，但显然对于投资者而言没有太大的价值。

其他长期预测类图书具有更多学术色彩，但同样对投资者用处甚少。许多书甚至不是写给投资者看的！它们更多是包裹着长期经济预测外套的政策建议。2014 年卖得最火的畅销书——托马斯·皮凯蒂写的《21 世纪资本论》（哈佛大学出版社）就是一个典型的例子。他指出收入不平等正在扩大，对经济造成了长期风险，但是他的目的是促使政府对于富有和高收入群体征收惩罚性税收——这也说明书籍中存在着意识形态差别，这个分析可能更偏向某种意见而不是事实。实际上，这本书依据的数据和我们在第 4 章中讨论的收入不平等具有同样的缺陷。即便假设他的结论十分正确，也通不过“不在接下来 30 个月内发生”的测试。

我在这里挑皮凯蒂的书的毛病，是因为这是最新的例子，但并不是一个孤例。卡门·莱因哈特（Carmen Reinhart）和肯尼思·罗格夫（Kenneth Rogoff）于 2009 年在普林斯顿大学出版的文集《这一次与前不同》（*This Time It's Different*）（能把邓普顿气得爬出坟墓），讨论的是他们早期有关债务和经济危机的一些研究成果，也属于政策建议而不是经济分析。这本书声称高负债导致了由于欧元区危机时期紧缩政策造成的慢增长。读这本书和《21 世纪资本论》这类相似的书，可以帮助你理解经济政策背后的观点和理念。如果你欣赏这类东西，可能就会从中得到享受！只是要记住，这些是社会学，而且很可能是被歪曲的社会学，并不是投资指南。

之所以成为经典必有其故

我们在对我们无益的书上浪费了太多的时间。为什么不找一些有益的可行投资建议类的书来读呢?

从经典著作开始读吧!

你在旧书堆里更有可能找到那头起居室里的“大象”。每个人都读过经典著作，而很多人甚至绝大多数人会把它们当成“过时的东西”，也许会认为它们太陈旧。但是市场和人在重要的、基本的方面从没有改变过，过去的方式现在依然大行其道! 正是它们使得旧书充满了有用且长期有效的思想和方法。投资大师自有其成功的理由。经典著作让我们可以直接向他们学习。

首先我要给出一个提示、歉意和建议：这份书单并不完整。值得阅读的经典著作有很多，由于篇幅原因，只能剔除一部分。更全的书单，可以看看谢尔登·泽登（Sheldon Zerden）1972 年出版的《股市最佳图书指南》(*Best Books on the Stock Market: An Analytical Bibliography*)。那本书中介绍了 100 多本书，大多数是必读书，每本书有一页纸的介绍。其中包括对市场基础知识、历史、投资心理学、逆向思维等的真知灼见。由于那本书的出版时间较早，无法包括现代经典著作，但确实都是投资者起码应该阅读的书，读来引人入胜。亚马逊和 AbeBooks.com 上有二手书出售，价格很低。

《聪明的投资者》(*The Intelligent investor*，Ben Graham. 1949）

这本书历史悠久，充满了智慧。格雷厄姆的另一本书——1934 年版的《证券分析》(与戴维·多德合著）被称作投资界的“圣经”，是一块宝玉。只是《聪明的投资者》对我们更有用，特别是作者 1973 年出版的修订本。《证券分析》讨论的是选股，引人入胜，有必要读一读，但是对多元化组合没有多少帮助。《聪明的投资者》更聚焦于市场。“市场先生”对于大家来说就是股市。——格雷厄姆关于波动性的警句。“市场先生”的变幻莫测，某天过度热情，第二天却惊慌失措，正如格雷厄姆的那句名言：市场在短期就是一台不理性的“投票机器”。这种不理性行为在有效市场中，为我们创造了逆向投资的机会。

“市场先生”可能是这本书中最出名的一个角色，但是格雷厄姆还有很多招数要教你。他有关风险的说法提醒我们，短期波动和实际风险是不同的。他对道氏理论的责难向我们展示了第 7 章讨论的学术公式是如何以及为什么有局限性并大部分反映在价格中。他强调了那个亘古不变的真理：世上不存在好股票或者烂股票。但是上市公司有优劣之分！股票就是股票。格雷厄姆教给你的知识可以帮你避免大部分误区。

如果你想读格雷厄姆的《证券分析》，最好是选择 1934 年出版的第一版——这是最经典的原始版本。早期出的那些修订版也不错，但是后期的许多版本改动太大，夹杂了太多学术大杂烩，已经和格雷厄姆当初的观点不一样了。

《怎样选择成长股》（*Common Stocks and Uncommon Profits*，Phil Fisher，1958）

沃伦·巴菲特曾经把自己的投资理念表述为“85% 的格雷厄姆加上 15% 的费雪。”[1]“费雪”就是我的父亲菲利普·费雪。

父亲教会我如何思考。这本书同样告诉你他是如何思考的。他一直是一个冷眼旁观的、严肃的思想家。这是登上《纽约时报》畅销书榜的第一本投资类图书，如今在亚马逊仍卖得很好。

这本书大部分内容是讨论上市公司的。我父亲认为多元化投资被过度强调了，他对市场博弈不大感兴趣。这本书值得仔细领会，篇幅也不算太长，一个下午就能读完。你将了解到为何股票估值应该采用量化方法，而不是定性方法。你会看到书中不断强调了解自己会犯错和从错误中学习的重要性，不要让自尊心遮蔽你的眼睛，对自己犯的错误视而不见。你将读到群体心理是如何驱使投资者发狂的，比如围绕1949年经济衰退的末日情结。你将看到让情绪影响你的决策带来的危害，以及遵守投资纪律的好处，而且不要因为过往价格趋势或近期价格走势的好坏而卖出股票。

我父亲提出的许多反对意见是不过时的：不要陷入公司的营销宣传之中；不要根据过去（不论时间长短）的业绩或收益买入。父亲应该不会喜欢罗伯特·希勒的周期调整市盈率（CAPE）之比——如果你不相信，可以阅读下面栏目里的介绍。还有一句名言："不要害怕在战争恐慌中买入。"最重要的一句话是："不要跟随大众。"用他自己的话说，就是"看穿大多数人的意见，从中找出事实的能力，是在股票投资中获得财富的一种特质。这种能力不容易培养，然而，我们交往的人的综合意见会对我们的思想产生重要影响。"[2]

正如我们在第7章中看到的，希勒的周期调整市盈率比率比较了当前价格与过去10年通货膨胀调整后的收益，声称高CAPE意味着过去10年只有低于平均水平的回报率，反之亦然。我父亲在希勒设想CAPE的几十年前就否定了这种想法。下面是书中第9章中的一小段，标题让人感觉很欢快——"不要忘记你的吉尔伯特和苏利文"：

类似地，很多投资者会对过去5年的每股收益给予过多关注，试图确定该不该买一只股票。从每股收益本身来看，过度关注四五年前的收益，犹如尝试从一台没有连通电源的引擎上得到有用的结果。要知道，单凭一家公司四五年前的每股收益是今年每股收益的 4 倍还是 1/4，是不足以说明一只股票应该买还是卖的。要再次强调的是，重要的是背景条件的知识。了解之后几年可能发生什么，才是更重要的。

投资者总是被塞给各种报告和所谓的分析，它们大多聚焦于过去 5 年的价格走势。他应该时刻牢记，对他来说，要紧的是之后 5 年的收益，而不是之前 5 年的收益。[3]

《股票大作手回忆录》（*Reminiscences of a Stock Operator*，Edwin Lefevre，1923）

这是我一直都很喜欢的书。我在 1993 年出版的书《市场一百精英》（*100 Minds That Made the Market*）中说过，如果你没有读过这本书，就不应该做出重要的投资。这句话在几十年后仍然是正确的。这本书是杰西·利弗莫尔的一本虚构的“自传”，作者尝试深入他的头脑，挖掘其真实的心路历程，展示短期快进快出式投机的荒谬之处。每个人都可以从他在 1901 年市场大恐慌中的愚蠢行为（之后还犯了更多错误）中吸取教训，这只是其中一个例子。

1940 年 3 月利弗莫尔实际上出版过自己的书——“《股票大作手操盘术》”（*How to Trade in Stocks*）。那本书通俗易懂，不过内容讲的是如何不去做什么。他依据价格波动操作，后来变得很自大，在一场豪赌之后破产，在那年 11 月结束了自己的生命。这位天才交易员无法保住自己的财富，慢慢地全部亏掉了，曾经四次宣告破产——这些事情都被记录在理查德·斯密特（Richard Smitten）2001 年出版的传记“《杰西·利弗莫尔：世界上最伟大的交易员》”（*Jesse Livrmore: World's Greatest Stock Trader*）中。

但是我对这本书持保留态度。我们看到年轻的利弗莫尔从语言学校毕业后，直接加入华尔街，从第一天开始，就用本子记下每天股价的变化。通过利弗莫尔从普通职员到短线交易员，再到“传奇小子”和华尔街之王，这本书刻画了他一生的起起伏伏，主人公愉快地和读者分享了他的经验教训。这些都是智慧明珠。

颇具讽刺意味的是，最大的教训在早期就出现了：“我并不是总是赚钱的。我的交易计划足够合理，赢的次数比输的次数多。如果我坚守计划，也许做对的比例可以达到七成。事实上，对于那些一开始就很确定的股票，我经常能赚到钱。打败我的是没能坚定地执行我的计划，也就是说，我只在之前的市场情况有利的情况下参与游戏。市场上什么事情都会发生，但是我不了解它。这正是华尔街上的大多数人不能晋升到主要受益者群体的原因。有一种彻头彻尾的傻瓜，总是在任何时候任何场合都干傻事。但是也有华尔街傻瓜，认为自己应该任何时候都进行交易。没有人能够每天都有买卖股票的充分理由，或者是足够多的知识做出聪明的交易。”

利弗莫尔会用全部事业重新学习这些经验，与这种毁灭性的本能做斗争。炒股赚钱，花钱置业，再赚钱，赔钱，泡沫吹起，破灭，再周而复始。最终是他的自杀便条透露出了真相：“我斗得太累了。”[4] 这本书刻画了一个快乐的利弗莫尔，轻松地和读者分享他的成功与失误，偶尔吹吹牛，但总是教给你一些东西。让这本书也教教你吧。

《逆向投资策略》（*Contrarian Investment Strategy*：*The Psychology of Stock-Market Success*，David Dreman，1980）

这是另外一本我喜欢而且对我个人产生了很大影响的书。这本书的内容有点旧，讨论的是 20 世纪 70 年代后期的情绪，但是大众纠结于经济滞胀和其他问题。大部分有关估值的说法，现在已经广为人知，得到了广泛的运用——如果你不想从众的话，就不要过多采用。但是那些是在出色的投资群体思维和徒劳的从众行为讨论中的小缺陷。其中一些篇章和本书前面的内容类似，讨论了专业预测者 20 世纪 60 年代糟糕的过往预测记录（之前可能也是如此）。其他部分讨论了技术分析师和基本面分析师如何（通常是错误地）笼络自己的受众：正如我们在第 1 章中讨论的，通过使用同样的模型、理论和假设。大卫借用过去发生的投资者从众行为，比如密西西比风潮和 1962 年牛市，表明了这种行为导致的危险。整体上，这本书说的是在行动中如何采用逆向思维方法，并传授了你可以用于当下的思维流程。

作者大卫在我之后，也在《福布斯》杂志上开设了一个专栏，叫作“逆向投资者”。在过去几十年里，我和他有很多交集。他仍然在写那个专栏，但只是偶尔为之。我很想念他，尽管我们的观点经常有分歧。当然，《福布斯》为逆向投资者提供了很好的素材。

《客户的游艇在哪里》（*Where Are the Customers' Yachts*? Fred Schwed，1940）

这是另外一本篇幅短且易读的经典著作，你可以一下午就读完——150 页大字排版。这也显示出了它的古旧。它假定大衰退之后将进入一个大牛市——它写于《1940 投资顾问法》颁布之前，用简明的语言讲述了和大家都有关的一些基本知识。书中用简短的寓言告诉我们，过去的表现永远不能预测未来的回报。对于每个买家，都对应了一个卖家。任何人声称可以预测的超短期回报都只是猜测。

这本书也谈到了行为差错，比如危险地认为趋势是朋友，这也被称作动量投资（momentum investing）。它还提醒我们，对抗华尔街的情绪和对银行家的斥责一直都存在，这通常是一种错误行为——为掩盖自己的后悔而找理由。但市场挫败我们时，我们总是指责别人，而不承认市场赢了，或者我们犯了一个错误。这样我们就失去了吸取教训的机会，这是一个危险的陷阱。

这本书讲得更多的是华尔街的情况而不是投资——对于市场参与者来说，了解华尔街，也是很重要的。这本书的内容是虚构的，写在1929年大崩溃之后，以让经纪人（称作“客户的人”）了解新的监管规定——《1933年证券法》《1934年证券交易法》以及《1940年投资顾问法》。主人公是一名乐师，为了赚足够多的钱和心上人结婚而去华尔街闯荡。这个人是个对交易中的利益冲突和同事肆无忌惮行为感到厌恶的、可敬的家伙。这个故事说明了为何法规把投资销售和服务隔开是非常重要的。对于这个要求，近几十年已经不强调了，因为它使得投资者的利益受损。政客、监管机构和投资者都应该重新考虑为什么把销售和服务混在一起是危险的，而且会引发利益冲突。

哲学与经济学原理

现在转舵是痛苦的，因为我在上一节中漏掉了一些好东西。抱歉！这本书只有这么厚，纯粹投资类的书不是智慧的唯一来源。那么，政治学呢？经济学呢？我们已经看到了这两者在市场中的交互作用会导致市场兴衰。经典著作也能让我们学到这些知识。

《可见与不可见》（*That Which Is Seen and That Which Is Not Seen*，Frederic Bastiat，1850）

我们在第 5 章中讨论了巴斯夏的破窗悖论，这本书就是那个话题的来源。这本书由 12 篇文章组成，警告 19 世纪法国政客干涉自由市场体制是有风险的。作为法国自由学派的一员，巴斯夏相信经济繁荣来自自由的人和自由的商业，政府干预是一条毁灭之路。法国不重视政府干预。现代法国证明巴斯夏是对的。

这本书讲的是关于意外后果法则的一个简短而甜美的教训，全书用正常大小的纸张印刷，大约有 40 页，而且是免费的——你可以在网站 Bastiat. org 或其他网站上下载。如果你期望把 19 世纪中叶的法语翻译成英文的话，这本书的语言略微有些生硬，但是逻辑简明、清晰，并且这些话题是不过时的。例如，国家是否应该保留大量部队以增加就业？高税收和公共投资能否刺激经济增长？没有政府的支持，精美艺术会消失吗？公共基础设施支出果真有用或有效吗？自动制造是否会替代工人导致社会沉沦？政府能比银行更好地安排信贷吗？

我们的政治家和民众仍纠结于这些问题。他们可能永远都对这些问题抱有疑问。了解巴斯夏是怎样想的以及为什么这样想，就能在国会试图“解决”某些问题时，帮你评估其中的风险。

《国富论》（*The Wealth of Nations*，Adam Smith，1776）

1776 年是标志着人性的一年。美国宣布独立，亚当 · 斯密宣布资本主义。你可以决定什么对于美国自由和繁荣更为重要，但是在你读完这本出版于美国建国之年的书之前，先不要做出判断。

当这位伟大的苏格兰人“求索国家富强的本质和原因”（原书的完整标题）时，英国正濒临崩溃的边缘。殖民地在声讨乔治国王是暴君，在强权的重商主义君主的统治下生活了几个世纪的英国人的个人主义观念正在觉醒。斯密引起了人们的注意，他提出了一个简单而激进的观念：如果允许去做，每个人的私利将在“看不见的手”的引导下，通过竞争和对财富利润的追逐，为社会创造财富，推动社会发展。自利的卖家不会停止创造更新、更好的产品、服务和技术。他们不断相互竞争，自利的买家会挑选最好的产品，而拒绝其他产品，通过讨价还价，把价格拉低到自然水平。每个人都是赢家。

这本书有1000页，亚当·斯密讨论了自我决定如何带动殖民地的经济繁荣，以及脱离国王控制和自由放任会让殖民地发展起来（乔治国王变得越来越贪婪了，在富裕之后，还想再分到更多财富）。他解释了大政府和高税收是如何压榨经济的。他说明了专业化和劳动分工可以推动生产力大幅增长——他没有活到工业革命热火朝天的时代，但是他肯定想象过那个时代的样子。他解释了法币之所以起作用是因为人们对银行家有信心，因而不需要金本位制。

亚当·斯密也了解他的读者。他为大众写作。这本书也许是这个星球上最容易读的1000页的大厚书。这本书不会让你觉得沉闷，而会让你变得更明智，帮你理解为何自由经济是最好的以及为何市场憎恨政府干预。

《资本主义如何拯救人类》（*How Capitalism Will Save Us*，Steve Forbes and Elizabeth Ames，2009）

一个最伟大的标题是：“为何自由人和自由市场在现代经济中是最佳

答案?”这个标题表达了全部内容！在第 5 章中，我提到资本主义（比如供给侧的观点）在 2008 年以后不再流行。福布斯用清晰的逻辑和简单的经济学概念提醒我们，为什么自由市场具有道德上的正当性，以及必要的市场波动性——不管我们遭遇到什么，都能提升自由市场中人们的生活水准，这在美国和英国已经存在了几个世纪。

尽管这本书没有直接讨论投资中该如何操作，但是任何持有股票或计划投资股票的读者都应该读一读。理解了自由市场，你就会思考企业和个人为何以及如何继续创新，驱动经济增长，并让股东获得更高的回报——在这个过程中，要丰富稀缺的产品，改善生活质量。所有这些都不是基于大师的规划，而是受人类的自利性驱使的。理解资本主义这种看不见的力量，你将对市场能力产生信心，并克服各种困难——经济和社会方面。这个信念可以帮助我们做出更好的投资，为我们提供一个媒体没有覆盖的、有价值的长期视角。

《经济现实新激进指南》（*A New Radical's Guide to Economic Reality*, Angus Black，1970）

作者用的是笔名，他的真名是罗杰·勒罗伊·米勒（Roger Leroy Miller）。我在洪堡州立大学读书时碰到了他，至此生活发生了改变。我几乎读遍了洪堡大学的所有经济学课程。我的成绩还不错，但仍觉得没有建立一个整体框架。就像我把一台汽车拆散，研究所有零部件，深入了解每个部分，以及如何把它们装配在一起的理论，但是我无法知道这些部件的工作机制，以及它们如何能让汽车走起来。

米勒在学校给我们做了一次讲座，大力夸赞自由市场原则。我当时坐在听众席，对这位年轻的、芝加哥大学培养出的、留着波浪披肩长发、穿着黑靴的经济学家很崇拜——好新潮啊！如果你不知道洪堡在哪里，它就在加州北部的森林地区——从过去到现在，一直是大麻烟和嬉皮士的天堂。米勒站在那里讲道："如果你同意自由主义观点，而且你赞同自由主义政策适用于你关注的所有领域，这本书就会告诉你真相。"那时我 19 岁，信奉自由主义。"小伙子，我的老师会想把那些人撕成两半。"而我很欣赏那些人！但是在答问时间，他们都只问一些无关痛痒的问题。他比这些人自己更了解他们。他们心中明白，只是不想当众受到批评。

我的大脑就在那 45 分钟发生了激烈变化，我懂得了经济这辆车是如何运转的，我变成了一个自由市场主义者。米勒用事实、理论和常识证明了：政府干预太多总会产生问题而不是解决问题。自由选择和自由市场可以发挥比政客与严格监管更大的作用。当我回到家里时，我的新婚妻子舍瑞琳非常惊讶我身上发生的改变。米勒书中的观点改变了我对所有事情的看法，让我理解了新古典经济学为何有效，以及整个学术界是如何运转的。最重要的是，我学会了在限制条件下运用新古典经济学模型预测经济和市场。

这本书同样可以帮到你。通过这本书，你可以很快全面了解新古典经济学（只有你自己才可以决定是否全面了解它）。这本书中的观点确实很激进，有些政治上不正确的内容。书中的措辞可能会让大部分读者觉得有些难接受，当然，我也不是很赞赏那种语言风格。但是这些是作者那个时代的特色，也许可能解释为何这本书并不为人所知。我不在意这些问题，也希望你不要介意。实质才是必要和永恒的。

《财富积累过程中的商业晴雨计》（*Business Barometers Used in the Accumulation of Money*，Roger W. Babson，1905 ～ 1930）

这个年代范围没有错，因为巴布森对书的内容修订了很多次。你无须把那些版本都读一遍，因为核心内容没有很大的改变。修订版本很容易找到，有些已经有电子版了，可以在线免费提供（用谷歌搜索就可以马上找到）。

该书最初被定位为长期投资者的基本面经济分析的书。巴布森认为短期择时帮不到你，但是更长的周期——牛市和熊市，或者“衰退期”和“繁荣期”是有可能被识别与预测的。他的这本书可以教我们如何去做。

这本书的每个版本都以一个标题为“两类统计学”的短章节开篇，区分了“比较统计学”（比如收益和收入）和“基础统计学”（给出经济的基本条件）。比较统计学是有用的，他解释说，但它本质上不具有预测能力。他认为投资者应该也能够基于基本面情况，预测商业周期——这是一个具有革命性的概念。一些他推荐的指标，比如铁路收益，已经过时了，但有一些可用的替代指标，比如航空货运量和多式联运金额——统计学毕竟在发展。其他指标，比如广义货币供应量，是永远适用的（当然，度量货币量的方法在改变，我们创造了越来越多的“类货币”，如信用卡，巴布森在当时是无法预想到的）。

巴布森将这本书称作一本供投资人阅读的应用经济学教材，不过这听上去有点枯燥乏味。然而，这本书并不枯燥，读起来也不像是教科书。干巴巴的教科书不会用寓言故事解释为何按照经纪人的建议买入股票是徒劳无益的。在枯燥的经济分析中，仍可以有很多有趣的东西。

《商业周期》（*Bussiness Cycle*，Wesley Clair Mitchell，1913）

我在第 5 章中提到了米切尔的巨著。我非常喜爱这本书，我还要在这里再提一下——真是太棒了！在我的印象中，米切尔是经济学、统计学、周期和预测方面的圣人。

当 1913 年米切尔写下《商业周期》一书时，大多数人认定经济繁荣即将出现。这有点像气候，很少有人自己可能置身于一个实际上由资本主义自然而生的、偶尔过剩的周期中。没有多少人认为繁荣是看不见的手自动纠正这些过激的结果，并让我们大家走上了资本主义的天堂之路（政客似乎从来不想让它发生）。

米切尔想到了这一点，这本书就是他的理论和证据。本书没有讲大道理，有的只是科学的方法。他收集了大量数据，进行了观察、分析、检验和推理。这本书内容有趣，不枯燥，带领我们穿越整个经济周期，解释每一步的过程和原因。我们看到企业过度扩张，高估潜在利润，一旦控制不住成本就受到挤压。我们看到随着银行和市场萎缩，信用成本开始上升。当企业无法偿付债务时，市场陷入恐慌。我们看到恐慌情绪达到顶峰时，信贷被冻结，然后我们看到对流动性的需求——同一年美联储诞生了。之后是价格恢复，商业转好，重新开始一轮新的扩张。

这本书将告诉你华尔街和主街之间的纠纷，不是谁对谁错，总是相伴而行。今天和一个世纪之前一样重要。在读完这本书后，你可能想读他1927年在国家经济研究局写的文章《商业周期：问题及背景》，这是想深入研究全球预测的读者必读的一本书。

《统计陷阱》（*How to Lie With Statistics*，Darrell Huff，1954）

正如马克·吐温曾经引用本杰明·迪斯雷利（Benjamin Disraeli）所说过的话，“谎言有三类：谎言、糟糕的谎言，还有统计学。”哈夫这本有趣的书告诉我们为什么这句话是真的。书中还配了有趣的插图！

这本书篇幅不长，我不是在给这本书打广告——没必要！书名就说明了一切。哈夫解释了统计分析是怎样轻易引导出一个人们期待的结果，如何支持某种偏见，以及协助做一些作者想做的恶作剧的。任何人都可以操纵数据说谎话。

读这本书的理由是什么呢？想想那些建立在数据基础上的有关经济、市场和政策的各种观点吧！很多都是假冒的，我们可以在皮凯蒂和赛斯的著作中看到。如果你知道该怎么处理，很容易从中检验和挑出来，而哈夫告诉了我们如何去做这件事。如果不读这本书，你的思维无法超出普通大众。我觉得所有认为自己受过教育的人，哪怕是像我这样曾在学校上过统计学课程的人，都应该读一读。我从这本书中学到了很多东西。你可以不用上统计学课程就从这本书中获得最好的统计知识。

向传奇人物学习

并不是每一位投资界中的传奇人物都会写一本书。很多传奇人物太忙，没时间写书！幸运的是，传记作者填补了这个空档。我们可以阅读他们的生平故事，了解他们的做法，并从他们的成功、失败中吸取经验教训。

《罗斯柴尔德家族》(*The Rothschilds*，Frederic Morton，1961）

根据金融界的说法，第一个说这句话的人是内森·梅耶·罗斯柴尔德（Nathan Mayer Rothschild）：“当街上血流成河时，才是该买入的时候。”一些历史学家认为这是杜撰的，也许是吧，不过这本书值得读。即便内森没有说过这句名言，他也配得上。

正如标题所示，这是一本讲述罗斯柴尔德家族 200 年历史的巨作，开篇是从 18 世纪 60 年代法兰克福犹太人居住区的鼻祖梅耶·罗斯柴尔德开始的。不过这本书不算太厚，大约 300 页。

罗斯柴尔德家族开设了世界上第一家私人银行，实际上也是一家中央银行，为政府和工业提供资金支持。罗斯柴尔德家族的人各自扮演着自己的角色，而内森是领头人和有天赋的投机者。他在拿破仑战争期间做了一笔大买卖，在血流成河时买入。他在1826年救助了英格兰银行，在国际信贷业务上更是先锋，引入纸质系统作为存款证明，使得借款人不必再费力移动有形抵押物。

你将从他们的事迹中学到很多东西。在读到这个家族在拿破仑战争期间所做的冒险时，我们马上就得到了一个最有价值的教训。内森的投机生涯是个传奇，但关键还是家族走私生意。黑幕？当然是啦！但他们从一开始就知道，战争并不能阻止商业和正常生活。人们仍然需要吃饭和购物，而罗斯柴尔德家族确保人们可以这样做。记住下一次你听到战争的消息时，肯定是经济下行的时候。如果你想知道这本书对我有多重要的话，我告诉你，在读完这本书之后，我给我二儿子起名为内森·罗斯柴尔德，这是真的。

《摩根财团：美国一代银行王朝和现代金融业崛起》（*The House of Morgan: An American Banking Dynasty and the Rise of Modem Finance*，Ron Chernow，1990）

这是有关一家银行——JP摩根的故事，也是一个人的故事。如果没有传奇金融家约翰·皮尔庞特·摩根（John Pierpont Morgan），现代银行和资本市场也许还不存在。是的，美国也可能不存在，要知道是摩根在1893年市场恐慌时，个人救助了山姆大叔。他们对摩根无比热爱，认为他坚韧、富有远见、多面、既残酷又善良，并且是独一无二的。

这本书有800多页，读完需要耐力。但这是一部吸引人的、关于美国金融系统和摩根家族四代人的著作。摩根家族在美国拥有像欧洲的罗斯柴尔德家族一样的地位，直接向危机中的政府提供资金。你将见证摩根玩弄手段，终结 1893 年和 1907 年的市场恐慌。你将作为一个不引人注目的旁观者，站在神秘的杰基尔岛的隘口和最终批准成立美联储的国会听证会上。你将看到银行家在大萧条后推动格拉斯·斯蒂格尔立法，要求分离零售银行和投资银行业务时，银行家是如何对抗费迪南德·佩科拉（Ferdinand Pecora）和其他政客的。在 150 年的摩根历史中，你会看到市场所经历的一切，这是一个喧嚣的故事。

《希尔与西北部大开发》（*James J. Hill and the Opening of the Northwest*，Albro Martin，1991）

罗斯柴尔德家族和摩根家族是我的著作《美国金融史上的 100 个著名人物》（100 *Minds That Made the Market*）中的重要人物，另外还有三个人物。我们先从伟大的西北巨头詹姆斯·希尔（James J. Hill）说起。

罗杰·巴布森（Roger Babson）称詹姆斯·希尔为“基本统计学的伟大学生”。[5] 这位 19 世纪的铁路大亨是一个伟大的思想家、商业领袖，也是投资人。他也是一位典型的自立自强、独立奋斗的伟人，在他建成了铁道帝国之时，也促进西北部出现了行业和经济的增长——没有土地补助、征用权、政治恩惠或政府援助。活生生的事实证明私营企业开发要比政府做得好多了。

希尔晚年去了华尔街，所以这本书记录了他的帝国建立过程。他的商业决策给投资者带来了智慧启迪，同时他对经济环境的分析和对利润的关注也直接影响了今天的证券分析。尽管如此，他的华尔街历险才是精彩真正开始的地方。当希尔叩开华尔街大门时，他已经变得个性贪婪了（贪婪是好的），努力用竞争手段把他的大北方铁路变成大陆铁路王国。他表现出了一种强烈的逆向投资风格。在 1893 年的市场恐慌中，他收购了北方太平洋铁路。他对芝加哥、伯灵顿和昆西铁路的报价让对手埃德·哈里曼嫉妒得发狂，播下了1901年市场崩溃的种子。通过大北公司，他花了400万美元购买明尼苏达梅萨比农场富含铁矿砂的土地，坐等了8年，才交给美国钢铁公司开发。观察人士引颈以待，这400万美元到1906年已经变成了4.25亿美元，为希尔的股东赚了一大笔钱。其中包括他的雇员，他用半价为雇员买了股票——他是员工股票期权的早期探索者。

希尔的探索也对证券法和反垄断法的发展做出了贡献。这本书涉及细致的回顾，可能会使你产生更大的了解他的兴趣。不要着急，在这一章后面，我还要给你推荐另一本相关的书。

《华尔街黑暗天才》(*Dark Genius of Wall Street: The Misunderstood Life of Jay Gould, King of the Robber Barons*，Edward J. Renehan Jr.，2005)

首先，如果你想看一场戏，那么杰伊·古尔德（Jay Gould）应该是那个男主角。众所周知，古尔德让镀金时代的“强盗大亨”看起来像小猫一样。除非你和他有亲缘关系，否则他确实是个讨厌的家伙。他也曾是美国最有创造力的金融家。我一直喜欢他的不羁，很明显作者也喜欢他。这是赞扬。本书描述了一个引人入胜的、真正的局外人逆势而行的故事。

我不建议大家模仿古尔德做过的事情，因为操纵一家公司的财务数据以推升股价是会坐牢的。但是他的独特技能和纪律性在今天仍是适用的。他之所以被人厌恶，是因为他为人粗鲁，不受人待见。他可能也希望自己是这样的——这种环境可以让他本能地成为一个逆向投资者。

古尔德越是成功，社会越是抵触他。在范德比尔特家族和阿斯特家族控制的纽约，不能容忍这些通过投机获得名利的新贵。他们认为他是通过错误手段赚的钱！他不配拥有那些财富！1892年《纽约时报》报道他的财富是 7000 万美元（约合今天的 12 亿美元），谴责了他自私的战术——他并没有像范德比尔特家族和阿斯特家族那样创造城市繁荣。在人们眼里，他是寄生虫和徘徊在法律边缘的罪犯。[6]

具有讽刺意味吧？古尔德不是寄生虫！他压低价格收购企业，但并没有抢掠和毁坏。他继续经营那些企业，改善了经营，因而创造了繁荣。他的做法就是当下私募股权投资机构一直在做的（不收取管理费），只不过当时他是领先者。

你从这本书里可以了解这些细节，包括市场恐慌！特别是 1869 年市场崩溃，这是古尔德造成的。他试图囤积黄金，结果打了个平手。他还曾试图迫使他的妹夫格兰特总统支撑黄金价格。格兰特拒绝了，抛售了财政部 5% 的黄金储备，导致金价下跌。投机者损失惨重！但是古尔德幸免于难，因为他从妹妹（格兰特的妻子）那里提前获悉了内部消息，以高价卖出，躲过了这次金价下跌（正如我刚才说的，你不应该模仿他的每种做法）。这本书里还有很多趣事，但是我不想透露给你了。

《海蒂·格林：热爱金钱的女人》（*Hetty Green: A Woman Who Loved Money*，Boyden Sparkes and Samuel Taylor Moore，1930）

“华尔街女巫”的新传记已经上市了，但是没有哪本能像这本紧扣她的市场头脑和投资方法，而不是花费太多笔墨去写她的怪癖、花边新闻、小道消息。海蒂讨厌八卦消息。这本书在她去世 14 年之后出版，翔实地记录了她一生中的传奇。

海蒂突破了 19 世纪华尔街老男人俱乐部的玻璃天花板——她是古尔德、希尔和摩根时代唯一显赫的女人。她战胜了投机者，拯救了纽约，至少两次（传说中）拿枪指着对手铁路大亨科利斯·亨廷顿（Collis Huntington）——他威胁要让她儿子坐牢，那时他们在争夺得克萨斯铁路。

她憎恨亏钱，因为她丈夫在一次糟糕的银行交易中亏掉了她的资金，她一怒之下抛弃了他。情绪冲动吗？对海蒂来说，他是个弱者。用财富购买消费品和服务是挥霍。为了省钱和避税，她过着流浪的生活，带着孩子租住在布鲁克林和曼哈顿便宜的公寓里。

她的节俭近乎疯狂，她的省吃俭用让财富翻了很多倍。去世时，600万美元已经变成了1亿美元，这相当于每年按照6%的复合增长率增长。她喜欢购买债券和抵押贷款，如果抵押贷款违约，她会得到作为抵押物的房子。此外，她从不放过任何一个低价购买股票的机会，特别是铁路股。在她做多头而陷入1873年市场恐慌时，她的策略很简单："我在没人想买、价格极低时买进。我持有这些股票，就像手中有大量的钻石，只等着人们急切想要时才出手。这就是商业成功的秘密。我从不投机……这些股票都是我的投资，我从不使用杠杆购买股票。"[7]

海蒂就像弹钢琴一样把握着市场情绪周期。她总是在市场最恐慌时买入，在价格上涨到最顶部附近卖出。她在1907年卖出了尼克波克信托，因为在那里工作的人都"长得太好看了"。然后她转向陷入困境的银行和金融机构——名气不大、地位较低的摩根银行，但是她从来都是很谨慎而且不借助杠杆资金（永远的贵格会风格）。海蒂知道如何衡量风险，从不异想天开。通过本书，你可以了解这位了不起的女士，学习她纪律严明、跑赢芸芸众生的方法，以及对复合成长的热爱。你不必遵循她俭朴的生活方式，也可以从中学到一生受益的知识。

《约翰·邓普顿的投资之道》（*Templeton's Way With Money*, Jonathan Davis and Alasdair Nairn，2012）

约翰·邓普顿爵士写过书，不过内容大多与他的信仰、科学以及个人理念有关。这本书和其他传记填补了空白，展示了这位有史以来最伟大的共同基金管理人的崛起和投资策略。

正如我在第 6 章中提到的，邓普顿在全球投资方面是先锋人物。他是这方面的第一人！在第二次世界大战后，他就开始投资日本，而当时很多人都担心日本的资本管制。但是邓普顿不担心！他研究了这个国家和它的文化，了解了其经济和政治体制如何运转，而且参与其中。他在 20 世纪 80 年代初期就开始关注韩国，是先行者之一。当时韩国在推翻了朴正熙（Park Chung-hee）的军事独裁政权之后，仍在严格管制经济。你可以从中了解到很多细节和他的全球探险经历。

你将会对他形成自己的看法。很多人知道邓普顿的那句名言："牛市在悲观中诞生，在质疑中成长，在乐观中成熟，在狂欢中死去。"这本书里有大量这类智慧名句，比如："如果你想要在二三十年后得到最佳结果，就得保持灵活性。灵活的视角就是避免落入人类本性固有的巢穴，也就是买那些你过去想买的东西，或者继续买过去表现好的东西。"

你会看到另一种邓普顿风格："绝不从众"。他喜欢在市场"最绝望的时刻"买进，回避出头露面，喜欢独立思考、探索事实。他在四次储贷危机的底部买进——当时每个人都在狂呼"卖出！"邓普顿仔细查阅了每家银行的资产负债表。他买进的股票之后又下跌了一些，他知道准确把握买入时点是不可能的。他的依据没有改变，所以他坚持持有——正确的决定！你可以从他处理各种情况的策略和思维方法中学到很多东西。我见过他几次，他是一个出色的人，有远见、谦虚、勇敢、俭朴、有商业头脑、灵活。

我在这本书的封底写下了一段推荐语，这是一本写伟大人物的伟大的书。不论年轻还是年长的投资者，业余还是专业投资者，都能从这本书中获益。不读此书，不应该去做交易。

《美林传奇：百年兴衰录》(*Catching Lightning in a Bottle*, Winthrop H. Smith Jr.，2013）

这是一本公司传记，记录了美林的完整历史，讲述了这家机构的许多创新。美林是20世纪投资银行和经纪商中的“皇帝”，是在查理·梅里尔将华尔街带入主街的目标下成长壮大的（韦斯利·米切尔会同意这个说法的），是首家将投资者教育当成促销工具，改善投资行业并为普通人授权的机构。它第一个认识到女性投资者大军的存在并加以笼络的机构，是首家笼络投资散户而不只是资金大户的经纪商，是首家使用计算机的机构，并且是首家公布年报的机构。美林是首家提供现金账户的机构——支持支票和信用卡，所以客户可以直接把交易所得投入市场基金，免去了他们去银行转账的麻烦。美林变成了首家一站式金融服务商（是第二家公开上市的投资银行，总不能老是排第一嘛）！

美林的历史就是一部美国金融服务史。这本书的副标题并不是溢美之词。当海伦·斯莱德大摆筵席的时候，美林将华尔街带入了风暴。美林做的当时被视为首创的每件事都是今天普通的事情，作者当时都亲身经历过的。作者的父亲——老温斯洛普1916年大学刚毕业就加入了美林，1940年之前一直担任负责人。作者小时候就耳濡目染，1974年也加入了这家公司。他在那里工作了28年，大部分时间都位居管理层。没有人能比他更好地讲述这些故事了。

我推荐这本书，但有一点不满意：后半部分对斯坦·奥尼尔的批评有点老套，他确实被看作过气的人物，而且导致了2008年银行的衰落。这是真实的，不过这些大家都已经了解，而且很多人都讲过了，所以一点也不出奇。但是这本书前2/3的内容很棒，不愧是一本杰作，值得一读。

小心自传

你会发现我们这里漏掉了一类书籍——自传！此即经济政策制定者的回忆录。美联储委员、财政部长、总统顾问，这些人总是在离职后签约写书。他们中很少有人是伟大的作家，有真正有趣的故事和大家分享（大多数人用的是写作工具软件）。他们的书对于投资者帮助不大。

并不意外的是，这些个人不会告诉你事情的真相。他们说了很多事情，唯独真相欠奉。他们告诉你那些他们希望你相信的事情。写回忆录更多的是给自己镀金，而不是告诉你实际发生了什么——不管他们是反思自己的职业生涯，还是回忆一段时间发生的事情，比如经济危机，都是如此。你可能会借此了解他们做事的逻辑和想法，自传就具有这样的用处。

回忆录用文字把行动说得更响亮。你从他们掌权时的历史记录中，其实可以找到更多有用的真相，比如美联储会议纪要。

美联储发布五年来每一次会议和电话会议的记录，这是福音，也是诅咒。我们终于可以了解整个真相，了解他们当时知道什么，以及他们当时是怎样制造烟雾迷惑我们的，这是福音。说它是诅咒，是因为五年时间对我们来说太长了。时间很重要，2008 年的会议记录如果早一点公开的话，耶伦也许就当不上美联储主席了！这次会议记录的公布时点是参议院通过了对她担任美联储主席的提名之后。如果参议员和公众提前知道了这份会议纪要，他们可能会提出更难回答的问题，以评估其实际行动，而不是看她的简历和能做什么。他们可能会问她为何在金融危机恶化迫在眉睫之际，嘲笑努力工作的牙医和乡村俱乐部。为什么她没有在2008年金融危机爆发之前有所察觉。他们可能还会问她为何在雷曼倒闭第二天投票反对降息。

2008年美联储会议纪要超过1000页纸，很长但很有料。这些记录明显和前财政部长汉克·保尔森及蒂姆·盖特纳的回忆录有很大的出入。会议纪要显示保尔森和盖特纳在雷曼问题上说了谎。保尔森声称英国监管机构不会同意巴克莱用摩根大通收购贝尔斯登的方式收购雷曼。这可能是真的！但是会议纪要显示财政部和美联储曾经清楚地做出一项决定，隐瞒潜在资金帮助雷曼脱困。而他们在同等情况下，却帮助摩根大通收购了贝尔斯登。然后他们互相拍拍对方的后背，说干得不错。政府人士几乎总是认为他们做得很出色。我们很难找到其他说法。这也和盖特纳的回忆录是矛盾的。他说他会支持像巴克莱这样的机构收购雷曼。如果真是如此，为什么他没有那么干？为什么他当时没有大声呼吁？为什么他没有驳斥那些认为雷曼破产是一个胜利的美联储成员？

你没必要全部接受我的观点！你自己可以去美联储的网站上看。你会看到美联储的总裁对迫使雷曼倒台额手相庆。你也可以看到伯南克表现出对“那次会议关于政策的说法而不是银行系统”更多关注。你将会看到，很明显，他们没有人认为让雷曼倒闭会造成多大的伤害。这就是真相！会议纪要告诉我们，监管机构总是粗心大意，把问题闹大、闹得更加不可收拾。知识很重要！但是你要知道，从刻意雕琢和洗白的回忆录里，几乎永远无法获悉真相。

那些忘记历史的人……

不只是悲观情况会重现。了解历史，有助于我们从历史视角看待市场波动。历史书把我们带回那些忘记了的过去的恐慌和市场波动事件中。

历史也可以保护你免受媒体制造的悲观情绪的袭扰。大多数财经记者在 2008 年还太年轻，不理解这场危机是典型的银行恐慌——这在 19 世纪和 20 世纪初经常发生，并不是那么非同寻常，只是人们早已遗忘了。对他们来说，这个事件是史无前例的、预示性的。大多数人不了解市场恐慌的历史，所以他们不知道复苏的过程有多快！他们的情绪引导了大众情绪，华尔街血流成河，创造了良好的逆向投资机会。

你对过去的复苏、熊市、崩溃和银行倒闭了解得越多，就越明白太阳之下没有新鲜事，也就没有什么事情会吓倒你了。市场早已发生过此类事件，而且已顺利度过，变得更加强壮和健康。

有很多优秀的财经历史书值得推荐。至少每个重要历史事件都有一本书，抱歉的是，我这里只能提到其中的五本书。我们可以把它当作样本，还有更多好书没能包括进来。

《大癫狂：非同寻常的大众幻想与全民癫狂》(*Extraordinary Popular Delusions and the Madness of Crowds*，Charles Mackay，1841)

截至 1841 年，金融泡沫的历史已存在了几个世纪。查尔斯 · 麦基在书中讲述了这些事件——密西西比计划、南海泡沫、荷兰郁金香风波，以及许多其他工业化之前的金融泡沫案例，尽管语言比较沉闷。

为什么要担心呢？因为泡沫几乎在哪里都被误解。专家经常发现并不存在的泡沫，而泡沫出现时，又对其视而不见。我们总是在牛市一开始的时候被告知牛市是泡沫。上涨的债券、黄金、白银、房地产（你能举出很多)，在近 20 年里，都被错误地当成了泡沫。真正的泡沫是少见的，而且总是被人们错过。

泡沫是群体心理事件。当我们置身泡沫中时，几乎每个人都会迷失自我（但愿在读完这本书之后你不会这样）。哪怕是世界上最聪明的人！牛顿爵士在南海泡沫中损失了大笔财富。他开始时很明智，入市较早，在赚了差不多一倍时退出市场。但是，后来他看到别人又赚了很多钱，就克制不住贪婪和妒忌，在价格涨得快到最高点时，拿出所有资金又冲进市场。随后，市场一路下跌，他损失了 2 万英镑，按现在的美元计算，损失超过 300 万美元，几乎让他彻底破产。[8] 传说他曾讲过下面这句话："我能够计算出星球运动轨迹，却无法计算人类的疯狂。"[9]

在真正的泡沫里，理智的人把理性抛到一边，试图解释为什么这次是不同的。供给和需求似乎不再重要。在那些"性感的"互联网公司上市时，利润似乎变得不重要了。那些识别出泡沫的少数人，不受欢迎，被人们嘲笑。

这就是麦基这本书想要告诉我们的：当泡沫被吹大时，人们陷入了认知和心理陷阱。他讲述的这些案例很容易用于解释 1929 年的股市崩溃、20 世纪 80 年代的黄金泡沫，以及 1999 ～ 2000 年的科技股泡沫。环境虽然不同，但是故事从来没有改变。媒体告诉我们这一次有所不同，但是正如我在 1985 年《福布斯》上发表的总结这本书的文章所写："不管媒体怎么说，几个世纪以来，金融市场并没有发生真正重大的改变。"[10] 这句话仍然是真的，仍然经常被人们忘记。而这本书仍然是讨论泡沫方面的经典著作。

《美国货币史（1867 ～ 1960）》（*A Monetary History of the United States*,1867-1960，Milton Friedman and Anna Jacobson Schwartz，1963）

这是有史以来最伟大、最全面、最重要的一本经济史教科书。如果篇幅吓坏了你，你可以先读《大紧缩》（*The Great Contraction*），这是这本书中关于大萧条那一章的单行本。这本书煞费苦心地解释了美联储的错误政策是如何导致经济衰退的。它会很快抓住你的注意力，而你可能甚至没留意弗里德曼和施瓦茨还在脚注里写了很多注释。

如果《大紧缩》说对于想了解大萧条的人很重要，那么《美国货币（1867 ~ 1960）》则对那些想了解美国的人很重要。这本书的时间范围是一个世纪，从内战后绿背钞票时代开始，直到货币供应稳定和增长的 20 世纪 40 年代末和 20 世纪 50 年代。每一次冲击、恐慌、繁荣、银行倒闭、衰退、紧缩和扩张，都可以从货币主义者的角度给出解释。但是书中并不全是图表。弗里德曼和施瓦茨也讲述了银行、银行家、政策、政客以及债务等方面的故事。

你将看到栩栩如生的人物，如自由白银运动的领导者威廉·詹宁斯·布赖恩（William Jennings Bryan）。不管你是否相信，人们看到 L. 弗兰克·鲍姆（L. Frank Baum）金融寓言故事里的“狮子”，就误以为这是一本像《绿野仙踪》（*The Wizard of Oz*）一样的童话书——这些在我 2006 年那本书里都有详细记录。你将了解到早期美联储的情况，了解那些打造美联储的男人们。你会明白为什么罗斯福新政并不是被人们大肆宣传的样子。读完之后，你会希望作者可以在过世前出版第 2 版，并在其中增加尼克松价格管制的章节。

《美国过去的增长和福利》（*Growth and Welfare in the American Past*，Douglass North，1966）

这本书是《美国货币史（1867 ~ 1960）》的一个学术孪生兄弟，篇幅比前者少了大约 650 页，但信息量没少很多。通过对美国经济从殖民时代开始的新统计数据的研究，诺斯重新检讨了过去流行的观点，并检查了大数据能否支持那些观点，比如：英国能否在1763年后阻止我们？铁路是否真的有助于推动19世纪上半叶的快速经济增长？在工业革命开始之后，镀金时代的所谓“邪恶大亨”是否用低于生存条件的工资和恶劣的工作环境压榨工人？在这个过程中，他解释了我们的市场经济、技术知识、竞争驱动力和强有力的教育（学校与工作中）是如何共同作用推动数百年的经济增长和生活水平提高的。

尽管这段历史是伟大的，对我们来说最有用的是历史神话。为什么呢？看看诺斯是怎么说的：“经济史学家面临的许多主要问题涉及社会某个阶层收入状况的真实或据称的改善或恶化。工业革命期间工人的生活标准、农民在19世纪末的不满、近代的反贫困运动，只是这些问题的一个小样本。我们需要精确的量化数据以度量各个阶层的实际收入变化，而经济分析可以提供一个解释。”在当下，这种说法依然是成立的！具体情况有所不同，但我们仍然被有关经济增长的原因、过程以及对象的各种主张所困扰。诺斯的方法和思考过程仍适用，而且会伴随着资本市场存在而继续得到应用。他想找到历史感知和现实之间的脱节。这也正是我们在这本书中要探索的！

《华尔街铁路大战》（*Harriman vs. Hill: Wall Street's Great Railroad War*，Larry Haeg，2013）

我们在前面提到过詹姆斯·希尔。他在这里又登场了，在1901年市场恐慌中，他是一个重要人物。

1901年的市场恐慌基本上是希尔和他的主要竞争对手——铁路大亨埃德·哈里曼因嫉妒和贪婪造成的怨恨、伤害造成的。两个人都想打造自己横跨北美的铁路帝国：哈里曼拥有太平洋联合企业（Union Pacific），希尔拥有大北企业（Great Northern）和北方太平洋企业（Northern

Pacific)，他们激烈地争夺地区铁路线。希尔赢得了芝加哥、伯林顿和昆西的铁路，势力范围扩张到了哈里曼的鼻子下面。哈里曼企图通过敌意收购北方太平洋，对希尔做出回击。通过库恩、勒布，他试图收购北方太平洋价值 9000 万美元的股份。希尔闻讯后拼命想阻止他，几天内就迫使股价从每股 110 美元上涨到了超过 1000 美元，拉动其他铁路股和大盘跟随上涨。随着空头被左右挤压，恐慌出现了。股票经纪商在无法平仓的情况下爆仓。纽约证券交易所出现第一次市场崩溃和当时最大一次下跌，随后市场快速反弹。

这个故事到此还没有结束。在这次围绕北方太平洋的互搏之后，希尔和哈里曼都陷入了困境。他们联合成立了一家控股公司——北方证券公司，用来合并他们的铁路线资产（尽管他们仍相互厌恶）。西奥多·罗斯福不喜欢这种做法，联邦政府以《谢尔曼反托拉斯法》的名义起诉了这家企业。北方证券公司虽然打输了官司，向最高法院提出申诉，但最后还是输了。然而法官小奥利弗·温德尔·霍姆斯（Oliver Wendell Holmes Jr）提出异议，将捍卫财产所有权作为一种道义。他的意见遏制了罗斯福企业的干预做法，其意义一直延续到今天的美国产权法和反垄断法。

以上就是这个故事的简单介绍，是市场慌乱、阴谋和资本家的胜利。建议你一定要读一读这本书。

《杰克逊经济》(*The Jacksonian Economy*，Peter Tremin，1969）

小测验问题：当我们的第七任总统摧毁了中央银行，推动了硬通货并还清了我们所有的国债时，发生了什么？

如今专家说话的口吻就像是世界一片繁荣昌盛，地球已经变成了天堂似的！但事实几乎正好相反。随后的西部土地销售和财政浩劫，直接导致了 1837 年的恐慌和长达 6 年的萧条，这是时间最久和最糟糕的一次经济衰退。很难找到一部好的历史能够如实再现当时的真实情况。杰克逊的各种传记集中于这个人和老希科里的传奇，基本上忽略了他所造成的经济浩劫。那本传奇的《菲利普·霍恩日记（1828 ～ 1851）》(*Diary of Philip Hone 1828 ～ 1851*) 没有给出宽广的视角和准确的经济细节，但是抨击了杰克逊与他的愚蠢行径。诺斯和弗里德曼、施瓦茨针对这个时期给出了客观而简短的参考资料。我建议你读一读霍恩这本书和他辛辣的批评。

但是特雷明的书可能会是你最好的选择，如果你想看到一个对那个时期客观详尽的描述的话，这本书比较公允，批评了双方的观点，让读者自己判断谁是谁非。我个人认为，那些事实能够把事情说清楚。

21 世纪的经典著作

当下出版的很多投资类书籍很难在 20 年之后仍然是经典著作。大概每 10 年会有一两本经典传世。这里推荐两本当今必读书。

《理性乐观派》(*The Rational Optimist*，Matt Ridley，2010）

这是“一本不是历史书的关于历史的书。作者带领我们回顾了人类文明的崛起，展示了资本主义的创新者是如何解决一个又一个问题，不断克服短缺，一路不断推出新行业和新技术的。他举出了令人信服的事实和实证结果，论证了马尔萨斯悲观主义者错得多么离谱。

正如我上面所说的，这不是一本历史书。它反击了媒体的各种悲观、短视的观点。作者借助历史证明了为何专家的世界末日预测肯定是错的——对未来的乐观主义是理性的！在人类历史上，只要是资本主义和市场发展得好的地方，各种思想就能争奇斗艳，给人带来难以想象的创造性的方案，在短缺、疾病和其他糟糕情况变成问题之前，就将它们彻底解决了！即使是半解放的人类，在适应和克服任何看似可怕的情况时，都是非凡的。正如页岩油繁荣打击了石油，思想的碰撞将解决我们当下无法解决的困境。正如柏拉图很久以前所说的，需要是发明之母。

这本书是一种用来抵御悲观媒体给我们制造的压抑的解毒剂。它会使你头脑清醒，对我们的长期前景保持乐观——对股票也是如此，毕竟股票是神奇的资本主义创新的一部分。作为奖励，你将看到为何自由贸易和全球化对于未来如此重要。当人们这样做的时候，思想就会不断涌现。世界联结得越紧密，人们之间交换的思想、商品和服务越多，就有越多神奇的事情发生。贸易保护主义专家无法理解这一点。他们把这个世界看成一个固定大小的馅饼，全球化是一个扼杀就业的威胁。作者告诉你为什么这是废话。

《无意义的恐慌》(*Senseless Panic*，William M. Isaac，2010)

从第一句话开始，我们就可以清楚地看出这本书不是从主流观点出发讲述 2008 年全球金融危机史的：“2008 年金融市场恐慌和其后的深度衰退本不一定会发生，我对这一切所造成的巨大的经济、人力和政治代价感到震惊。”[11]

很多人认为这场恐慌是住房泡沫、去监管、银行过度贪婪和金融过度发展的自然结果。那是胡扯，是媒体一直以来的伎俩。作者艾萨克曾在 20 世纪 80 年代早期的储贷危机中执掌联邦储蓄保险公司，可能是指出问题所在的最合适的人选——盯市会计准则才是罪魁祸首。艾萨克是第一个公开指出盯市准则对 2008 年金融崩溃负有责任的人。如果美国证券交易委员会和财务会计标准委员会（FASB）再多花半年时间听听他的意见，生活也许会变得比现在好得多。

艾萨克通过分析20世纪80年代银行所遇到的麻烦和盯市会计准则，说明了监管的过度反应是如何直接引发2008年市场恐慌的。20世纪90年代和21世纪前10年出台了一系列改革，都聚焦于防止1989～1992年储贷危机再次发生，但反而种下了发生更糟糕事情的祸根。艾萨克指出了美国证券交易委员会和财务会计标准委员会如何间接批准了糟糕的会计标准，造成了20世纪80年代发生的问题，并采用了错误“解决方案”——FAS 157（盯市会计准则）。他说明了“快速纠正措施”的条款是如何对资本低于最低限度的银行采取过度惩戒措施，迫使银行有动机在问题刚出现苗头时，就放弃那些不太稳定的资产的。此外，他解释了这些因素是如何发生连锁反应，陷入资产被核销的恶性循环，最终引发了导致2008年9月市场恐慌的抛售的。通过事实和数字，我们看到大约3000亿美元的贷款损失是如何演化成1.8万亿美元原本不必核销的损失和流动性枯竭的。当市场崩溃时，我们看到了美国财政部和美联储暗中采取了有政治色彩的危机管理干预手段，导致了9月发生的主观造成的毁灭性事件。我们仍然无法理解为什么美联储和财政部只选择某些机构提供救助，而放弃了另一些机构。我们只知道它们这样做，导致了市场大崩溃。

这本书是一个基于事实的，对盯市会计准则和危机管理不善的强烈控诉。作者的观点是正确而独到的，展示了监管机构是怎样制造出不必要的风险的，我们在第6章中讨论过这个话题。理解2008年危机是如何造成的，不仅能帮你了解我们这个时代的这一重要金融事件，也能帮你知道下一次如何防范。

现在我们已经到了这一章节的最后，你的图书清单是不是很长？我希望如此，但是要确保留有空间，因为还有一个话题我们还没有谈到——行为金融。这是我最喜欢的一个话题！准备好了吗？现在翻到第9章！

注释

1. *The Warren Buffett Way*, Robert G. Hagstrom (New York: John Wiley & Sons, 1994), mass market ed., 1997, 27.
2. *Common Stocks and Uncommon Profits*, Philip A. Fisher (New York: Harper & Brothers, 1958), rev. ed., 2003.
3. *Common Stocks and Uncommon Profits*, Philip A. Fisher (New York: Harper & Brothers, 1958), rev. ed., 2003.
4. "Jesse Livermore Ends Life in Hotel," *The New York Times*, November 29, 1940.
5. *Business Barometers Used in the Accumulation of Money*, 6th ed., Roger W. Babson (Boston: Babson's Statistical Organization, 1913), 23.
6. "Jay Gould," *The New York Times*, December 3, 1892.
7. "Seventy Years Rest Lightly on Mrs. Hetty Green," *The New York Times*, November 5, 1905.
8. "Even a Genius Can Get Suckered," Thomas Levenson, CNNPolitics .com, July 29, 2009. www.cnn.com/2009/POLITICS/07/29/levenson .finance.regulation/ (accessed 11/12/2014).
9. *Observations, Anecdotes, and Characters of Books and Men*, Reverend Joseph Spence (London: Walter Scott, 1820), 71.
10. "Gifts of the Gurus," Kenneth L. Fisher, *Forbes*, June 3, 1985.
11. *Senseless Panic*, William M. Isaac with Philip C. Meyer (Hoboken, NJ: John Wiley & Sons, 2010), xv.

| 第9章 |

当麦莉·赛勒斯遇到本·格雷厄姆：行为金融的不幸

我们已经花费了8章的篇幅磨炼我们的头脑，你现在有想法了吗？

如果有，别太激动。世界上的任何聪明人都比不上我们最大的敌人——我们自己。情绪和偏见驱使我们在错误的时间做出错误的行动。

有一门学科——行为金融学致力于这方面的研究。它是我最喜欢的一个市场研究领域。对行为金融学的正确运用就是找出我们的大脑和感觉是如何欺骗我们在大部分时间做出错误行为的。其目标是帮助我们控制导致做出错误投资决定的情绪冲动和偏见。行为金融是对抗我们内心中的杰西·利弗莫尔的一个强大的武器。

至少，这就是行为金融该起的作用。近年来，这个领域已经从“如何控制自己”转到“如何击败市场”。“行为金融基金”声称可以在识别和利用群体行为错误方面具有优势，而且因此收取较高的管理费。这在它与群体博弈时很有用，但这不是行为金融！行为金融是关于识别你自己的认知错误，避免自己重复犯错的学问，而不是为了利用别人的错误心理。假定其他人总是愚蠢的，有时是傲慢的，有时是既愚蠢又傲慢的，这不是博弈的好起点。

新奇的行为金融噱头听起来可能有帮助，但噱头从来不会帮助任何人进行更好的投资。自我控制可能听起来并不性感，但是真正的行为金融学比时尚的行为金融能给你带来更多的好处。

在这一章中，我们将看到：

- 谁偷走了行为金融，他们是怎么使用它的。
- 行为金融可以给你怎样的战术优势……在哪些方面没有优势。
- 如何正确使用行为金融。

出发点

研究人员对投资者心理的研究已经有几十年了，但是行为金融直到 2002 年才成为主流理论。那一年，丹尼尔 · 卡尼曼因其 1979 年的出色论文（《前景理论：风险条件下的决策》，与阿莫斯 · 特沃斯基合作）而赢得了诺贝尔经济学奖。[1]

这两位心理学家开始挑战人们长期以来坚持的人在决策时是理性的假设，选择了之后产生了大量成果的模型——“效用理论”入手。为了完成这项研究，他们向一些以色列人、瑞典人和美国人提出了一系列虚构的问题。这些问题要求人们权衡确定性、可能性和风险，以做出一些选择。

受试者被要求在几个选项中做出选择：一个是有高支付的高概率事件，如有 50% 机会赢得 1000 美元；另一个是一笔较小的金额，但肯定可以得到 450 美元的收入。为了让选择有意义，以色列版本采用的金额是以色列国民平均收入的 1/3，一个不小的数额！

然后，他们做了一个相反的试验：代替赢钱的是输钱，人们要回答有关输钱的问题，比如人们更愿意选择有 90% 的机会损失 1000 美元，还是选择确定会损失 900 美元？

根据效用理论，理性人将选择确定得到 450 美元和较小的确定的损失，只损失 900 美元要好过损失 1000 美元！

但是卡尼曼和特沃斯基的结果表明人们在面对损失时，不是理性的！

对于第一个问题，大多数人确实选择了确定的收益——450 美元，这与效用理论相符。但是对于第二个问题，大多数选择了 A 选项，即有 90% 的风险损失 1000 美元。损失的痛苦如此大，以至于人们甘愿去冒较大的损失风险，以换取极低概率的不受损失的机会。相反地，赚大钱的喜悦也不足以抵挡最后两手空空的失意。那个古老的说法“规则 1：不要亏钱；规则 2：不要忘记规则 1”背后的心理学理由是错的，尽管感觉上是如此正确。“这意味着无风险利润或者完美知识两者都是不可能的，但听起来非常正确。”

前景理论算出投资者感受到的损失的痛苦，只相当于他们获得同等收益的快乐的一半，这种现象也叫作“损失厌恶”。损失令人更痛苦，所以感觉上更加真切。

这就是大部分行为错误的核心所在。价格下跌后希望避免进一步损失，导致人们觉得与其止损还不如等待其反弹回来，而不考虑这个概率有多大。前景理论解释了为何人们突然做出反应，并在价格波动时无理性地抛售，哪怕耐心持有可能从长期来讲是更合适的做法。我们都会努力避免损失而不是赚钱。其他人也在卡尼曼和特沃斯基发现的基础上解释了各种重复出现的错误投资决定背后的心理因素，大家都在帮助投资者战胜他们自身的自我毁灭倾向。于是，一个领域就这样诞生了。

开始行为经济学之旅

在第一个 10 年左右的时间里，行为金融并不认为可以跑赢市场，只是用于控制人的本能和避免把事情弄到不可收拾的地步。一个不同的思维方法开始缓慢渗透。那些不赞同尤金·法玛“市场因为高度有效而不可能被战胜”理论的人，在行为金融中发现了投资者非理性行为不断出现的“证据”。尽管法玛声称的市场果真是完全理性的，但是行为主义者证明了投资者天生就是非理性的，这样市场就一定能被打败！[2]

研究很快开始向错误行为如何影响资产价格方向延伸，由此试图用模型预测非理性行为，以及将模型用于市场预测。这种思想在最近 10 年进入了主流圈子，一系列讨论用行为金融方法控制个人情绪的畅销书受到读者欢迎。打败市场的行为主义者独领风骚，帮助人们控制好自己，尝试“利用行为上的偏差，识别和预测群体心理在何时以何种方式扭曲价格，并抓住这个博弈的机会。”

这些都帮不到你。即便他们的理论是正确的：市场在短期是非理性的，但这些方法仍然无法让你获得优势。对于初学者来说，他们仍会遭遇我们在第 8 章中所说的同样缺点的影响——畅销书效应，或者麦莉 · 赛勒斯效应（Miley Cyrus effect）。这个概念的应用范围广泛，但没有提前反映在价格上。注意：你无法找到任何一个运用行为金融做得非常好的投资者。

当学者遭遇资本主义和市场

行为金融不仅仅引起了学术和理论上的兴趣。实践中也出现了一些“行为金融基金”。你能够投资它们（这不是我的建议）！人们对于那些基金的投资方法各有不同，但整体上是找到由群体行为造成的价格异常并与之博弈。

一些基金寻找从众的投资者——他们追捧热门股票或行业，导致股价远高于基本面所能保证的水平，或者高出在市场真正有效时所能达到的水平。一些基金寻找具有锚定特点的投资者，他们倾向于不断将决策建立在特定（通常是无关的）数据之上。这可能包括那些认定价格新高可以自我实现而任何下调都是买入时机的人。其他基金则尝试抓住市场对某些信息的反应过度或不足带来的价差，比如盈利异常消息，这是另一种形式的锚定（见后面的阅读资料）。

奇怪的是，这些基金多采用定量模型定位这些错误。从理念上讲，使用算法去寻找定性方面的东西是很滑稽的。这些模型中的假设似乎也令人怀疑，因为其中有许多是依据我们在第 7 章中讨论过的一些过时的、有缺陷的公式，比如资本资产定价模型或者假定市盈率（P/E）和其他估值总会回到均值。没有太多证据证明那样做是可行的，多项研究表明，无论是在业绩和择时上，这些基金没有给投资者带来任何明显的优势。《投资杂志》中的一篇文章提到，那些基金很相似，业绩接近价值投资型基金。[3]

是的，行为金融基金因为这种专业性而多收了管理费。行为金融只是一个营销噱头！一方面，你得给小费。人们指出存在一个基于心理分析的投资者市场，他们尝试着打败其他人。需求是很高的，但从业者的供给有限，所以市场要承担较高的费用——人们认可这种价值，并且愿意付费。这很好！但是行为金融并不意味着是一种营销工具——再强调一次，它是一种自我管理的工具。这些基金并非真的在使用行为金融。它们没有帮助投资者管理自己的大脑或情绪冲动。行为上的错误会导致人们买卖这些基金！

其中一些基金可能是不错的产品，有望做出不错的业绩。如果是这样的基金，那很棒！但是“行为金融”标签主要是用于营销，因为它假定有出人意料的盈利消息，这是一种被几乎所有人和专业分析师普遍回避采用的遗憾形式。这些基金靠的是在分析师出错时，预测到公司会获得出人意料的盈利。人类讨厌自己做错事。我们都追求荣誉，回避悔恨，所以分析师忽略这个新信息的机会非常小。他们说服自己预测模型没有错误，而且收益将逐步回归到均值。他们都坚持已有模型和旧的输入信息，不关注更新的变化，不去寻找潜在的、新的驱动因素。可能他们在做出改变之前，会有一年或更久的时间经常面对出人意料的盈利消息。正如我在第 2 章中所说：专家总是错得更多、更强硬，犯错时间也更久。

行为金融与战术定位

行为金融可以让你在组合仓位方面得到优势，如选择哪些板块、国家，你强调的风格和规模，甚至要不要持有某只股票，但它不像一些这方面的新手所想的那样好。

比如，有些人声称行为主义表明价值投资天生优于其他投资策略，所以那些“行为金融”基金的表现很像价值投资基金。他们声称错误的行为（贪婪 / 恐惧）会导致价格偏离企业实际价值。这导致这些基金成为价值投资基金！那些认为行为主义放大价值的人说，他们的基金经理可以识别出群体认知错误，创造出逆向投资机会。所以，我们应该开动内心的价值投资引擎，买入低估值股票，回避成长型股票，等待奇迹的到来。

显然，历史证明这个理论是有瑕疵的。价值投资在大部分时间中表现很好，但并非任何时候都如此，没有任何一种风格是适应任何时段的！领先者也总在换来换去。图 9-1 展示了 Russell 3000 价值股和成长股的月度回报率差异（以市值为权重，被普遍采用的基准），从中可以看出月度收益率的波动情况。上半部分表示成长股主导的月份，下半部分表示价值股主导的月份。看到上面有多少噪声了吧？翻上翻下！这个指数始于

1979 年 1 月，价值型投资在 50.7% 的月份里击败了成长型投资，和抛硬币的结果差不多！

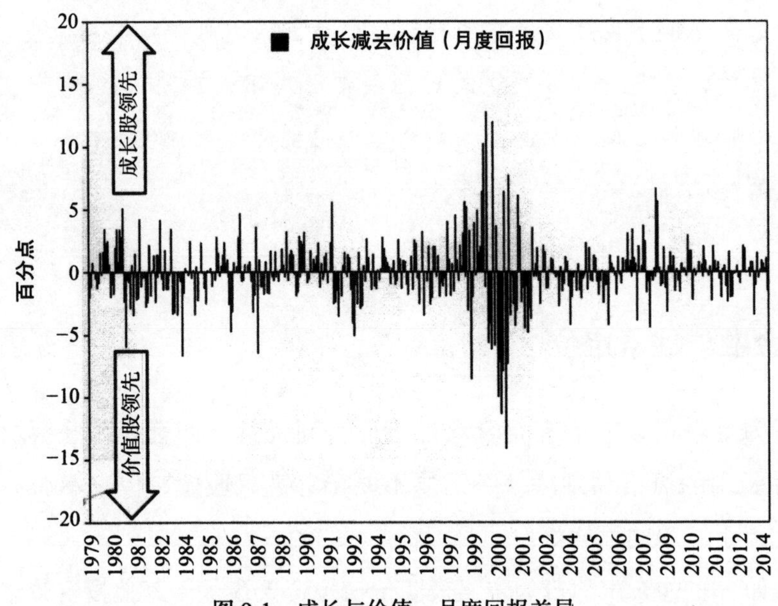

图 9-1　成长与价值，月度回报差异

资料来源：FactSet, as of 1/5/2015. Russell 3000 Growth and Russell 3000 Value Total Return Indexes, 12/31/1978-12/31/2014.

但这幅图上噪声太多，没有告诉你太多信息。长期趋势更为重要，也更值得博弈！看看成长型和价值型投资的年度回报，你就会发现每个阶段的领先者相对比较稳定。图 9-2 展示了 1979 年以来两种投资的年度回报。在 36 年里，有 16 年是成长型投资领先。

那么，什么时候价值型投资会拔得头筹呢？可能是在你不想那样做的时候！让我们从一个不同的角度看看价值型投资。图 9-3 中的几条曲线表明在最近 4 个牛熊市周期里，价值投资相对于成长型投资的回报。曲线上升，表明价值型投资跑赢了成长型投资。绝对值没必要上升，但确实是跑赢了。

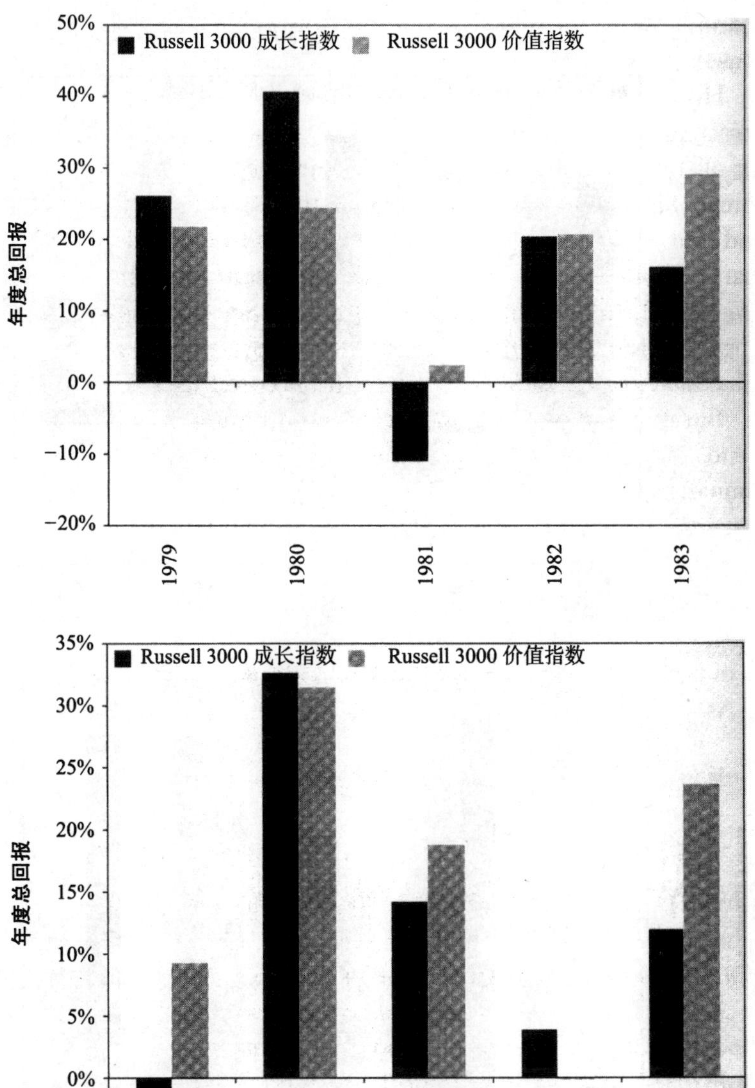

图 9-2 成长与价值，年度回报差异

Russell 3000 成长指数
Russell 3000 价值指数
年度总回报
50%
40%
30%
20%
10%
0%
−10%
−20%
1979
1980
1981
1982
1983
Russell 3000 成长指数
Russell 3000 价值指数
年度总回报
40%
35%
30%
25%
20%
15%
10%
5%
0%
−5%
1994
1995
1996
1997
1998

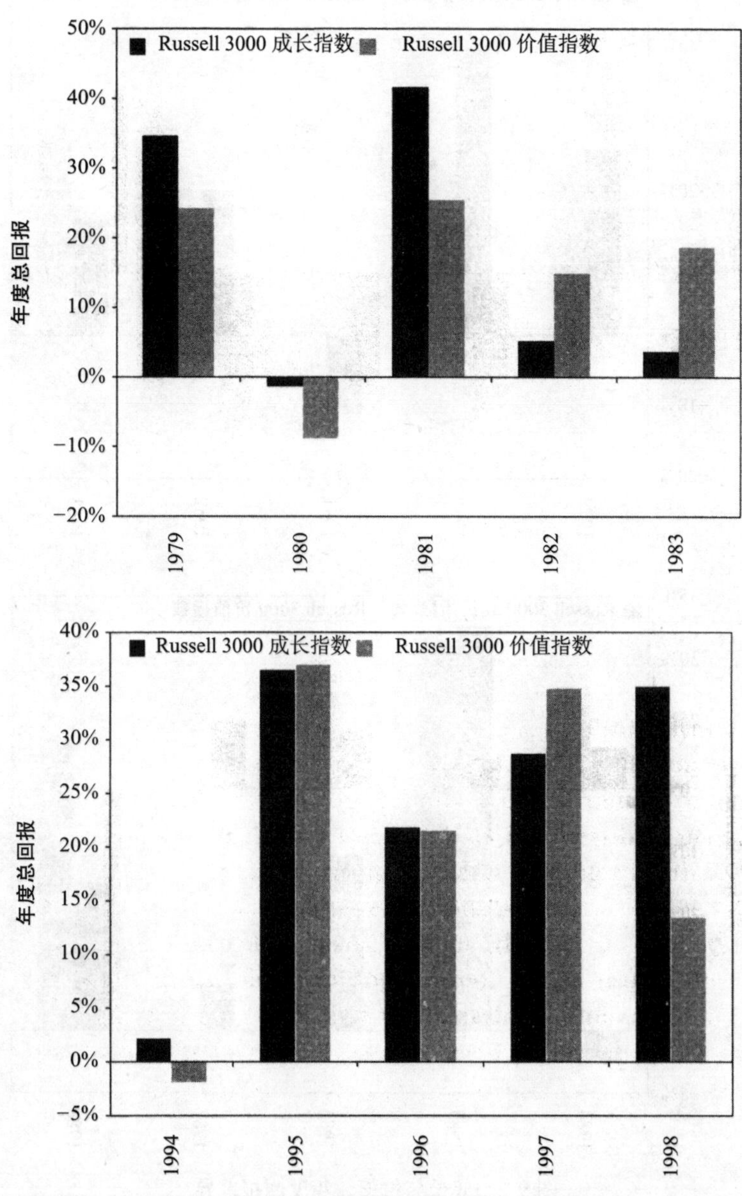

图 9-2 （续）

Russell 3000 成长指数
Russell 3000 价值指数
年度总回报
40%
30%
20%
10%
0%
−10%
−20%
−30%
−40%
1999
2000
2001
2002
2003
Russell 3000 成长指数
Russell 3000 价值指数
年度总回报
30%
20%
10%
0%
−10%
−20%
−30%
−40%
−50%
2004
2005
2006
2007
2008

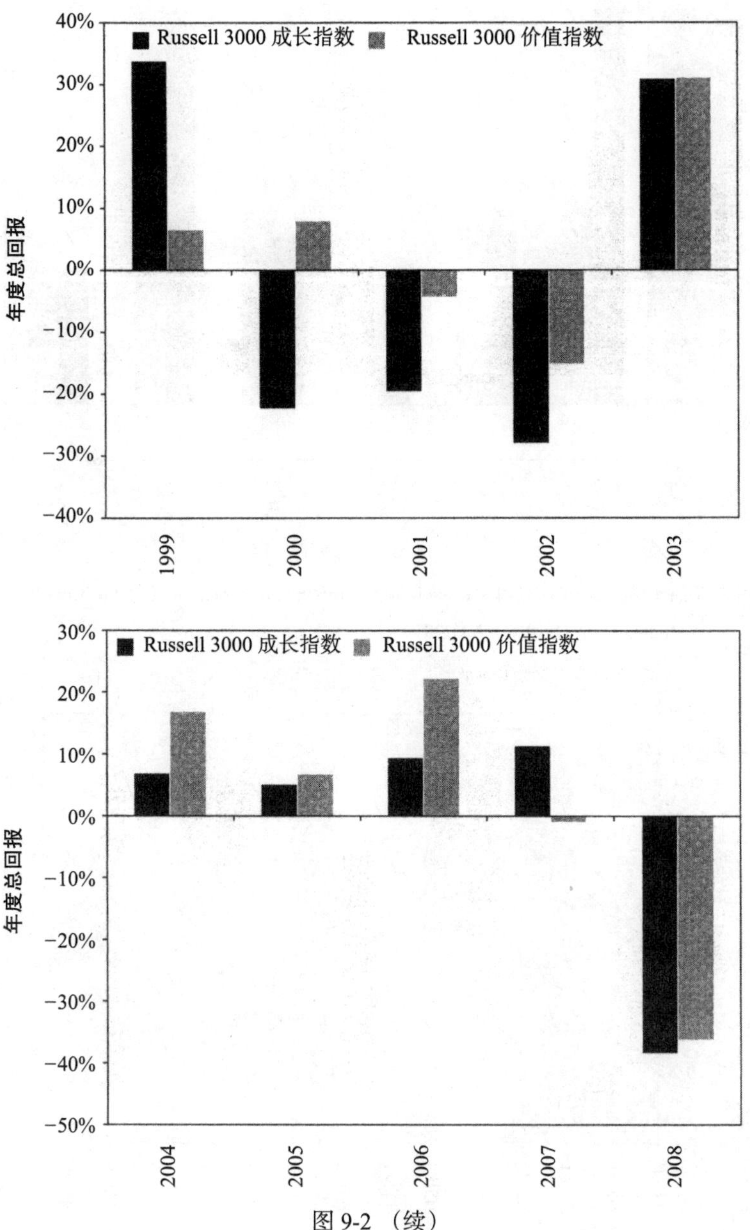

图 9-2 （续）

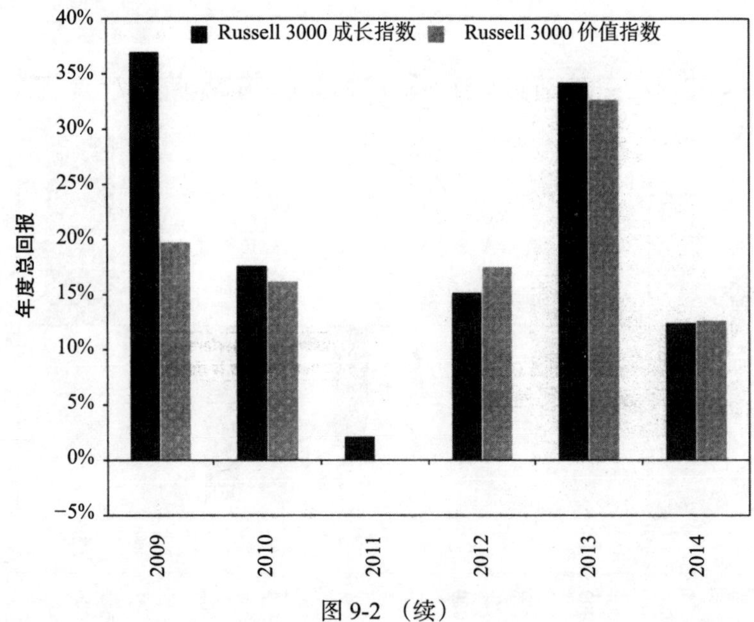

图 9-2 （续）

资料来源：FactSet, as of 1/5/2015. Russell 3000 Growth and Russell 3000 Value Total Return Indexes, 12/31/1978-12/31/2014.

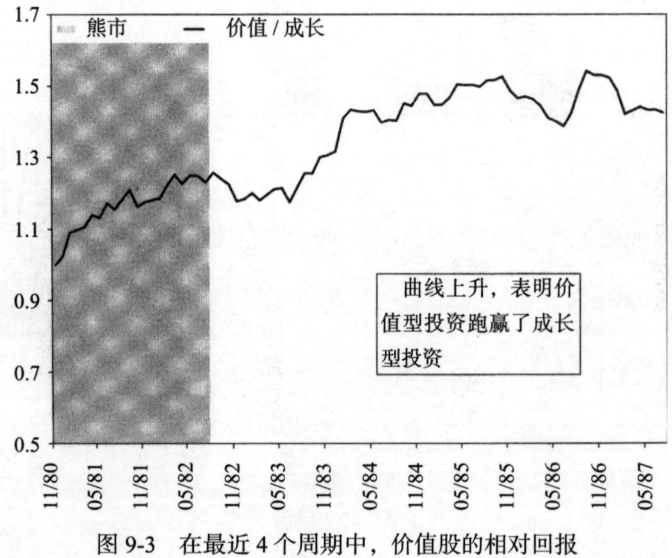

图 9-3 在最近 4 个周期中，价值股的相对回报

1.20
1.15
1.10
1.05
1.00
0.95
0.90
0.85
熊市
价值 / 成长
曲线上升，表明价值型投资跑赢了成长型投资
08/87
10/87
12/87
02/88
04/88
06/88
08/88
10/88
12/88
02/89
04/89
06/89
08/89
10/89
12/89
02/90
04/90
06/90
1.2
1.1
1.0
0.9
0.8
0.7
0.6
熊市
价值 / 成长
曲线上升，表明价值型投资跑赢了成长型投资
07/90
01/91
07/91
01/92
07/92
01/93
07/93
01/94
07/94
01/95
07/95
01/96
07/96
01/97
07/97
01/98
07/98
01/99
07/99
01/00

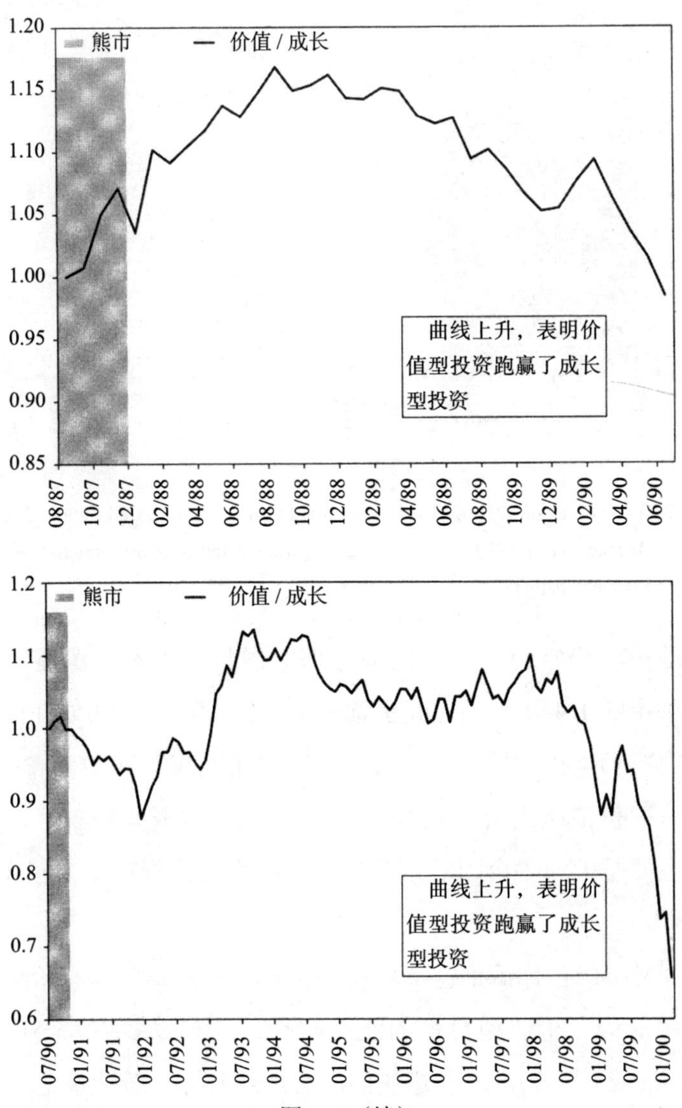

图 9-3 （续）

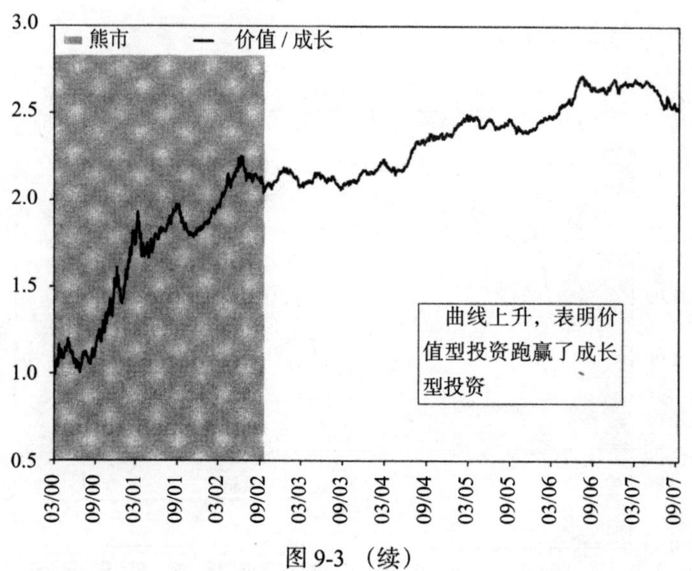

图 9-3 （续）

资料来源：FactSet, as of 12/12/2014. Russell 3000 Growth and Russell 3000 Value Total Return Indexes, 11/28/1980-10/9/2007. Due to data availability, returns through February 2000 are monthly, daily thereafter.

价值型投资经常会在熊市跑赢，那时候每个人都在躲避。价值型投资通常在牛市的 1/4 到一半时间里领先，当时大部分人还处在熊市的惊吓中。然后由成长型投资接棒，一直跑赢到牛市结束。2002 ～ 2007 年牛市是个特例——价值型投资一直跑赢了 14 个月，成长型投资之所以没发挥出优势，主要是因为牛市因盯市会计准则的出台而提前结束了（我们在第 1 章中已讨论过。）

行为金融可以帮你识别这个转折点。这个时点通常是在价值型投资变得受欢迎的时候。价值型投资的业绩越好，就有越多的人会留意到。近因效应（recency bias），即假定热门的会继续热门，让大家忘记了领先者是会轮换的过往事实。贪婪导致人们追捧热门。专家开始吹嘘“下一次价值型投资浪潮”，建议人们去寻找价值低估的公司，认为那些就是通往牛市后期成功的门票。当这种情况开始发生时，就是转向成长型投资的时刻了。对于那些不被喜爱的、无人想要的、被忽视的股票，以及那些被认为有永久价值的股票，人们也会保持观点不变。很多人只是过分沉迷于自身的偏见，而看不到其他地方还有更好的机会。

你可能无法准确地抓住这个机会，这不是一个精准的择时工具。其实并不存在那种工具（否则它们就会很快普及并体现在价格中，从而失去效果）。正如我早已说过的，即便炒股能人也有大约 30% 的时间是错的——弄错领先者和市场大方向。但是精准也是没必要的。如果你过早转换了风格，仍然可以在大部分时间里做出好的业绩，关键是遵守纪律，忽略所有其他试图转变方向的行为错误。不要为了坚持而固执己见，但是要控制好自己。我们后面还会谈到这个话题。

价值型股票是行为金融投资者的最爱，而且有时候确实表现很好。有时候，买入廉价股票会大行其道，但是买入低估值股票没有什么用处。这句话可能会让本 · 格雷厄姆气得从坟墓里爬出来，不过是真话。高市盈率的股票也有表现好的时候。

颇具讽刺的是，行为金融投资者犯了一个大行为错误：他们任由偏见主导决策。一个较好的行为金融应用应该能够识别偏见，避免偏见，坚持事实导向。

情绪转折点是逆向投资者应该懂得的东西。方法就是识别转折点。

近因偏见和情绪

发现趋势转变的起点是问一个简单的问题：这个板块、国家、风格是过度热门，还是不受欢迎？

为了弄清楚这一点，我们问一个略微不同的问题：热门或不受欢迎的原因是什么？理由是理性且符合事实的吗？还是大众受到了近因偏见的影响？

近因偏见（将最近的情况进行外推）通常会出错。近因偏见驱使人们相信科技股 2000 年会大涨。近因偏见让人们担心股市在 2009 年 3 月会大跌。图 9-4 和图 9-5 展示了其中的原因。许多投资者的大脑愚弄自己相信 2000 年股市会沿着虚线上涨，或者 2009 年会顺着虚线下跌。这种偏见用最有可能出现的情况蒙蔽了他们，而股市实际上是向相反的方向曲折前进的。事实迫使他们思考情绪是对还是错。2000 年出现了一个退出市场的时间信号。2009 年 3 月的信号是在 2008 年冲击之后出现的，坚持住才是最明智的。

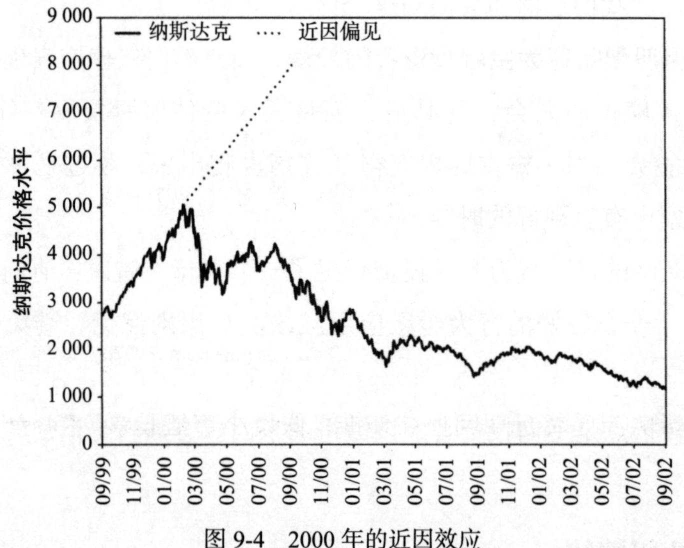

图 9-4 2000 年的近因效应

资料来源：FactSet, as of 1/31/2014. Nasdaq Price Level, 9/30/1999-9/30/2002.The hypo-thetical line is an extrapolation of the average daily rise from 9/30/1999 to 3/10/2000.

现在，我们用近因偏见说说风格选择。翻回到第 7 章，我们讨论了小市值股票总是表现最好的原因。这一神话在 2009 年年初开始的牛市中流行起来，在 2010 ～ 2013 年的市场中，小市值股票确实获得了巨大的吸引力。直到 2014 年年初，媒体都还在建议在牛市后半段要炒作热门的投机性小股票。我们根据第 7 章的历史分析知道，小市值股票并非总是好的：在牛市初期反弹得高，只有少数会在好年景里拉高平均回报水平。这很容易看到，也很容易计算，但是近因偏见阻碍人们往这方面想。

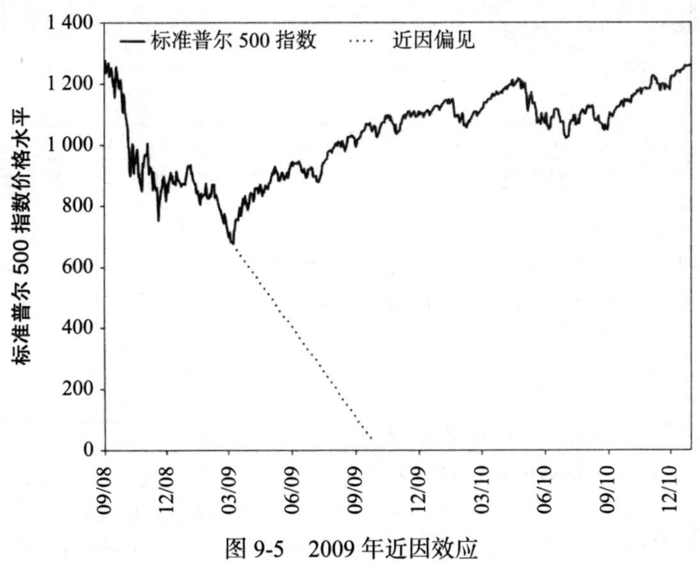

图 9-5　2009 年近因效应

资料来源：FactSet, as of 1/31/2014. S&P 500 Price Level, 9/30/2008-12/31/2010. The hypothetical line is an extrapolation of the average daily decline from 9/30/2008 to 3/9/2009.

大多数人只是将近期回报往外推，假设小市值股票（Russell 2000 成分股）会沿着图 9-6 中的虚线上涨。小市值股票实在太受人欢迎了！但是近因偏见的泛滥表明小市值股票的热门原因是错的，所以过度热门了。这就必然会出现问题！正如图 9-7 所示，大市值股票在大部分时间跑赢了市场，这是有基本面依据可循的。但是近因偏见愚弄人们把趋势当成朋友，导致他们没有想到大市值股票会占上风。

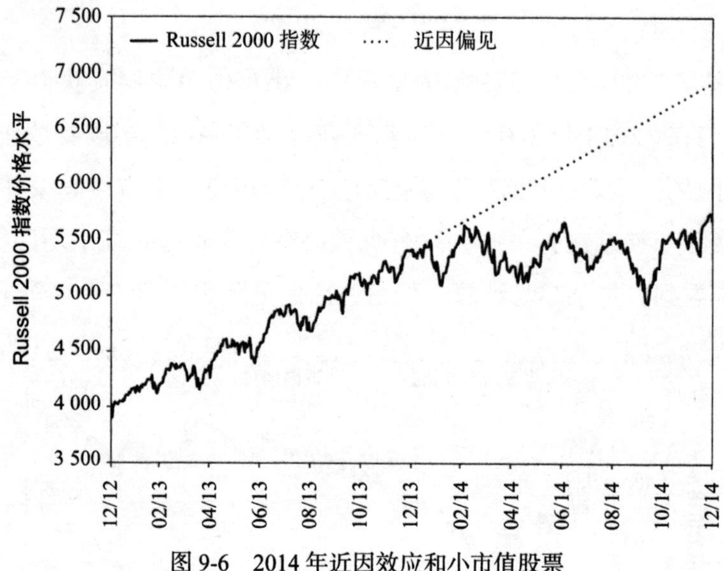

图 9-6　2014 年近因效应和小市值股票

资料来源：FactSet, as of 1/5/2015. Russell 2000 Total Return Index, 12/31/2012-12/31/2014. The hypothetical line is an extrapolation of the average daily rise from 12/31/2012 to 1/22/2014.

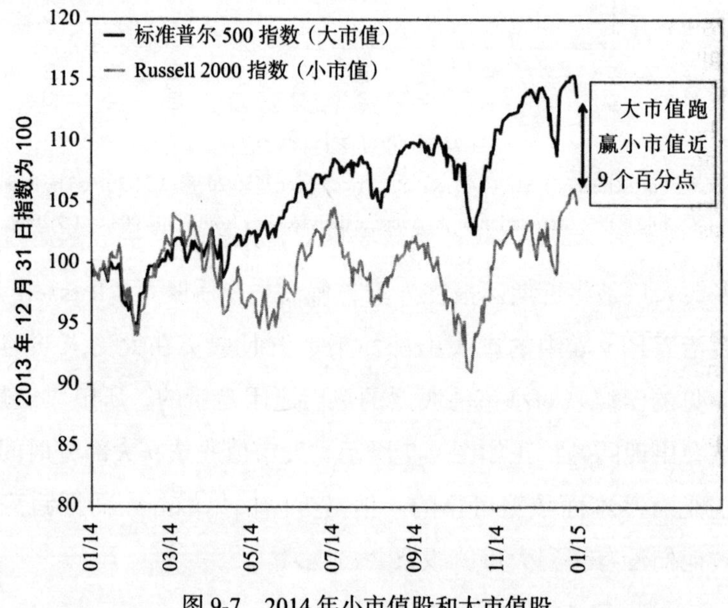

图 9-7　2014 年小市值股和大市值股

资料来源：FactSet, as of 1/5/2015. S&P 500 and Russell 2000 Total Return Indexes. 12/31/2013-12/31/2014.

我要承认的是：我们公司的分析表明小市值股票在 2012 年过热了，所以我们从小市值股票转向了大市值股票。牛市似乎正在进入下半场，情绪正在变得越来越乐观。因恐惧而抛光了股票的个人投资者开始蜂拥而入。他们更有可能买入自己了解的大牌公司的股票而不是那些不熟悉的小公司的股票。事后来看，我们提前了近 18 个月——市场在任何时候都会让大家看上去是错的，有时候会持续很长时间。我们要适应和战胜它。出现这种情况时，关键是保持纪律性，寻找证明你的推理是错误的证据。如果你有这种情况，就要纠正你的做法。如果你没有这种情况，就要保持耐心——市场试图诱惑你做出反应，然后再杀个回马枪。人们经常买在高位，卖在低点。

用行为金融如何获得策略优势

你可以运用近因偏见和其他认知错误，识别不同国家、板块、风格、规模的股票上的机会与风险，或者判断某些股票过度热门还是过度冷门。基本面因素也很重要，但是你不必从行为主义角度评估它们，只需要用本书讲过的经济和政治分析方法。行为视角主要用于确定是否情绪利好经济和政治基本面因素。或者更简单地说，人们对某类股票是过度喜欢还是嫌弃？

现在，接下来的不一定是要跑赢市场，而更多的是要避免大部分投资者不时出现的常见错误。不要过度沉迷于当前的走势之中，要训练你的大脑，清晰观察过度热门和被忽略的机会。

过度热门的板块是什么样子？ 2000 年科技股和 1980 年的能源股就是导致大熊市的著名的例子。这里还有更微妙的案例：2010 年之后的原材料股，特别是金属和采矿股。

从2000年9月到2010年年底，MSCI全球金属与矿业指数的大涨，跑赢了MSCI全球指数455个百分点。[4]从那以后，它开始跑输市场，截至2013年年中，落后全球指数超过60个百分点。大部分投资者习惯于板块随市场上涨，假定这个滞后是一个异常状况，而金属与矿业股很快就会反弹得更高。这非常热门，甚至可以说过分热门了。历史和关键的基本面都不支持长期持续的走势。

那些榆木疙瘩脑袋的人错在哪里呢？行业具有周期——大繁荣，大萧条。金属价格和行业股票长期上涨之后，接踵而来的是更严重的衰退（见图9-8）。这个模式具有基本面上的因果关系。商品周期显示通常在较保守的供应增长之后会出现大量需求，导致价格上冲。生产商通过增加生产回应价格上涨，直到产量明显超过需求。从资本密集性、价格敏感性和资产长生命周期方面讲，金属与矿业尤其容易受冲击。当市场条件改变时，生产很难停止或启动。当价格下跌时，收入也会减少，同时高固定成本也会挤压利润（最终在行业承诺不再过度生产，限制供应之时，启动下一个周期）。

这就是我们看到的2010年以后的金属与矿业板块的表现。价格上涨持续了10年，拉动了对新矿的大量投资，当几年的主要资本支出计划结出果实时，供应量明显增加了。价格下跌（见图9-9），金属与矿业股票和商品类股票都也明显下跌（见图9-10）。由于有同一个繁荣和萧条周期，能源往往和原材料同步变化。在这个周期中，页岩气的繁荣极大地提高了能源供给，压低了价格、收入和利润。

这就是过度热门的情况。那么，过度冷门是怎样的呢？比如2012年的金融股。

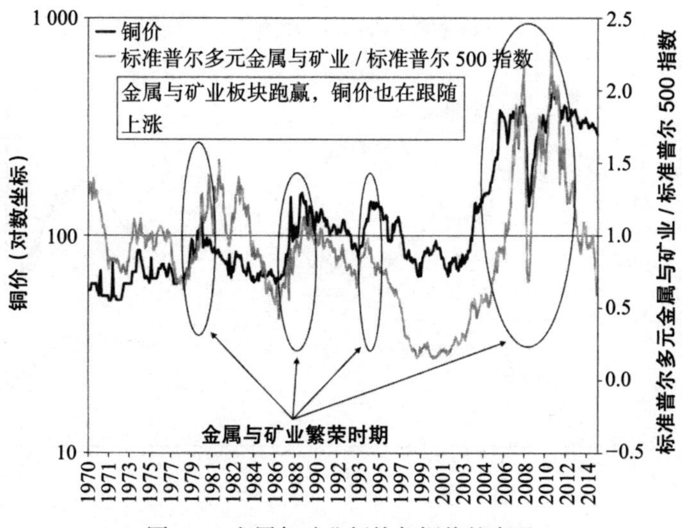

图 9-8　金属与矿业板块与铜价的表现

资料来源：Global Financial Data, as of 1/7/2015. Copper electrolyte wire prices in US cents per pound, 1970-2014. S&P Diversified Metals & Mining price returns divided by the S&P 500 price returns(indexed to 1 at 1/31/1963), 1970-2014.

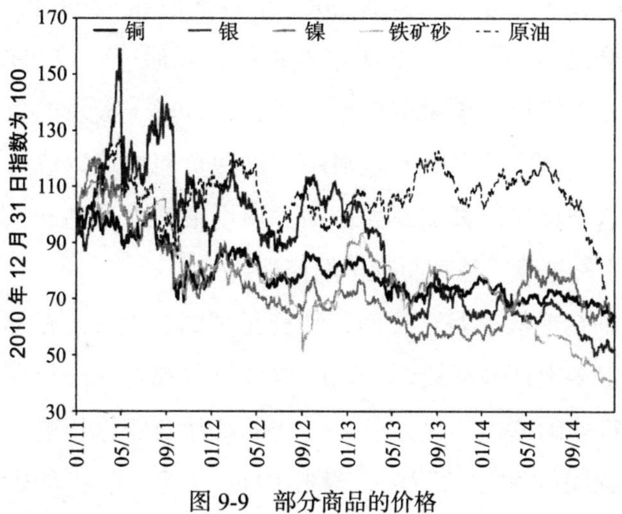

图 9-9　部分商品的价格

资料来源：FactSet, as of 1/5/2015. Benchmark commodity prices, 12/31/2010-12/31/2014. Indexed to 100 at 12/31/2010.

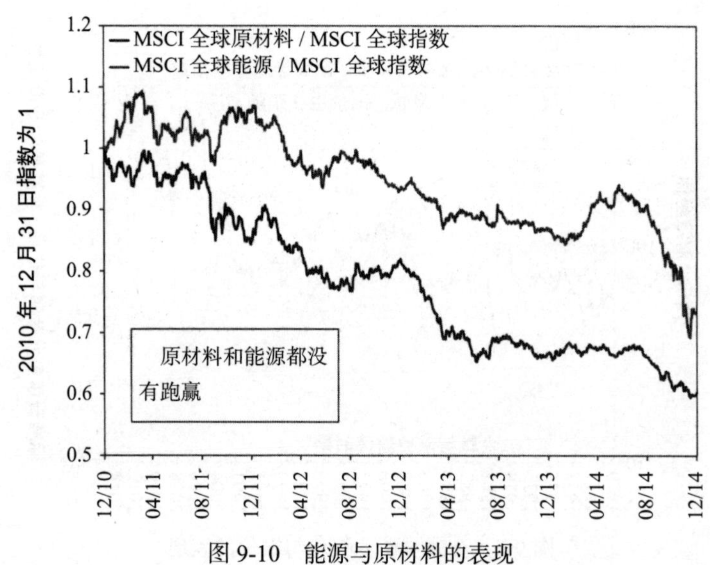

图 9-10　能源与原材料的表现

资料来源：FactSet, as of 1/5/2015, MSCI World Materials Index divided by the MSCI World Index and MSCI World Energy Index divided by the MSCI World Index(indexed to 1 at 12/31/2010)through 12/31/2014. Returns are inclusive of net dividends.

当板块引领熊市走低，就像 2000 年科技股和 2008 年金融股那样，投资者一般会惩罚自己，直到熊市结束很久以后——这叫作最后一战。他们过度担心市场重复原来的熊市走势，所以对于板块的负面新闻会过分敏感，而不管这个消息是不是很小。这种负面性可以成为下一次牛市开始时，对这个板块回报的有力拉动。市场最终会达到一个转折点。很多过度悲观的人忽视了基本面改善的证据。

2012 年的金融股就是这样的，特别是美国金融股。在那之前，人们对金融界有很多批评和质疑。全球的监管机构都对这个行业采用新的规则，造成了行业的高度不确定性。过严的法律监管也影响了回报，与危机相关的诉讼案件和违法行为，像 LIBOR 丑闻，迫使企业准备大笔罚金，吞噬了利润。不断上升的资本要求迫使银行减少贷款，影响了贷款增长。量化宽松（QE）缩小了利率曲线利差和利润水平。

但是到了 2012 年年中，事情开始有所转机。大部分新法律已经起草完毕，《多德 – 弗兰克法案》中的条款逐渐被澄清，最终的规定明显比草案放宽了。监管机构流露出强烈的、实施新的全球资本标准的愿望，这个计划被称为《巴塞尔协议 III》，允许银行做出计划。《巴塞尔协议 III》不好，但是没有比人们之前担心的情况更糟——这就是一个向好的改善。经济和资本市场活动开始在美国与全球复苏，为投资银行及各种金融服务机构创造了新的增长机会。

投资者仍然担心金融股，但是这个板块开始活动了，后续几年大幅跑赢了市场（见图 9-11）。情绪最终好转了，从 2013 年 7 月到 2014 年 8 月的相对回报开始提升，之后再次翻转，使得美国金融股再次变得不受欢迎，孕育另一次反弹。

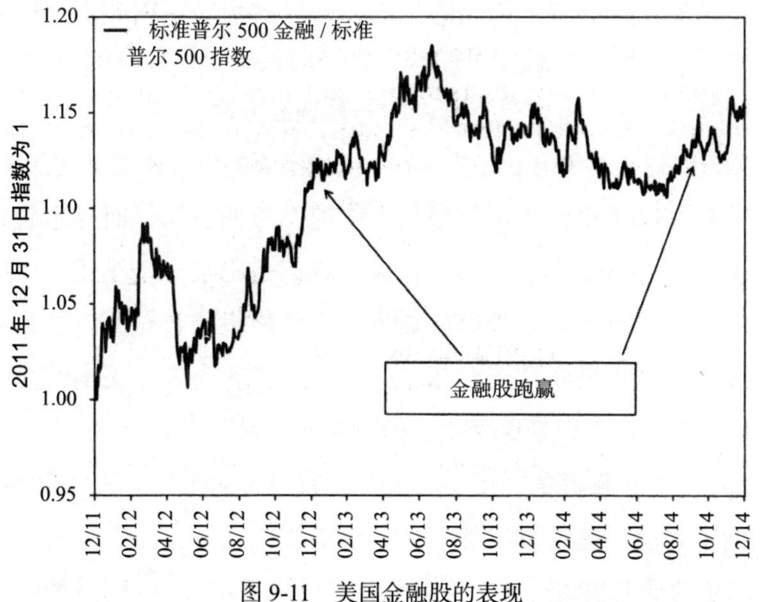

图 9-11 美国金融股的表现

资料来源：FactSet, as of 1/5/2015. S&P 500 Financials Total Return Index divided by the S&P 500 Total Return Index(indexed to 1 at 12/31/2011)through 12/31/2014.

在这两个例子里，都是群体情绪过度聚焦于近期发生的情况——这就是为何你可以掌握与大众博弈的潜在机会。人们当初认为原材料股会表现好，因为它们过去一直表现很好。很多人认为金融股会令人失望，是因为它们已经令人失望了。当人们都往回看而不是往前看时，就是你应该回避随大流思维，向前看，找到证明大众出错的基本面证据的时候。

谈谈选股

你可以用同样的思路考虑股票选择问题。国家、板块、规模和风格决策是第一步，逆向投资者的行为思维可以帮你选择股票。这不是唯一的一条路！和公司有关的因素，比如增长潜力、资产负债表质量、总运营利润、全球网络、管理层、客户与供应商关系、定价能力，以及其他很多因素都很重要，而且你可以从你喜欢的板块里评分高的公司里选择。选择逆转股的方法只是逆向投资者的一种选股方法。

我第一次分享这种方法是在 1984 年我出版的第一本书《超级强势股》里。这种方法包括找到一家年轻的、快速发展的公司，而且不管是因为什么，这家公司不受华尔街待见。也许它只是犯了一个小错误，比如产品周期管理失败或者只是管理有点混乱，而被投资者嫌弃。这家公司遭到普遍厌弃，但是只要管理层解决问题，它仍有令人惊讶的潜力——特别是如果你在大众意识到这一点之前就买入的话。

正如我在书中解释的，很少有公司会有很大的收益增长。大多数会在高速发展中碰壁，造成暂时的危机，进而影响收益。这太正常不过了！高质量的企业通常快速反弹，但是受到名嘴蛊惑的大众则没有那么幸运。

你可以从卖方分析师对企业早期成功和提速的反应中看到这一点。当公司开始显露头角时，分析师受到表面的辉煌诱惑，对企业的未来持有乐观预期，给出过高的估值。散户把价格推上云霄，专家给出合理解释，吹嘘企业拥有“无法忽视”的过硬技术，声称企业进入了新的增长阶段。而当企业出现问题时，他们就反过来拿股票出气，对上市公司口诛笔伐。专家会说那个技术确实很差，而管理层一直在忽悠他们等。

炒作和抱怨都不正确。华尔街本身过高的预期驱动价格快速走高，而分析师将近因偏见合理化了。他们的过度失望加剧了价格下跌。这个借口很明显是为了避免遗憾发生——这是一种认知错误，我们的大脑借此在遭受损失时，找到一些心里安慰（对近期风险的本能情绪反应）。等到价格触底的时候，预期又变得过于悲观。大部分人预计未来情况不妙，不会出现反弹，不会想到其实企业没有我们想象得那样糟糕。

了解华尔街的行为错误可以帮助你不要陷入盲目乐观和之后的血洗之中，让你能够在股价过山车走势之后抓住机会。当大众醉心于企业初期的增长时，错误就开始出现了，人们相信盈利会继续不断增加，忘记了产品周期是怎样运行的。产品周期始于最初的点子，然后随着研究、工程和开发而发展，再之后是初期试生产——这是一个高成本的阶段。然后是市场营销阶段，成本继续上升，订单逐渐增加，不久之后，销量上升，项目由金钱消耗者变成利润创造者。利润骤增，情况看上去很棒，点燃了华尔街的热情，激起了不可错失的机会的说法。然而，这种火爆的场面总是暂时的。产品逐渐成熟，竞争者加入，销售量逐渐下降。产品周期总是一个弧线形状，但是华尔街人士假设它是个向量。他们把初期的快速增长进一步外推，推演到未来，这就是近因偏见！

一些公司维持着“派对”，提前规划要研发的新产品。当一个产品周期进入退潮阶段，其他产品就会替代其位置，让销售继续保持增长。但是年轻公司的管理团队通常经验不足。它们要在工作中不断尝试和学习，当然也会犯错误。也许它们没有预计到自己的产品那么快就失去了增长动力，或者形成产品线空虚。也许它们计划周全但执行不力，研发和推出新产品花费了比预期更长的时间。也许它们的产品有缺陷。这些问题都是可以解决的，没有一个是差公司的标志。这些都是暂时的毛病，太正常了!

但它们仍继续争取获得利润，一旦成本提高甚至会遭受损失。机会在于当衰退发生时，价格已经很高了。企业通常会在预测销售量上升之前，扩大生产，加大营销力度。这应了一句老话："花钱就是为了赚钱。"这些成本很难在近期预测销售不好的情况下产生。解决这个问题的方法也需要花钱：查找问题，必要时保全客户，刺激市场重建声誉和改善生产流程。如果出现存货报废或生产设备出问题，管理层也可能不得不冲销资产。

如果企业成功掉头，则这些损失只是暂时的。一旦问题得到解决，收益会重新增长，利润会再次回升。从时间上看，这只是一个很短期的波动。那些在估价下跌过程中认为损失是长期的人卖出了股票，也就失去了这个盈利的机会。

大多数人在这个正常演变过程中过度短视。他们应该进行反思，找到是什么误导了他们的大脑，应该更加了解他们自己的偏见，以及从错误中吸取教训。相反地，回避后悔的大众过度保守，忽视了反弹的潜力。这就是买入股票的时机——在没人愿意买的时候买入。

从表面上看，这家公司很糟糕，收益会下降，甚至会是负数。恢复过程看上去一塌糊涂。员工和管理层不是将要辞职就是被炒鱿鱼。为了减少损失，管理层将尽可能裁减人手。错误和不赚钱的项目可能会被取消。整个产品线都可能被搁置。对于一家处于真正扭亏中的公司来说，这些通常都是正确的做法，意味着管理层正在尝试聚焦于其核心竞争力。但是对于外界来说，这家公司可能在做无谓的挣扎。

一旦度过这个阶段，早期恢复信号就会出现：推出新产品，现有产品的新订单增加。尽管专家仍保持怀疑态度，但是我们坚持打赢最后一仗。分析师仍在小看这个恢复过程，声称管理者在释放烟雾弹，不相信公司长期增长前景，认为公司将会失败——他们仍记恨公司曾经引诱他们将股价推高。他们选择把管理者看作不成熟的，甚至是不诚实的，因此不能过于乐观。你会听到他们把这种新生复苏说成是反常现象，或者是“死猫反弹”。这些都是公司不受欢迎的标志。

只是从金融界厌恶的公司中选择，不能保证你能找到一只会反转的股票。一些公司永远不会复苏。它们可能连续几年都濒临破产和面临周期性的亏损。管理者从不指明如何回归到以前辉煌的快速增长时期，那是基本面分析要做的工作。行为金融可以帮你找到潜在的机会，但是这只是成功的一半。一旦你得到了一个机会集合，就要权衡一下各个公司的实际潜力有多大。管理者是否具备做大的打算，将问题看成是潜在的改善机会？他们是否具有竞争优势？员工是否心情愉快？在必要时，他们是否打算采取严格的财务控制并愿意削减成本？他们是否理解自己市场上的变化，并且展示出了推出新产品和服务的能力？你回答的“是”越多，潜力就越大。

在《超级强势股》一书中，我讲了两家公司的例子——德州仪器（Texas Instruments）和晶电公司（Transitron）以说明公司在衰退之后的成功与失败。

当年三极管还在襁褓中的时候，德州仪器和晶电公司都是华尔街的宠儿。这两家公司的股票都是“不可多得”的好股票，都有直上云霄的估值和众多坚定的跟随者。

之后，这两家公司都遭遇了衰退，股价大幅下跌。这两家公司都有很好的产品，都是迅速崛起的行业里的佼佼者。

德州仪器发现了自己的问题，解决了问题，继续发展，延续了几十年的辉煌业绩，这是一个真正复苏的案例。晶电公司没有成功。在长达 20 多年的时间里，不断遭受亏损，徘徊在破产的边缘，最终被堆积如山的债务埋葬了。管理层没能够从新生的技术飞速发展中获益。晶体管和其继承者——集成电路，享受了真正巨大的增长。但是晶电公司没有生存下来，管理层无法复制过去在晶体管和半导体研发领域中的成功。在个人电脑诞生之前，晶电公司关闭了半导体生产工厂，把注意力转移到电缆、连接器和电路板。后来微处理器成了高科技的血液，而晶电公司却在 1986 年倒闭了。

行为主义可以帮助你锁定企业衰退后的潜在机会。基本面分析将帮助你将德州仪器这样的企业和晶电公司这样的企业区分开。

如何区分好坏策略

当有人告诉你某个策略可行时，也许确实可行，也许不可行。它可能是个好主意，也可能只是一家之言，并没有那么棒。你怎样才能知道到底好不好呢？

提问：是否有投资界人士曾经做成功过？成长股的投资者中确实有人成功了。世上绝对有价值投资的传奇人物，比如本·格雷厄姆。即便某些策略不总是成功，正如我们前面说的，它们总有自己适合的使用场合和时间段。约翰·邓普顿和其他人作为全球投资者，事业和金钱双丰收。

还有一些是杰出的新兴市场投资家。

采用某种策略成功的人越多，你知道那种策略的可行性就越高。这就是已被实践证明的和可能可行的策略区别之所在。相反，如果很少有人或者没有人在某个策略上成功过，则有可能比较难实施。比如，一些人声称锁定峰顶和卖空是一个取胜策略。然而只有一个人——吉姆 · 查诺斯（Jim Chanos）曾经成功过。这个策略就不可能是一个成功的策略！太难成功了。我们说的投资成功指的是机会，而不是可能性。随着时间推移，股市涨多跌少——从 1928 年开始算起，72.7% 的年份的收益是正数。[5] 纯粹做空策略在 2/3 以上的时间是错的。所以，为了能够用这个策略盈利，你需要投入额外的超级战斗，也就意味着超级难做。

这个原则也适用于被动投资（passive investing）。被动投资——持有市场指数基金的策略永远有效！如果你可以做得到，这很好!（如果那人真是你的话，你又何必要读这本书呢？）但是有谁真正展示过他能用这个策略投资成功吗？持有一两只指数基金 10 年、20 年或 30 年，既不买也不卖，不来回调整更换？即便是被动投资领域的创始人和领路人，也曾经建议更换国家或行业板块。这些是主动型决策，不是被动的，会导致收益下滑。

被动投资不仅仅是要买入被动型产品，还要求投资者不要主动做出决策，不要尝试捕捉趋势或者周期，而只需要做配置，然后放在那里不管。只有极少数投资者能够遵守这条纪律。大多数投资者会和其他人一样犯错误，他们只是碰巧在买卖被动型产品，比如交易所交易基金（ETF）或指数基金，而不是单只股票或主动管理型基金。交易基金是主动的，不是被动的。

这是一个粗略的标准，但是你可以在每天的 ETF 基金流动中查到这个信息。尽管这只记录交易一方的信息，但是仍能大致表现出被动型投资者的活动，而且他们经常在短期波动时表现出大范围的反应。图 9-12 给出了一个例子：在 2014 年 9 ～ 10 月的股市回调中，权益 ETF 的买卖情况。图中叠加了标准普尔 500 指数的每日价格水平。可以留意到，在市场开始反弹之后，出售还在继续——一种典型的止损愿望，在行为上体现出了对短期损失的厌恶。不管是主动型还是被动型投资者，都是敏感的。

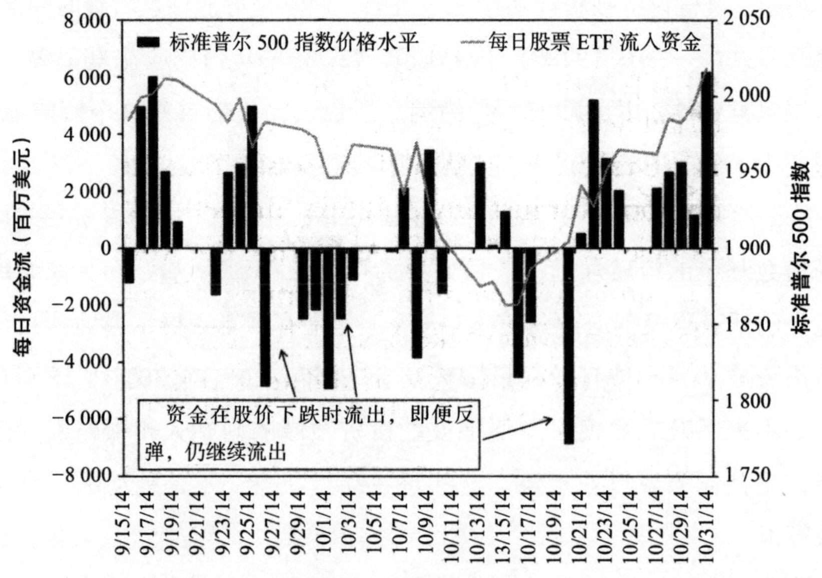

图 9-12 “被动”投资？

资料来源：ETF.com and FactSet. as of 12/15/2014. S&P 500 Price Index and Daily ETF net inflows. 9/15/2014-10-31-2014.

审时度势

这本书花了很大篇幅讨论何时应该留在股市中。但是有一段时间我们应该退出股市，当且仅当熊市在形成，而且股市可能在较长时间里下跌

20% 以上，那么退出是明智的。与调整（突然下跌 10% ～ 20%）不同的是，熊市的形成有其基本原因，而且持续时间足够长。它们调整得既深入又持久，让你无法准确估计持续时间有多久。你也不必尝试，因为在熊市开始之前，你是无法辨别它的。一个寻求增长型投资的投资者所面临的最大风险就是退出市场——如果错误是累积而成的，那么这类投资者可以承受这个机会损失。但是错过的投资收益是追不回来的。熊市通常启动得足够缓慢，如果你可以等候几个月的时间，直到你觉得足够确定时，那么你可能只需放弃几个百分点的收益。

熊市的启动有两种方式，而牛市则要么是在登上“担忧之墙”顶上之后失去了动力，在兴奋自然耗尽之时终结，要么是被一件重大的、无人料及的坏事冲击之后终结。“担忧”或者“冲击”，必居其一！ 2000 年熊市是在互联网泡沫在人们狂热和担心的顶峰破裂时开始的。2007 ～ 2009 年熊市始于盯市会计准则的冲击。

冲击出现得较少。我们在第 5 章中讲到的第二次世界大战就是一个冲击。并不是任何潜在的、看不到的风险都可以将牛市冲成熊市。那个事件必须非常巨大！我写这本书的时候，全球经济规模约为 75 万亿美元。假定每年有 2% 的增长和 2% 的通胀，至少需要 2 万亿美元的负面冲击才能引发衰退和牛市终止。小的负面冲击不会打断牛市。另外，如果大家都预见到了冲击，有可能已经体现在价格中了，也就减少了导致熊市的冲击力。不可见的巨大负面冲击是导火索。

我们刚才谈到了冲击，大多数心怀恐惧的人似乎都对冲击非常警惕。但是从兴奋高点坠落下来的熊市更为常见。由于兴奋是容易被感知的，而且即将结束的征兆很明显，所以这种情况更容易被觉察到。从概念上讲，这种情况要比不可见的负面冲击较容易发现。如果你知道兴奋是怎样的，那么通过纪律就可以避免自己犯错！行为金融在这里也确实是有用的。

“欣快感”不是正面的同义语，回忆一下我们在第 8 章中所讲的约翰 · 邓普顿爵士的“恐惧墙”：“牛市在悲观中诞生，在质疑中成长，在乐观中成熟，在狂欢中死去。”大多数牛市跨度较久，大众心情愉悦，看到的是好消息，并对未来抱有乐观预期。这是合理的乐观！兴奋则与此不同，是非理性的。乐观来自对近期的过高预期，通常是基于近期发生的情况，认为“这次是不同的”。一场让人看不见征兆的、令人目眩的阴霾即将降临南方。

2000 年到处弥漫着兴奋的情绪，1 月《商业周刊》的封面文章《新经济》预言技术大跃进将会扩展到其他行业。专业预测者在 1996 ～ 1999 年的失落之后都改变了立场——多数人预计将会出现两位数的增长。收益率曲线翻转了，还是很少有人注意到，也没有人担心。领先经济指数（LEI）正在下降，也没有人察觉到。已经出现了派对可能随时结束的有力信号，却没有人做好准备。即便是在标准普尔 500 指数从 3 月开始放缓时，大多数人还继续追捧互联网企业的 IPO 项目，贪婪地寻找“下一个戴尔电脑”。大部分人把缓慢下跌看成是买入的机会，认为股市不会在新经济中沉沦！这是典型的近因偏见。人们假定近期的实况会永远持续下去，正像图 9-4 中的几年前的情况。人们对待负面情况过度兴奋和贪婪了（下面的栏目讨论了忽视这类坏事的情况）。

正确看待这种情况，需要自我控制力——知道过度和非理性繁荣是怎样的，以便可以在行动之前，检讨一下自己，在别人抢着买入时，遵守纪律，保持警醒。

> 我在 2006 年出版的书——《只有三个问题最重要》中写道：
> 当某个东西真的是泡沫时，通常不会被称作泡沫，人们也不

害怕它。1997 ～ 1999 年，从没有一篇媒体文章提到科技泡沫。1999 年年末，托尼 · 珀金斯（Tony Perkins）写了一本书，提出互联网股票是个泡沫，但没有引起注意。我在《福布斯》上发表的专栏文章（2000 年 3 月）将科技股称作泡沫，是国内出版物上出现泡沫这个说法的文章之一。

我在 2000 年年初看到的情况和我看到但没有预测到的 1980 年能源板块的情况非常相似，这是一个真正的泡沫，有可能引发严重的熊市。

回想一下 1980 年，能源行业似乎势不可挡。这要感谢 20 世纪 70 年代全球央行的货币政策失误，通胀快速上升，商品市场异常繁荣。OPEC 在两伊战争期间非常强势，当时的原油价格是每桶 33 美元，市场一致预测 4 年后将达到 100 美元一桶。没有人预测油价会下跌，就和 2000 年年初大家一致认为全球互联网用户在 4 年后会增加 3 倍一样。公众都在向往"新经济"，都在说：盈利并不重要。这是一个新的范式，是靠鼠标点击而不是靠砖头！你还记得吧。

2000 年 3 月的科技股与之前的能源股之间有很多共同点。美国最大的 30 家公司占了美国股市市值的 49%，其中一半是科技股。[6] 1980 年能源股泡沫期间，在美国股市市值最大的 30 家公司中，能源板块占了一半。1980 年能源板块的估值占总市值的比例与 2000 年科技板块的估值水平类似。这两者之间存在太多相似点，而几乎没人注意到，我看不出它们之间有什么不同。"

再谈自控能力

行为金融的初始应用已经基本成为逆向投资者的观点和房间里的“大象”：采用行为金融发现和控制会引发糟糕投资决定的情绪冲动及偏见。你最大的敌人是你自己，而行为金融可以保护你。

我们花了 8 章的篇幅学习如何与大众博弈，但是如果你不能控制自己，则不会对你有任何帮助。人们容易发现别人身上的缺点，而不易发现自己的缺点！如果你看不到自己的情绪和观点出了问题，你就会有一个盲点，进而会阻碍你发现大众是否正确。

近因偏见只是一个应该了解和规避的行为陷阱。此外，还有其他的陷阱！我在之前的书（《只有三个问题最重要》）里列出了一些。“难道是我的大脑在故意瞒着我什么吗？”这个问题指的就是诊断你自己的行为错误，并学习如何克服它们。不过别担心，我不会强迫你做让你觉得不舒服的事情。我会在这里给你一些重量级的入门指南！

我们先讨论确定性偏见（confirmation bias）：人的本能是偏好那些强化我们先入为主的想法的信息和观点，而排斥相斥的信息和观点。

确定性偏见是人的本能，是普遍存在的。还记得我们在第 4 章中讨论的全球变暖的话题吗？支持这个辩论任何一方的公众都表现出了确定性偏见。执着于支持自己观点的研究和回避不同观点的论文，导致经济学者总是掉入陷阱——确定性偏见贯穿于供给侧和需求侧几十年的论战中，我们在第 5 章中讨论过这个问题。这是一个根深蒂固的本能，是我们积累骄傲资本的一部分。人的本性是希望自己正确！确定性偏见可以让自己感觉良好。

油腻的食品、一些麻醉品和酒也都会让我们感觉良好，但是对我们也没有什么好处！确定性偏见也是如此。它支撑着市场神话，固化了错误的决策。记得在第 1 章中讲到，我们在任何时候都会犯错，但是承认和从错误中汲取经验教训，就会让我们变得更好吗？确定性偏见会阻止你这样做。如果你紧紧抓着支撑你观点的信息而忽略其他东西，你就永远不知道自己何时错了！你将剥夺自己学习和改正的机会。你将会屡次犯同样的错误。

确定性偏见也是季节性神话，比如“5 月抛售”和“5 月买进”存在的原因。大众坚守那些对自己有利的数据而忽略对自己不利的数据，而后者其实更有价值。确定性偏见也告诉我们“不要与美联储做对”，有句话说的是“利率下调有利于股市，利率上调不利于股市”。这很容易理解，你会联想到央行总是在熊市降息而在牛市升息。但是神话制造者忽略了这一点，并且扭曲数据以支持他们的观点——用统计数据说谎！这很糟糕。

你如何防止确定性偏见呢？试试监控你对文章的情绪反应。如果某类信息让你感觉良好，问问自己为什么会这样：是因为它支持了你的观点吗？你会急于为自己找个安慰吗？如果你发现自己想要回避某些信息，也问问自己为什么。是因为与你的理论和预测不一致吗？是否让你觉得你可能错了？如果是这样，不要逃避，拥抱它，保持开放的心态，进行理性的思考。

还有什么呢？过度自信。你听说的一句谚语“骄兵必败”，同样适用于过度自信，也就是说，我们都有一种倾向，认为自己要远比其他投资者更出色。过度自信来自骄傲的慢性积累：相信每个正确的决定都是我们技术卓越的证明，而忽略了我们有可能只是比较走运而已！

过度自信会带来什么样的麻烦呢？它会让我们忘记自己可能是错的，或者会降低我们对错误发生概率的估计。忘记会让我们丢掉一个重要的防故障装置。我们就会疏于管理风险，这会导致做出糟糕的决策，比如追捧过热的IPO项目，投机于廉价股票或超高波动率股票，或者把精力集中在超高投资的回报上。过度自信的投资者忘记了股市不是一台“造富”的机器。

过度自信也让我们错失了卖出的能力。部分是因为我们最少在1/3的时间里是错的——这意味着我们选错了一些股票。每个人都有犯错的时候，我当然也会犯错（看我在忍气吞声吧，可以翻到后面看栏目中的文字）。如果你知道自己可能会错，就应该认真对待你选出的股票，找出你错在何处——如果有道理，及时纠正，抓住更好的机会。如果你过度自信，就可能不会这样做了。卖出等于承认当初买入的决定是错的。过度自信的投资者不可能这样做！他们固执地认为股市就像是一块毛糙的补丁，会犯一些错误。他们坚持了几十年，等待股市和他们合作，证明他们一直都是正确的（而且等待也是值得的）。有时候，股票会很配合，强化了他们的过度自信。这种情况确实会发生，但是不常见。

如果这只是一两只股票，而且你是分散投资，也许不是个严重的问题。但是，如果你对所有板块、国家或市场都过度自信，机会成本就会累积起来。

庆幸的是，这也是可以克服的。你只需要问自己：“如果我错了怎么办？”把这句话写在贴纸上，贴在你的电脑屏幕上，在你的手机日历上设定一个反复提示。如果某些股票或者市场没有像你期望的那样变化，不要忽略它。进入研究模式，尝试找到价格变化的理性理由（或缺乏这种理由），然后斟酌一下要不要做出更正。也许你会理性地得出结论：你是正确的，而让你看上去是错的，只是一个临时的、由情绪造成的异常！但是也许你不会这样做。接受这种可能性，将会让你遥遥领先于大多数人。而当你错了的时候，我保证你不会感到孤单。

我的《福布斯》专栏文章公布了我所有选股和买入的记录——这既是一种祝福，也是一种诅咒。祝福是因为你可以通过文章清楚地看到我不相信假设和没有事实依据的说法，你也不应该相信那些东西。但是如果我因此而沾沾自喜，它就是一种诅咒，因为当我错了的时候，就像是让全世界都来围观我糟糕的业绩记录。我们实际上每年都在《福布斯》上公布年度业绩，通常是在 1 月或 2 月的专栏文章里。我们做对了什么，我们做错了什么，以及偶尔的无心之失。这里有个片断，摘自我 2012 年 2 月 27 日的文章《敲击更新键》。我在这里分享给你，我们可以看到承认错误的精神是什么。这对思维和心灵都有好处。

2011 年，我的 63 笔投资建议跑输了标准普尔 500 指数。在《福布斯》杂志正式统计专栏作者选股成绩的 16 年里，我第 4 次跑输市场。在我 2011 年选的每一只股票上，如果你投资了等额的钱，将会遭受 6% 的亏损。用同样金额的钱投资标准普尔 500 指数，你会不赚不赔。我的大多数建议是关于外国股票的，它们的市场表现不好。最糟糕的一只是 Aixtron，这是我在 7 月推荐的一家德国半导体公司的股票。那只股票下跌了 63%。我推荐的最好的一只股票是施贵宝，从 2011 年 2 月至今涨了 44%。我建议你把我 2011 年建议的股票继续持有到 2012 年。

避免后悔——在我们错了的时候，怪天怪地怪一切，唯独不责备自己，这导致了过度自信。和确定性偏差一样，这是一种本能的、彻底的人性。避免后悔是我们处理被放大的由损失导致的痛苦的方式——这会造成很大范围的伤害，除非我们可以理性对待痛苦。损失之后仍坚持错误，会错上加错，造成更大的伤害。我们从来不想尝试那样糟糕的感觉！所以，我们要找替罪羊，让我们自己觉得好受一些。这就是我们在错过之后还会再次犯错的原因。

实践中的回避后悔是怎样的？假设你买入一只股票之后，股价立刻大幅下跌了。如果你自己有以下任何一种想法，那么你就是在回避后悔："那个给 CNBC 报料的人太无能了""那个 CEO 肯定是在我买之前伪造了财务数据""我再也不听老婆、丈夫、邻居、同事、理发师的荐股建议了"。你明白了吧，他们都是把责任推给他人，让自己从糟糕的决策中部分或全部解脱出来。

类似的是当整个市场的走势和你的预测相反的时候。假设是在 2002 年 10 月，当时是网络股泡沫破裂后的市场底部，而你一直坚持在股市里没有退场。回避后悔的表现可能是这样的："那些 CNBC 上的无赖说，这是一个永不会衰落的新经济，是他们坑害了我！""那些拼命鼓吹网络股的卖方分析师都该被关进监狱，他们推荐的股票连他们自己都不相信。那些技术公司的 CEO 怎么能跟我们说点击就是新利润呢！他们应该诚实地告诉我们，他们的商业计划是站不住脚的！骗子！"或者可能是："那些可恶的会计师应该知道安然和泰科财务造假的事情，如果安达信任由肯·莱（Ken Lay）愚弄整个世界，谁还敢投资呢？"还有一种随时可用的、万能的回避后悔的说法："都是银行家搞的鬼。"（这是几乎每一个后危机时期金融监管的责任。）

在我以前的书——《只有三个问题最重要》里，我说过，长期成功的真正诀窍是拥抱后悔和错误。不要回避，要迎头而上，吸取经验教训，指出你哪里做错了，想想下次如何做得更好！我们公司在 2008 年之后就是这样做的。我们意识到错误低估了二级市场监管变化的影响，比如盯市会计准则会把小问题变大。所以，我们的研究部门开始关注监管和法律动向，分析每个法规会造成的整体潜在后果。这些可怜的家伙研究了

《多德·弗兰克法案》的每一页。这个法案类似欧盟法规，也和全球银行资本标准相似。我们要做的就是学习、运用和改进。

所以，如果某些事情出错了，而你发现自己将责任归罪于别人，就该问问自己："那样公平吗？或者是否我应该像迈克尔·杰克逊那样，从镜子里的自己开始入手？"

我在这里还可以总结出很多错误，但是我要让你记住一个——次序偏好。在影片《逢凶化吉满天飞》(*Airplane II*) 里，有一幕场景是威廉·夏特纳 (William Shatner) 在一架失控的航天飞机上以极高的速度接近时，努力控制月球空间站不陷入一片混乱之中 (别问，只管看就是了)。一位官员不安地走近他，说道："长官，那些灯一直在乱闪。我们应该怎么做，长官？"夏特纳命令道："让它们按次序闪。"让灯按次序闪的次序偏好，就是我们内在的需求。

在投资中，这意味着我们想让自己持有的每只股票上涨。当我们在线查看自己的股票账户时，我们想看到每一列都是绿色的箭头和未兑现的盈利——没有红色箭头，没有亏损。这导致我们忽视整体，过度关注局部，做一些傻事以保持股票不出现亏损，比如只是因为某只股票下跌而卖出，不断无谓地尝试选择上涨的股票。回避多元化投资，过度集中在热门股上，这些和其他类似缺点都会提高风险，而且通常会侵蚀盈利。

我们要对抗它，就要有远见，因为即便是在整个市场都在上涨的时候，总有些股票表现糟糕。但是几只差劲的股票不会拖低市场的平均收益水平，这对于单个投资组合和标准普尔 500 指数都是一样的。用一句老生常谈的话讲，就是整体大于各部分之和。如果你的整个组合达不到你的预期，那就需要仔细分析一下了！但是如果组合整体是不错的，那么其中有几只股票下跌并不是个大问题——你可能有几只表现特别好的股票，就可以填补那些亏损。不要想得太极端化，不要过度追求荣誉！

要把注意力放在整体表现上。

还有什么呢？确实有不少很好的行为金融文献。行为金融之父丹尼尔·卡尼曼在他的杰作《思考，快与慢》(*Thinking Fast and Slow*) 中整理了几十年来的研究成果。这本书很厚，但没有学术味。如果你想了解投资者的心理，这是一本必读书。如果你想找一本篇幅短的、好读的书，那么就看贝内特·古德斯皮德（Bennett Goodspeed）的《套琼斯平均指数》(*The Tao Jones Averages*）——这是 1984 年出版的一本经典读物。凯瑟琳·舒尔茨（Kathryn Schulz）的《我们为什么会犯错》(*Being Wrong*) 不是一本行为金融的书，但是你可以从中学到你的大脑如何、为何会欺骗你，以及你如何从错误中学习。这是宝贵的经验教训！

但是不要现在就跑出这家"书店"，我们还没讲完呢！还有一个主题要讲，是什么呢？现在翻到最后一章！

注释

1. "Prospect Theory: An Analysis of Decision Under Risk," Daniel Kahneman and Amos Tversky, *Econometrica*, Vol. 47, No. 2 (March 1979): 263–292.
2. "Is Behavioral Finance a Growth Industry?" *Knowledge@Wharton*, Wharton/University of Pennsylvania, October 10, 2001. http://knowledge.wharton.upenn.edu/article/is-behavioral-finance-a-growth-industry/ (accessed 11/18/2014).
3. "Behavioral Finance: Are the Disciples Profiting From the Doctrine?" Colby Wright, Prithviraj Banerjee and Vaneesha Boney, *Journal of Investing*, Vol. 17, No. 4 (Winter 2008): 82–90.
4. FactSet, as of 12/15/2014. MSCI World Metals & Mining minus MSCI World, returns with net dividends, 9/30/2000–12/31/2010.
5. FactSet, as of 11/15/2014. S&P 500 Total Return Index, 1/1/1928–12/31/2013.
6. Standard & Poor's Research Insight, top 30 stocks by market capitalization of the S&P 500 Index.

| 第 10 章 |

负面的短视媒体

投资中充满了各种挑战。要战胜情绪，与自己的贪婪和恐惧做斗争。一个大问题是保护你的大脑和灵魂不受现代媒体制造的全天候噪声的折磨。

人类还做不到这一点。早在石器时代的祖先就已经形成了人类现在的样子。我们的大脑从没有进化到要过滤掉我们不认识的、距离较远的人们发出的各种不同意见——我们的祖先从不需要这样做！他们了解每个人，知道该信任谁，这在我们的祖父辈甚至高祖一代都是这样的。如今，很少有人祖辈在某地生活，但有些人是这样的！你可能就是！大部分人是为了读书、工作、伴侣迁居，甚至只是随遇而安流落到此。很多人甚至迁居了不止一次。美国国内迁徙随着“婴儿潮”一代退休而不断加快，千禧一代人是有史以来最喜欢迁移的一代。但是从进化的角度看，这都是近来的事情。从文明降生到19世纪的大部分时间里，人们的生活都比较简单——生老病死在一个社区。迁移是比较新鲜的事情，极少发生。每个人的名声都比较稳定，大家都相互知根知底。

这同样适用于20世纪大多数时间的媒体。在我父亲的黄金时期，当我还是一个男孩和年轻人时，有三个电视网、一份全国性报纸和一份当地报纸。很多大城市都有早报和晚报，住在郊外的人和城里人都会读当地报纸。金融界有四份可信度高的杂志：《福布斯》《财富》《商业周刊》和《巴伦周刊》。在上面发表文章的要求很高，发表文章的人只能是几个主要编辑和发行人。

这种情况在20世纪80年代开始改变，当时有线电视成为主流，特德·特纳（Ted Turner）开始播报24小时全球新闻。电视频道为了争夺观众，使新闻逐渐变成了娱乐，最终形成今天的性感主播大讲耸人听闻的故事的局面。客观和可信的、着灰色西服的播音员，比如爱德华·默罗（Edward R. Murrow）和沃尔特·克朗凯特（Walter Cronkite）淡出了，取而代之的是浮华的观点和偏见。然后出现了互联网，颠覆了新闻，搅乱了印刷媒体。由于互联网站以极低的广告价格抢走了传统出版物的读者和广告商，导致后者解雇了大量资深记者与编辑，影响了报道的准确性和视角。那些资深新闻人士的好日子结束了，取而代之的是薪酬更低的年轻写手。老的知识结构消失了。即便你在读一份主要的财经出版物，其中的文章都像是娱乐小报记者写的。你可以从他们描写事件的风格中看出：每件事都是重大的，对他们而言是史无前例的，因为他们没有经历过那段历史。很多人把学校教的经济理论当作事实，不知道现实早已将它们证伪。

更重要的是，我们有博客圈——那里不需要经验，也不存在编辑标准。任何一个12岁的孩子都可以开博客，在互联网上发表他们各种不成熟的意见。有些人因此而大出风头。作者隐藏在假名后面，可以让自己免除承担个人责任。少有人费心去查证事实，筛选来源或者验证内容的真实性。这是一个全新的世界，一个新领域并不总是安全的。

但是有一件事是没有改变过的：新媒体仍然沿袭这古老的真理，坏消息才最好卖。威廉·蓝道夫·赫斯特（William Randolph Hearst）和约瑟夫·普利策（Joseph Pulitzer）在19世纪90年代证明了这种说法，他们争相用耸人听闻的坏消息抢对方的风头。读者很买账，于是黄色新闻大行其道。其中充斥着悲观失望的氛围——越感性，越受欢迎。在1989年《纽约》杂志上一篇名为“暴力和性：本地电视新闻的遭遇”的文章中，记者埃里克·普利（Eric Pooley）写道："深思熟虑的报道被忽视，因为情感类故事需要优先播出，并且越血腥越叫座。"[1] 一个时代口号应运而生！

首页财经新闻可能不是赤裸裸的血腥，但总是带有血腥的隐喻。下跌的股票和令人失望的数据最叫座。短视的损失规避受到责难。记者和出版人本能地知道人们对损失的感受强于收益，因为损失冲击了价值；所以，我们对损失的惧怕要多于从未来得到的快乐。没有人会通过看新闻或读报纸就能了解这个世界发生的一切——我们想知道坏消息和风险，并做好准备。"无忧无虑"卖不动报纸——恐惧可以！媒体并不是慈善机构，并不会出于善心把客观事实告诉我们。他们也是为了赚钱。他们通过操控和强化我们本能的、与生俱来的恐惧赚钱。

在这个简短的概括性章节里，我们将讨论一些关键点，帮助你抵御来自媒体的情感攻击：

- 如何让媒体的负面性为你所用。
- 情绪化媒体对于市场的长期影响。
- 为何未来要远比那些沉溺在悲观中的专家说的更光明。

如何对待新闻

由于媒体有兜售恐惧的强烈动机，所以永远不必期待头条新闻能够准确反映现实情况。即便它们确实做出了让步，发布正面消息，那也是在牛市的末期了，当它们卷入令人愉悦的时代时，它们仍旧在操控大众。它们只是在灵活地感知大众想要的东西不同了。

但是媒体确实为我们提供了大量服务，帮我们认清了情绪来自何处！正如我们在第 1 章中讲的，现代媒体的群体思维反映和影响了大众，使其成为一种用于发现广泛持有的信仰、虚假的恐惧和情绪的变化的好方法。如果媒体提到了死亡、好消息或坏消息，市场可能会有所反映。你可以充分利用它。

为了看到实际效果，我们再看看量化宽松和媒体持续警告美联储购买债券是激活股市的唯一方法。从 2012 年、2013 年，甚至持续到 2014 年，悲观者一直声称量化宽松释放了太多资金，导致长期利率处于低位。一旦音乐声停止，这些热钱就会导致股市崩溃。同时，释放货币也会推高通胀。这种恐惧无所不在，这是已经反映在价格中的一个明显标志！

更有甚者，媒体忽略了一大堆相反的证据，比如在量化宽松实行的前四年中，大部分时间的每月股票共同基金净流入是负的，这是货币没有涌入的粗略信号。量化宽松没有造成流动性泛滥，大部分“新货币”被存放在美联储作为超额准备金。从技术和字面上看，这些钱总是在银行系统里构成了新贷款增量，并用来创造新货币，但是贷款增长是 6 个周期中最慢的一个——银行并不是用量化宽松准备金作为抵押物来创造新货币的。在任何一个现代经济增长时期中，所有货币数量指标（如 M2 或 M4，后者由金融稳定中心计算）都增长得更缓慢，这就产生了一个问题——“什么货币？”所有公开可得的信息——房间里的“大象”！但是它们被忽略了，因而被市场低估了。媒体正在从一个方面展示情绪的影响。

与媒体错误的恐慌情绪博弈而不是跟着跑，是 2013 ～ 2014 年跑赢市场的一种做法。之后，时任美联储主席的本·伯南克第一次暗示要在 2013 年 5 月 22 日结束量化宽松，长期利率开始上升，市场开始反映量化宽松结束的影响。利率在该年剩下的时间都在上升，股市不仅没有下跌，反而上涨了。真是愚蠢的市场。伯南克最终在 12 月宣布首次减少每月买债，而股市这一次仍然没有崩溃——标准普尔 500 指数截至年底上涨了

32.4%！[2]美联储在2014年每半年举行的会议上宣布缩减100亿美元买债计划，并在10月结束买债。股市仍在上涨，甚至连10%的回调都没发生!（另外，利率下降了，我们被愚弄了。债券市场也有很强的逆反趋势。）在我写到这里时，悲观者仍没有放弃，现在他们说的是清算的日子终究会到来，就是美联储开始缩表之时；市场没有上当，它们已经知道那个结果不会出现了。

我们已经一再看到在这本书和历史上反复发生的事情。媒体越是鼓吹潜在发生的最糟糕情况，这些越会反映在价格中。我们在量化宽松中看到了这种情况。第6章讲的《平价医疗法案》，第3章讲的对欧元区解体的普遍担忧、硬着陆的恐惧，在所有这些例子里，媒体有助于安抚情绪，为现实扫清障碍。股市喜欢这样做的媒体。

一些设想悲观情况的媒体制造了负面情绪的螺旋，将股市拉低，这是一个自我强化的过程。但是这样做的真正结果是较低的预期，并延伸了谚语中说的那个牛市喜欢攀爬的“担忧之墙”。较低预期持续的时间越久，它们就越容易被打败，市场获得的超额正面收益就越大。

我不确信，但是怀疑媒体越来越强的群体思维和高度情绪化要滞后过去几十年较长的市场周期。20世纪90年代的牛市是历史上最长的牛市，之后的熊市也是如此。对于2000年开始的熊市，若用情绪来测量的话，它可能只走过了其自然生命周期的一半——盯市会计准则在公布5年时扼杀了它。那个熊市持续时间也很长，整整有17个月。在我写到这里时，当下的牛市已经持续了6年，也正好是其情绪周期的一半。如果我们不被一次大型的预测不到因而无法反映在价格中的负面事件冲击，这也可能是一个为期10年的牛市，也许还可以更长。市场喜欢出人意料。

周期在媒体的成长过程中已经被拉长了。因为没有人愿意站出来，人们需要更长的时间去超越早期牛市的深度悲观情绪，在多年的情绪逐渐改变的情况下，逐渐找到共识。这可能大大延长了约翰·邓普顿爵士提出的情绪进程——从悲观到怀疑到乐观，再到盲目乐观，拉长了市场周期。我同意这个观点，但还无法证实，因为具有统计有效性的周期太少了。

为何好消息很难找

人们迷恋负面消息的天性并不是媒体如此沉郁的唯一原因，谷歌也迷恋它！

负面报道在谷歌搜索的排名中很靠前。不相信吗？我正好用谷歌搜索了“苹果”（Apple）。你可以自己重复做一次，把搜索时间限定在 2014 年 12 月 2 日，找到的头条新闻标题分别是：

“苹果公司被起诉：10 亿美元反垄断，控告史蒂夫·乔布斯为共谋犯”

“史蒂夫·乔布斯的电子邮件出现在苹果的 iPod 美国反垄断审判案上”

“苹果诉讼案的明星证人仍是史蒂夫·乔布斯”

“原告在集体诉讼案中指控苹果公司误导 iPod 所有者”

“GT 抵押债权人要求质询苹果公司管理层”

“苹果库存量被高估的简单原因”

“苹果股价昨天下跌 6% 的 6 个原因

“另一位苹果股票分析师建议抛售”

在第一个页面上显示的 18 篇文章中，只有两篇对苹果公司给出了正面报道。

这样的结果几乎和任何一个检索结果都相似：大量的有关公司、国家、人、经济、市场的负面消息——你可以这样说，除非是无人关注的事情，比如一种亚洲蟾蜍的生命期，否则都会有负面消息。但是媒体对于大众感兴趣的领域中的话题，能够做到客观、公正、深入分析的很少。你认为对重要的知识方面有贡献的内容可能都排不上号。搜索引擎的算法和编写程序的人一样短视。

这就给了媒体另一个偏向负面新闻的动机。谷歌上没有排名是非常糟糕的事情！如果你没有出现在首页上，人们就找不到你！对于媒体和记者来说，优化谷歌搜索结果往往意味着发布各种坏消息，借助人们的情绪和热门“关键词”发布大量前景暗淡的预测。

首页负面效应可以帮助你发现情绪和市场反应，正如我们前面所说的，但是这无法帮助你找到“大象”——那个被忽略的可以帮你找到正确方向的信息！那些信息被埋没了。你可能不得不点击查看第 4 页或第 5 页，甚至更多检索页面，或者去其他地方寻找，才能找到你要的“金子”。这样做真是痛苦，但也不是有百害而无一利的——谷歌的怪癖把负面性展示在了中心和前边，使得恐惧得以反映在价格中，让逆向投资者获得与大众博弈的机会。

总被媒体忽略的内容

我们分别在第 3 章和第 4 章中讨论了媒体忧虑不安的几种方式，但是我还是留了一点要在这里讨论：媒体反复警告技术已经达到极限，注定让我们一两代人耗尽资源。

这些恐惧的始作俑者是阿尔·戈尔（Al Gore）——喔，我的天呐，其实我指的是托马斯·马尔萨斯（Thomas Malthus），一位 18 世纪的哲学家，他提出了著名的论断，即人口增长总会超过食品产量，导致人类无法生存，除非我们允许在降低出生率的同时，提高死亡率。这太耸人听闻了！我不想用这个理论的详细内容骚扰你。我只想说明一点就够了：我们今天有几十亿人，其中大部分人能够得到足够的食物，因为我们现在创造了更多的食物。现在全球养活的人口比例要远比任何时代更高！这一点似乎很少有人注意到。真正的饥饿只局限在几个大的地区，比如大多数非洲国家，那里的政治总是问题重重。但是在大多数我小的时候还挨饿的地区，现在已经不存在这种情况了，而且人口也更多了。可笑的是，一个自称是亚当·斯密和马尔萨斯的信徒的人，却忽视了像技术、资本主义和人类创造力这些关键的东西。我们要再次强调的是，即便出现了悲惨的饥饿现象，那也是由于腐败和贸易壁垒妨碍了市场正常运转，而不是真正的短缺。朝鲜和其他一些地区的饥饿问题都是人为造成的。

马尔萨斯是错的，而且他已经在差不多两个世纪前就去世了，但是他的观念一直有广阔的市场，而且媒体愿意不时引用他来吓唬人。有什么会比某种资源即将耗尽而人们将饿肚皮更能吸引大众关注呢？人类无法得到足够多的这种物质！我们在 1973 年拍摄的影片《超世纪谍杀案》（*Soylent Green*）成了大片，蕾切尔·卡逊（Rachel Carson）的《寂静的春天》（*Silent Spring*）成了 20 世纪 60 年代的畅销书！这些东西不断折磨着人类的神经，让人们沉浸在无尽的恐惧生活中。

担心耗尽资源的想法总是错的，很可能以后会有这一天，但是肯定在我们这一生是不会出现的，媒体很少告诉我们这一点。太盲目乐观！我们需要对人类创造力有信心，看到我们无限的长期潜力。信心最重要，而犬儒主义则不这样认为。

没有人确切地知道技术创新，资本主义和创新将如何解决人类最担心的问题。我们远离恐惧的愿景希望渺茫，而且总是错得可笑。影片《回到未来2》以1989年的视角遥望2015年，预见了飞行汽车和气垫板，但是没有预测到激光打印机、互联网、iPhone、基因测序和特斯拉的出现。喔！其实我们无须预测具体的目标，只要有信心就好了。

历史可以证明这一点。想想1894年的马粪危机（Great Horse Manure Crisis）——这是一件真事。你可以查查资料。在那时，城镇化席卷工业化国家，产生了一个新问题。移居城市的人越多，就越需要更多的马搬运行李和载人。纽约、伦敦和其他大城市都有成千上万匹马用来拉车。这些马匹每天会制造出几百万磅马粪。对于这些马粪，每天都得清扫处理，以免滋生蚊蝇。

你可以想象出，随着城市人口的膨胀，对城市里马粪的恐惧也随之增长。1894年，一位《伦敦时报》的记者预言整个伦敦城会在50年内被9英尺厚的马粪埋葬。城市规划者到处奔走，召开危机峰会和规划会议，就像今天应对气候变化一样狂热。没有人能够想出一个解决方案。人们陷入悲观境地！

然而后来出现了汽车。技术解决了这个问题！汽车代替了马匹，危机化解了，这个危机永远都不会再出现了。

再想想1956年地球物理学家金·胡伯特（M. King Hubbert）提出的石油峰值理论，认为全球石油生产将在不久的未来稳步减少，直至耗尽。起先，胡伯特预言原油生产在1970年达到峰值。但是供应并没有减少，于是峰值日期被一再推后，新油源和新技术不断出现。但是这个理论一直长盛不衰，因为我们无法准确预见技术的变化。

之后是页岩油大量被发现。地理学家早就知道地球有页岩油。而石油峰值理论的信从者却认定页岩油难以开采，因为他们低估了技术。他们忘记了资本主义，没有意识到在某个时点，上涨的油价将刺激人们投资提取页岩油的技术。这就是实际发生的情况。截至 20 世纪 90 年代末，地理学家已经掌握了如何融合两种已有技术——水力压裂和水平钻探，从页岩层中提取石油和天然气（当然，借助先进的电子技术，摩尔定律也帮了大忙，因为地质物理学分析需要大量的数据计算）。这样做的成本很高，但是截至 21 世纪前 10 年中期，高油价让企业有极大的动力去投资这项新技术，并在得克萨斯、北达科他、宾夕法尼亚等州开启页岩油项目。现在美国的产量超过了 20 世纪 80 年代早期的水平，人们很快就对石油耗尽的概念嗤之以鼻。石油峰值危机现在看起来就像 1894 年的马粪危机一样。

技术是无限的！我们无法想象技术演进的所有路线，以及帮助我们更高效使用资源、保护环境和回馈我们的方式。自由市场将促使其发生，就像之前处理马粪和石油危机那样。很少有人能想到这一点，因为很少有人了解市场是如何影响美国 20 世纪 80 年代和 90 年代的能源生产的。当石油产量减少时，大多数人接受了石油峰值观点，假定我们会耗尽石油。这就是几十年来的老生常谈，很少有人相信低油价才是问题所在。图 10-1 说明了这一点。石油价格在 20 世纪 80 年代初期大跌时，在 17 ～ 30 美元盘整了近 15 年，扼杀了国内对油井的投资——因为投资无利可图！石油收入一直是价格敏感的，而不是对产量敏感，而且固定成本很高。长期以来，投资新油井都是不经济的。这就是过去发生的事情。一旦价格上涨，就又值得投资了，企业就是这样做的，然后产量再次上升。永远不要低估利润的刺激！永远不要低估长期技术效应！

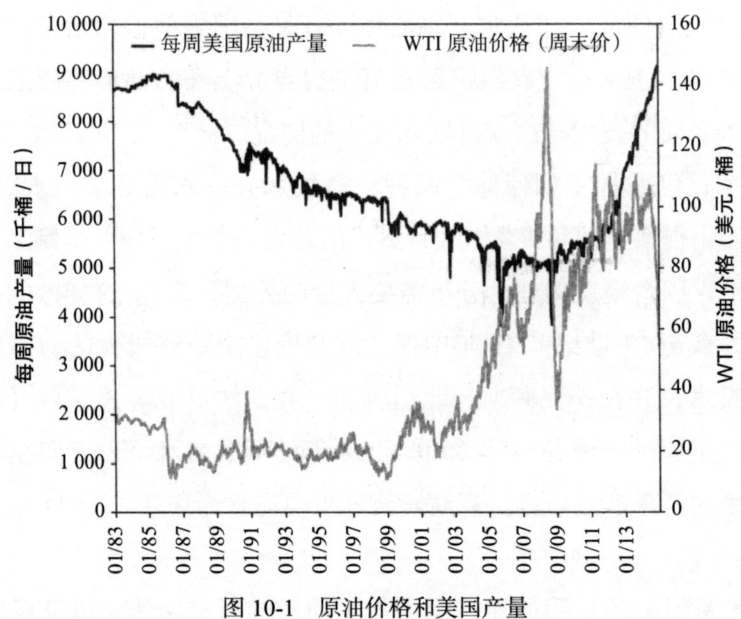

图 10-1 原油价格和美国产量

资料来源：FactSet, as of 1/6/2015. US Crude oil field production and West Texas Intermediate benchmark crude oil prices, 12/31/1982-12/31/2014.

我们相信技术

正是资本的魔力驱使技术将人类从农业社会进入工业社会，并远离死亡和生存威胁。每一天，技术都以我们从未想到的方式在进步。潜力是无穷的。生活质量将会以你无法想象的方式变得越来越好。

如今的短视媒体试图战胜顶级创新和顶级技术，不要相信它们。创新从未止步。如今我们不再有“长期停滞”，这个词最初是由美国当时主要的凯恩斯主义经济学家阿尔文·汉森（Alvin Hansen）在 20 世纪 30 年代末提出的。技术发展得越来越快，越来越让人惊讶——不是我们在互联网行业看到的那些方式。回想一下我们在第 4 章中提到的技术趋势——

摩尔定律，说的是微处理器的处理能力基本上每年翻一倍。库梅定律声称能源效率也遵守同样的规律。克拉底定律认为数据存储密度每 13 个月会翻倍。香农 – 哈特利定律是说通信速度的潜力是没有限度的。这些技术的创新使用者不断将它们融入神奇的改变生活的产品之中。

考虑无人机技术的广泛应用，如果联邦航空管理局（FAA）允许的话！再想想医疗保健行业！ DNA 测序的发展速度和摩尔定律指出的一样快了！想象一下若我们将其与其他技术结合，可能会出现客户定制的药品，用于治疗每个人的疾病。几十年后的医疗可能会让今天的医疗显得非常落后。当然，这不是我的专业领域，所以我不打算展开来讲了。如果你想放飞你的想象力的话，就读一读雷·库兹韦尔的《奇点临近》(*The Singularity Is Near*)。你会飞得很远很远，到达无法想象的地方，就像穿过了时间机器。但是如果你能够回头望一下，非常奇妙，难以想象我们如此低估了技术发展的潜力。未来很遥远，远不是我们可以想象的。

但是对于投资者来说，这是最好的一部分：股票是你长期拥有这些的一个途径！创造、采用和融合新技术的公司将实现增长和盈利——永无止境的进步是收入增长的永无止境的源泉。它们既是技术创造者，更是创意、智能技术的消费者。只有股票代表技术融合的过去、现在和未来，这就是股票过去一直能够跑赢同类流动性资产的原因。这就是股票总是上涨的时候多，也是你应该忘记和忽略媒体鼓吹的经济停滞、耗尽某资源的原因。那些都不会影响现在和不久之后的股票！只要自由市场存在，技术和创新就会胜出，而人类对于保持资本主义和积累财富有执着的精神追求。在一天结束的时候，这就是股市对未来整体财富水平的影响。为什么你会不想拥有股票呢？

临别赠言

考虑到这一点，我想不出比我父亲 1958 年在《寻常股票和不寻常利润》一书的结论中留给读者的话更好的赠言了：

> 在即将开始的下一个 50 年，我们将会看到人类的生活标准要比过往的 5000 年任何时候都要高。投资风险也会比过去更大。当然，成功所得到的金融奖励也会更多。然而，在这个投资领域里，过去几百年的风险和回报可能要比未来 50 年低一些。

这些话直到今天仍是正确的，尽管它们是 1958 年写下的。摩尔定律那时还不存在！但是我的父亲信任技术、创新和自由市场的魔力，而且知道社会与股市的机会都是无穷的。

当你被无数的悲观长期预测包围时，请记住上面这些话。当媒体告诉你世界将要毁灭时，请记住这些话。当专家说这一次有所不同，我们无法从下一个危机中复苏时，请记住这些话。市场是美丽的、动荡不定的、善变的、混杂的以及具有前瞻性的。但是市场准确地用公众和媒体至今都没有想到的方法，为技术融合制造的财富定了价。尽管这个世界有时丑陋不堪，但总有着无尽的潜能，它总是躲在角落里，随时准备在不久的将来引发一场反弹，并将世界推向更高的高度。正如约吉·贝拉说过的那句名言："再一次有似曾相识之感。"

注释

1. "Grins, Gore, and Videotape—The Trouble With Local TV News," Eric Pooley, *New York*, October 9, 1989, 37–44.
2. FactSet, as of 9/30/2014. S&P 500 Total Return Index, 12/31/2012–12/31/2013.

译后记

我在几年前翻译的逆向投资大师德雷曼的著作《逆向投资策略》，深受读者欢迎。本书同样是讲逆向投资的，只是风格更为轻松和非理论化。作者强调了独立思考，并指出逆向投资的一个重要误区：和别人的做法相反，同样属于一种从众行为。继而作者分析和列举了不少案例，指出大众的观点往往是听从所谓专家和媒体的意见或建议，而这些都会反映在市场中，无法为投资者带来盈利机会。另外，专家可能过度强调一些负面因素，而那些因素不可能在30个月内发生，因此正确识别它们，可以指导逆向投资活动。当然，对于如何进行客观、独立的思考，每个人可能都不同，作者也没有更多、更好的办法，只是列举了一些原则。此外，作者还向读者推荐了一批他认为逆向投资者应该阅读的经典书籍。逆向投资是一种反世俗智慧，在形成和运用过程中，需要克服人性的认知和情绪上的缺陷，也属于行为金融投资范畴。作者在投资中大量采用了对媒体情绪的分析，并用专门的章节讨论了一些有争议的行为金融方法。作者是著名的投资人和投资专栏作者，我们希望他写的这本书能给大家带来启发。

感谢以下朋友在本书翻译过程中所给予的帮助：朱红燕、郑扬洋、王琳琳、陈蓉、徐慧琳、贝春燕、张猛、文婕琳、刘子未、柯志斌、丁珺、虞月君、周虹等。

郑磊

投资大师 · 极致经典

书号	书名	定价	作者
978-7-111-59210-5	巴菲特致股东的信：投资者和公司高管教程（原书第 4 版）	99.00	沃伦 E 巴菲特 劳伦斯 A 坎宁安
978-7-111-58427-8	漫步华尔街（原书第 11 版）	69.00	伯顿 G. 马尔基尔
978-7-111-58971-6	市场真相：看不见的手与脱缰的马	69.00	杰克 D. 施瓦格